代替養育の社会学

施設養護から〈脱家族化〉を問う

藤間公太

晃洋書房

目　　次

はじめに ………………………………………………………… *1*
    1　子育ての社会化への注目の高まり　（*1*）
    2　もう1つのニーズ──社会的養護──　（*2*）
    3　〈代替養育の社会学〉の可能性　（*4*）
    4　本書の目的とアプローチ　（*9*）
    5　本書の構成　（*11*）

第Ⅰ部　理論編──子育てをめぐる社会化言説と家庭化言説の併存──

第1章　子育ての社会化論の問題構制 ……………………… *19*
──〈支援〉と〈代替〉をめぐって──
    1　はじめに　（*19*）
    2　近代家族論と「子育て問題」研究　（*20*）
    3　子育ての社会化論の展開　（*24*）
    4　考察──〈支援〉偏重の功罪──　（*29*）
    5　小括──子育ての社会化論の意義と限界──　（*33*）

第2章　家庭ロジックの支配性とその生成過程 ……………… 35
    1　はじめに　（*35*）
    2　家庭化論の様相　（*36*）
    3　分析資料　（*39*）
    4　施設養護と家庭的養護との優劣をめぐる論争　（*41*）
    5　家庭化論への疑義　（*49*）
    6　小括──子育ての社会化論と社会的養護の家庭化論──　（*52*）

第Ⅱ部　実証編──集団性の機能と退所をめぐる困難──

第3章　施設養護のフィールド調査 ……………………… 57
──児童自立支援施設Ｚに着目して──
    1　分析上の視角　（*57*）
    2　対象と方法　（*58*）

第4章　職員の集団性の効果 ………………………………… 65
　　1　はじめに　(65)
　　2　集団性がもたらす個別性の制限——「取り合い」と支援の画一化——　(66)
　　3　職員の集団性の効果　(69)
　　4　考察——集団性，個別性，家庭性の再編可能性——　(77)
　　5　小括——職員の集団性からの示唆——　(79)

第5章　子どもの集団性の効果 ………………………………… 81
　　1　はじめに　(81)
　　2　先行研究　(82)
　　3　子どもの集団性の効果　(84)
　　4　考察——擬制的きょうだいとしての施設内の子ども関係——　(94)
　　5　小括——集団性の機能——　(95)

第6章　退所をめぐる困難 ……………………………………… 97
　　　　——家族再統合の諸相と自立規範の逆機能——
　　1　はじめに　(97)
　　2　先行研究　(98)
　　3　家族再統合支援の実践と困難　(100)
　　4　考察——家族再統合の諸相と日本社会の不可逆性——　(110)
　　5　小括——家族再統合の困難と自立規範——　(113)

補　章　「住み込んでいること」の強み ……………………… 117
　　　　——小舎夫婦制施設でのインタビューから——
　　1　はじめに　(117)
　　2　インタビュー調査の概要　(118)
　　3　夫婦制施設の特徴と集団性　(120)
　　4　夫婦制施設における家族再統合　(130)
　　5　X, Yからのインプリケーション——〈生活圏〉を共有する重要性——　(135)

終　章　結論と今後の課題 …………………………………… 139
　　1　本書の議論のまとめ　(139)
　　2　家庭化論の検討と集団性の再評価　(142)
　　3　社会的養護にみる〈家族主義〉　(146)
　　4　〈代替養育〉からみた家族の脱中心化可能性　(150)

5　ケア空間多元化モデルを目指して　　（*152*）
　　6　おわりに──社会化から〈脱家族化〉へ──　　（*154*）

あとがき　　（*159*）
文　献　　（*163*）
初出一覧　　（*177*）
人名索引　　（*179*）
事項索引　　（*180*）

はじめに

1　子育ての社会化への注目の高まり

　近年の日本社会において，「子育ての社会化」は非常に重要な政策課題とされている．この言葉は，子育てを家族のみに集約するのではなく，「家族だけでなく社会全体ですべての子どもを育てること」をあらわすスローガンであるといってよい．すなわち，将来の社会を支える子どもたちの育ちに対し，社会全体で責任を負うことを標榜した言葉であるといえる．子育ての社会化のための政策は，具体的には近年「子ども・子育て支援」という形で展開されているが，それらは，主に少子化に対する問題意識から出発している．1990年のいわゆる「1.57ショック」は社会に大きな衝撃を与えたが，合計特殊出生率はその後も低下を続け，2005年には1.26という低水準を記録した．こうしたなかで，政府は1990年代半ばより少子化対策を本格化させ，「育休法」（1992年）[1]に代表されるワークライフ・バランス政策，「エンゼルプラン」（1994年）やその後の「新エンゼルプラン」（1999年）にもとづく保育所や子育て支援センターの拡大といった施策を展開してきた．さらに，結局は見直しとなったものの，民主党政権による子ども手当や高校無償化政策は，子育て家庭への経済的支援の拡充をも期待させるものであった．2015年4月より施行された子ども・子育て支援新制度も，そうした種々の政策の1つの結節点といえるかもしれない．政策科学においても子育ての社会化への注目は高まっており，政策研究や現場における支援の様相を描き出す研究が盛んに行われてきた[2]．

　同様に，家族社会学においても，子育ての負担が家族のみに集約されることは長らく批判されてきた．そこでは，育児不安や子ども虐待，ネグレクトといったさまざまな「家族問題」が，養育の負担や責任が母親のみに集中することを背景に起こっていることが明らかにされ，子育て支援を拡充することが，そうした「家族問題」を解決する上で重要であると主張されてきた[3]．さらに近年では，比較福祉レジーム論とケアの社会学という2つの位相から，日本社会の〈家族主義（familialism）〉[4]的性質を批判する議論が展開し，さまざまなインプリケーションを導いている．

以上のように，政策および政策科学においても家族社会学においても，子育ての社会化は高い関心を集めており，子育てをする家族，特に母親への支援の拡充施策へと結実しつつある．家族のみで子育てを担うことがさまざまな問題を帰結してきたことに鑑みれば，そうした関心の高まりは歓迎すべきものであろう．

2　もう1つのニーズ
―― 社会的養護 ――

　しかしながら，「社会全体ですべての子どもを育てる」というスローガンに鑑みると，家族の子育てに対する支援のみを論じていては不十分ではないだろうか．先述の通り，子育ての社会化についての議論は家族支援の拡充へと結実しつつあるが，そこでは子どもが家族のなかにいることが必然的に前提となる．もちろん，子育てをする家族への支援が持つ意義自体は否定されるべきものではないが，そうした前提に立つことで，家族において育てられない子どもが「すべての子ども」からこぼれ落ちてしまうのではないだろうか．

　事実，日本社会においては，さまざまな事情から家族によってケアをされない子どもが存在している．そうした子どもは「要保護児童」と名指されるが，子ども虐待への社会的関心が高まるにつれて，この要保護児童の数は近年非常に高い数値で推移している．厚生労働省（2016）の調べによると，2014年度に児童相談所が対応した児童虐待件数は約88,931件と23年連続の過去最多を記録しており，要保護児童数も約46,000人にのぼっている．

　そのような要保護児童に対し，公的にケアサービスを提供する取り組みが社会的養護である．社会的養護は児童福祉法にもとづいた取り組みであり，子どもの親や保護者のみならず，国や地方自治体，公共団体，そしてすべての国民が関わるものである（鈴木力 2003: 2-3）．具体的には，以下のような流れで措置，委託がなされる．児童相談所による調査・判定の上で要保護とされた子どもは，社会的養護施設へ措置，あるいは里親委託をされる．この措置は，親権者あるいは後見人の意に反してとることはできないが（児童福祉法第27条第4項），被虐待ケースなど，子どもの福祉を図る上で必要な場合は，家庭裁判所の承認を得てこの措置をとることができる（児童福祉法第28条）．社会的養護の子どもが生活する場は，主に児童養護施設[7]，乳児院[8]，情緒障害児短期治療施設[9]，児童自立支援施設[10]，自立援助ホーム[11]，里親家庭などである．期間は場合によって異なるが，通常は18歳まで，特別な事情があり措置延長を申請した場合は20歳までである．各種別ごとの児童数，職員数は**表序-1**の通りである[12]．

表序-1 社会的養護種別別施設（世帯）数・定員（登録世帯）数・児童現員数・職員数

	施設養護						里親
	乳児院	児童養護施設	情緒障害児短期治療施設	児童自立支援施設	母子生活支援施設	自立援助ホーム	
施設数	131か所	595か所	38か所	58か所	258か所	113か所	登録世帯 9,392
定員	3,857人	34,044人	1,779人	3,815人	5,121世帯	749人	-
児童現員	3,069人	28,831人	1,310人	1,544人	3,654世帯 児童5,877人	430人	委託児童 4,578人
職員数	4,088人	15,575人	948人	1,801人	1,972人	372人	委託世帯 3,487

出典）厚生労働省（2014）

　以上のような社会的養護についての議論は，学術的には主として社会福祉学の領域で蓄積されており，家族社会学の領域ではあまりなされてこなかった．社会福祉学において，社会的養護は「何らかの事情で家族によるケアが期待できない場合に，社会全体でその子どもをケアする取り組み」として位置づけられている[13]．すなわち，家族によって子どもがケアされない場合に，代替的に社会がその機能を引き受ける実践として，社会的養護をみることができる．そうであるならば，同じく「社会全体ですべての子どもを育てる」試みとして，子育ての社会化についての議論に社会的養護を接合できるし，またそうすることでその射程を広げることも可能になると考えられる．

　社会的養護が子育ての社会化として論じられてこなかったことによる具体的な弊害は，以下であると考えられる．子育ての社会化論が家族に子どもがいることを前提とする以上，子育ての一次的主体はあくまでも家族であるとする議論や，「標準家族」を前提とした福祉モデルを維持すべきとする議論に十分反論できない．というのも，それらの家族を一次的主体とする議論において，子育ての社会化をはじめとする福祉施策は，あくまでも家族によるケア機能を補うにとどまる残余的なものとみなされるが，子どもが家族にいることを前提とする以上，論理的には子育ての社会化論も同じ構造をとらざるをえないためである．換言すれば，子どもが家族にいることを前提とすることは，「家族だけでなく社会全体ですべての子どもを育てる」はずの子育ての社会化を，家族によるケアを補うにとどまるものへと矮小化するリスクを内包している．子どもを育てるという機能に着目し，家族の子育てへの支援と社会的養護とを1つの位相に接合することは，このリスクを乗り越えて子育ての社会化論を発展させる上で重要であると考えられる．

3 〈代替養育の社会学〉の可能性

3.1 2つの子育ての社会化の位相——〈支援〉と〈代替〉

以上のような視角から，子育ての社会化の位相を整理してみよう．まず，「家族の子育てを支援する」位相である〈支援〉と，社会的養護のような「家族に代わって一定期間・あるいは恒久的に子どもを養育する」という位相である〈代替〉とを縦軸とする．次に，それが行われる場が家庭（保育ママや里親）であるか，あるいは施設（保育所や施設養護）であるかを横軸とすると，**図序-1**のような4象限図を作成できる．[14]

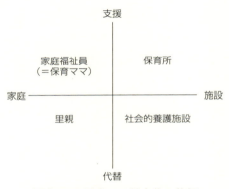

図序-1　子育ての社会化の位相

この図に位置づけると，従来の子育ての社会化に関する議論は，〈支援〉の位相である第1象限と第2象限を対象としてきており，〈代替〉の位相を論じる機運はあまり高くなかったといえる．もちろん，これまでの子育ての社会化に関する議論の意義は否定されるべきものではない．しかしながら，子育ての社会化が「社会全体ですべての子どもを育てる」という大きなスローガンを標榜する以上，家族の外にいる子どもの存在を看過すべきでない．要保護児童数が戦後最高レベルに達するほど〈代替〉ニーズが高まっていることに鑑みれば，〈代替〉の位相を子育ての社会化論の枠組みに取り込むことは，社会全体で子どもの育ちを支援するあり方を考えていく上で非常に重要であると考えられる．

他方で，このように〈支援〉と〈代替〉を子育ての社会化の位相として等置することに対しては，両者の次元があまりにも異なるのではないかという疑問があるだろう．というのも，これまで進められてきた子育ての社会化は，親，特に母親の負担を軽減し，ワークライフ・バランスをはじめとするライフスタイル選択

の自由をサポートするための施策である．これに対して社会的養護は，親による養育が困難な状況に置かれた子どもの生存権を保障するためのサービスであり，基本的には子どもに選択の自由はない．以上を踏まえると，家族以外も子どものケアに関わるというだけで両者を同じ次元で扱うことへの疑問は少なくないかもしれない．

　しかしながら，子育て支援と社会的養護は「連続線上」にあるという指摘（澁谷昌志・佐藤まゆみ 2012）に鑑みると，子育ての社会化の〈支援〉と〈代替〉の位相という見方は一定の妥当性を持つといえる．社会的養護は措置制度による都道府県中心の実施体制である．これに対して子育て支援は，一部（次世代育成行動計画の策定など）を都道府県が担うものの，市町村や民間団体が主体となってサービスが提供される市町村中心の実施体制である点で異なっている．にもかかわらず，両者が「連続線上」にあるとされるのは，「子育て支援のベクトルから考えれば，相談や子育て支援サービスを通じて要保護性が高い子どもを含め広く支援し，それでも支援が立ちいかなくなった場合に社会的養護へシフトするという意味」においてである．また，「施設長には子どもの発達段階に応じて地域の児童委員や市町村保健センター，学校など関係機関と連携が求められている．くわえて，子どもが家庭，地域へ戻る際には，地域の子育て支援サービス等と社会的資源などとの連携が不可欠であり，片方のサービスだけでは子どもと家庭への支援は完結しない」．さらに，「子ども虐待防止に関しても，地域子育て支援と連動して実施できれば，より重層的な体制を組むことが可能になる」（澁谷・佐藤 2012: 115-22）．つまり，子どもに要保護性が生じた場合においては，措置時と措置解除時との両方で，地域と施設との間での情報共有や連携が求められており，また，要保護となるケースの発生の予防という観点からも，両者の協働は重要とされるのである．[15] このように考えると，子育ての社会化を広義に捉え，社会的養護を〈代替〉の位相に位置づけるという見方は，一定の妥当性を持つ．ケアという営みを「他者の福祉の実現のために，他者のさまざまなニーズを充足する行為および対応」と捉えるならば（稲葉 2013: 228），子どものケアや権利保障という課題に対して，両者は相補的に取り組みを展開しているということができるだろう．

3.2　日本における社会的養護の展開

　社会的養護を子育ての社会化の〈代替〉の位相として議論に組み込むことのインプリケーションについてさらに論じるため，社会的養護の歴史的展開を簡単に振り返っておこう．社会的養護の歴史的展開についてはすでにさまざまなところで論じられているため（阿部 1999; 岩崎 1999; 谷口純世ほか 2003; 大嶋 2012），ここでは**表序-2**に示すにとどめるが，本書において特に確認しておくべきなのは以下

の3点である.

　第1に，終戦直後は，戦災孤児や貧困児など特定のニーズを持つ一部の子どもに対してなされてきた社会的養護は，次第にすべての子どもを対象とするものへと変革されていった．このことは，児童福祉法の「（1）すべて国民は，児童が心身ともに健やかに生まれ，且つ，育成されるよう努めなければならない．（2）すべて児童は，ひとしくその生活を保障され，愛護されなければならない」（第1条），「国及び地方公共団体は，児童の保護者とともに，児童を心身ともに健やかに育成する責任を負う」（第2条）といった文言に，端的に示されているだろう．

　第2に，特に1989年の「児童の権利に関する条約」（子どもの権利条約）以降，子どもを1つの主体とみなし，その権利保障を包含する形で社会的養護は展開した．先述の通り，子どもを単なる受動的存在としてではなく，その独自性を認めた上で保護していこうとする機運は，明治時代の近代化の段階ですでに存在していた．しかしながら，子ども自身の権利を主張する自由を認め，その尊厳を守ることに法的拘束力を持たせるという取り組みが世界規模でなされたことは，やはり大きな画期とみるべきであろう．実際，1990年代以降，施設入所児の人権をめぐる議論が活発になり，施設のケア環境や機能を高めることに大きく貢献した．

　関連して第3に，子ども虐待が社会問題として関心を集めるようになったことで，子どもおよび家族を対象とする総合的な支援の必要性が強く認められた．これは2つの方向性を内包している．一方では子どもの最善の利益を保証すべく，彼／彼女らの権利が侵害される場合は親権を剥奪，あるいは停止してでも，保護，自立支援を行うことが重視されるようになった[16]．他方で，虐待の防止や措置終了後の家族再統合をめざし，支援を通して親の養育力の向上を図ることにまで，社会的養護の役割が拡張された．これは，どの子育て家庭においても養育上の問題や課題が生じやすくなった状況を受けてのものであるとみることができる（網野・澁谷 2012）．

　以上のように，子どもの権利保障を最優先事項としつつ，その第1の担い手として家族を位置づける方向で展開してきた日本の社会的養護であるが，その現状の課題はどこにあるのだろうか．日本の社会的養護の現状の課題としては，（1）施設養護が大半を占めていること，（2）施設養護が社会から隔絶されていること，（3）施設職員や里親に過度の負担がかかっていること，（4）退所後の子どもの生活への支援の不足の4点が，主に指摘されている．

　特に問題とされるのは第1点目の施設養護への偏りであり，「社会的養護の家庭化」は喫緊の課題とされている．施設が大半を占めていることについて，日本は国連より3度改善勧告を受けている．こうした状況を背景として，施設における集団生活型のものから，より家庭に近い小規模なものへと，社会的養護の運営

形態を変更していくことが主張されている．たとえば，2011年の『社会的養護の課題と将来像』では，「社会的養護においては，原則として，家庭的養護（里親，ファミリーホーム）を優先するとともに，施設養護（児童養護施設，乳児院等）も，できる限り家庭的な養育環境（小規模グループケア，グループホーム）の形態に変えていく必要がある」といわれている（厚生労働省 2011: 5）．

第2章でくわしく取り上げるように，社会的養護，特に施設養護の家庭化についての議論は，1950年代のホスピタリズム論に端を発している．その後も，1980年代から1990年代には職員の労働環境の悪化や児童養護施設入所児童数の定員割れ，1990年代以降には施設内虐待の問題化を受け，たびたび議論されてきた（和泉 2013）．社会的養護をめぐる2つの論争の分析を行った藤間公太（2013）は，時代とともに議論の背景は変化したにもかかわらず，小さな家庭を理想的なケア環境とする見方が，社会的養護論のなかで常に一定の支配力を維持しきたことを明らかにしている．施設の課題が浮き彫りになった際，理想とされる家庭でのケアを参照しながら，その時々の解決策が提案されてきたということである．言い換えれば，社会的養護，特に施設養護の限界が議論されるとき，そこには常に家族とケアをめぐる社会規範が呼び込まれてきたのである．

3.3 〈代替〉に着目する意義

以上の社会的養護の歴史的展開を踏まえると，社会的養護を子育ての社会化の〈代替〉の位相とみなし，家族社会学的視角から議論に組み込むことには2つの意義があると考えられる．

第1に，社会福祉学，福祉政策的な意義である．先述の通り，社会的養護，特に施設養護の家庭化は戦後長らく議論されてきているが，いまだに十分進んでいるとはいえない．他方で，家族社会学的な視角に立つと，そもそも家庭をモデルにすること自体問題含みである可能性がある．社会福祉学は豊富な事例研究の蓄積を持つものの，それを社会構造や規範と関連づけて論じる機運はあまり高くなかった．家族社会学的に社会的養護を論じることで，現在の社会福祉学，および福祉政策の背後仮説が批判的に検討されるとともに，今後の施策展開に向けたインプリケーションを導出することが期待される．というのも，長らく，そしてさまざまに主張されているにもかかわらず社会的養護の家庭化が進んでいない背景には，そもそも家庭をモデルにすること自体の問題が関係している可能性もあるためである．家族や家庭を理想化する規範性を相対化してきた家族社会学の視点を導入することで，福祉政策的な議論を一歩進める可能性が開けると考えられる．

この社会福祉学，福祉政策的貢献のため，本書では，「規模の大きな集団で生活していること（集団性）」，「特定の大人との愛着関係の下で，子ども個々のニー

ズに対応すること（個別性）」，「家庭的であること（家庭性）」という，社会的養護運営をめぐる議論における3つの概念の布置関係を検討する．第Ⅰ部で詳述するが，「施設における集団生活は個別性の保障に適しておらず，それゆえ，家庭的養護を推進するとともに，施設も家庭のように小規模な形態に変革すべきである」というのが，戦後一貫して主張されてきたものであった．そうした主張においては，個別性を保障する理想的な子育ての環境として家庭を位置づけた上で，家庭とは異なる集団生活という形態の下で子どもをケアする施設が批判されてきたのである．これに対し，家族社会学的な視点からこの主張の妥当性を検討することで，社会福祉学，福祉政策的なインプリケーションを導出することを本書では試みる．

第2に，家族社会学的な意義である．具体的には，〈代替〉の位相を組み込むことで，それが行われる場所が家庭内か外かを問わず，子どものケアについてのより包括的な議論を展開することが可能になることである．社会が家族に働きかけることが有効となるのは，その社会や家族が制度化されており，なおかつ一定程度の安定を維持しているときである．家族や社会が不安定である場合，そして喫緊のニーズを有する子どもたちが現に存在している場合，子ども自身を「介入ポイント」とみなし，働きかけていくことが求められるだろう（渡辺 1995）．障害学の領域では，「本人が望めば施設や親・家族から離れて，地域社会の中で生活主体者として生き続けることを可能にする社会的条件を作り出す」意味での〈脱家族化〉が目指されてきた（定藤 1993；土屋葉 2009）．この見方を導入すれば，個人化がすすみ（Beck& Beck-Gernsheim 1990=1995, 2001），近代家族の揺らぎを経験している今日の日本社会においては，家庭内・外を問わず，子どもが育てられている場のすべてを含み込んだ〈子育ての脱家族化〉を論じることが今後必要になると考えられる．[17]〈代替〉の位相の組み込みにより，そうした議論を展開することを本書では試みる．

もちろん，これまで家族社会学において〈代替〉の位相が全く論じられてこなかったわけではない．子育ての社会化という視角からではないにせよ，里親については非常に豊富な議論の蓄積がある（和泉 2006；湯沢雍彦編 2004；安藤 2010, 2011；野辺 2012；三谷 2013；園井 2013）．また，関連するものとして，養子縁組に関しても研究がなされてきている（野辺 2010, 2011, 2013, 2014；白井 2013）．それらは，血縁や法的基盤を持たない成人と子どもがどのように家族関係を形成していく実践を詳細に検討することで，家族とは何かを逆照射する試みを行ってきた．また，養親子や里親子が経験する困難を明らかにし，どのような社会的支援が求められるのかを論じてきたという点では，**図序−1**の第3象限にあたる子育ての社会化の位相を間接的に検討してきたともいえるかもしれない．

これに対して本書では，第4象限にあたる施設養護に着目して議論を行うことを試みる．日本の家族社会学において，山根常男 (1966) がキブツの有効性を説く上で批判的に言及している以外，施設養護についての議論はほとんどといってよいほど蓄積がない．家族問題と関連づけて施設養護を論じたごくわずかな例も存在してはいるが（高野 1954; 潮谷 1955; 金築 1964），いずれの論者も家族社会学者ではない．おそらく，一般的に施設養護は家族と異なるものと考えられていることが関係しているのだろうが，家族社会学が子育てにかかる責任と家族との規範的結びつきの相対化を目指すものである以上，家庭とは異なる空間で子どもをケアする実践も看過すべきでない．

4　本書の目的とアプローチ

　以上の〈代替〉に着目する意義を踏まえ，本書は2つの目的を設定する．第1に，施設養護における養育をみることで，集団性，個別性，家庭性についての検討を行うとともに，子育ての社会化の全体像に接近することである．より踏み込んでいえば，施設養護における子育てと家族における子育てとの異同を検討することで，子育ての社会化をより広い文脈で議論することを試みる．第2に，1点目の検討を踏まえた上で，子育ての社会化をめぐるこれまでの議論が，家族あるいは家庭を中心に据えた問題構制をとってきた背景を考察することである．つまり，施設養護での養育を対象とすることで，子育てをめぐる社会と家族の布置関係や，それについての規範構造を明らかにすることを目的としているのである．

　施設養護から子育ての社会化を再考し，従来の議論がなぜ家族あるいは家庭に焦点化してきたのかを問う本書のアプローチに対しては，はたしてそれは家族社会学といえるのかという疑問がやはり出るだろう．というのも，先述の通り家族社会学では施設養護を対象とした議論は非常に手薄であったが，この学問領域が家族を主題とする社会学である以上，それはある意味で当然とも考えられるためである．実際，施設養護は家族と一見かけ離れている．近代家族論によって相対化されたとはいえ，現実に多くの人が理念する「家族」とは，異性愛の成人パートナーと少ない子どもによって構成されるものであろう．少なくとも，複数の大人が複数の子どもをケアする施設養護のような関係性を家族であるとみなす人は，現在そう多くないと考えられる．また，あくまでも家族に「問題」や「困難」が生じた際に必要とされる残余的な存在として，施設養護がみられてきたことも関係していよう．さらにいえば，家族と施設養護とはある種の緊張関係にあるともいえる．たとえば日本においては親権が非常に重視されるといわれているが (Goodman 2000=2006; Hayes and Habu 2006=2011)，施設養護はその親権を持つ保護者

から子どもを引き離して行う実践である．このように，家族から遠いもの，家族とは対立するものとして施設養護がみなされてきたことが，施設が家族社会学の研究対象とならなかったことの背景にあると考えられる．

しかしながら，「何であるかを直接に問うことが難しい時，何でないかを問うことで問題に接近しやすくなることがあるように，『非家族』について思考することは，家族について思考することと同じ問いを裏から問うものに他ならない」（久保田 2010: 11，傍点原文）．すなわち，施設における子育てをみることで，「家族の子育て」の特徴を浮き彫りにすることが可能になると考えられるのだ．キブツでの育児を例に「家族の本質」を問うた山根常男の一連の研究も（山根常男 1963, 1966），この系譜に位置づけられよう．本書もまた，一般的に家族とは遠い存在とみられている施設養護を対象とし，また「家族の機能」とみられてきた子どものケアがそこでどのように遂行されているのかに着目することで，子どものケアをめぐる現代日本社会の構造的問題についての考察を試みるのである．

施設養護が家族社会学の対象たりえる上でポイントとなるのは，その内部で果たされている機能に着目することである．久保田（2010）による「家族概念の分節化・形式化アプローチ」を参考にこの点を論じてみよう．久保田（2010）は，家族という概念は従来の法的家族概念に固定したまま，依存とそれをケアするものの圏域である〈ケア圏〉，生活を共同するものの圏域である〈生活圏〉，性愛関係を含む成人の親密な関係性である〈親密圏〉の３つに「家族的諸機能」を分節化することで，その多元的形式化を進めることを提案している．この戦略をとることで，「家族を含めた他人一般の理論化を通じて，ひるがえって家族の場面を検討する」という，理論的包括性と新たな知見の可能性を備えたアプローチが可能になる（久保田 2010: 190）．本書が対象とする施設養護は，地域社会のなかで日常生活を共同し，子どもにケアを提供している点で，〈生活圏〉と〈ケア圏〉が重なり合った空間と位置づけられる．夫婦制で運営している施設の場合は，そこに〈親密圏〉も織り込まれよう．このように，一般的に家族とは異なるもの，遠いものと思われている施設養護も，内部で果たされる機能は家族と類似性がある．それゆえ，施設養護を対象とすることで，家族と子どものケアをめぐる問題を裏側から問うことが可能になると考えられる．

さらに，施設養護において集団生活下で養育機能が果たされていることも重要である．先述の通り，これまでの子育ての社会化論は，親，特に母親の負担を軽減することを目的とし，複数のアクターが子育てに関わるあり方を構想してきた．この点に鑑みれば，複数の大人が複数の子どもをケアする施設養護を対象とすることで，そうした集団生活下でのケアの特徴や課題が明らかになるとともに，子育てをする家族への支援を考える上でも応用可能な知見が得られると期待され

る.施設養護を対象とすることで,より包括的に子育ての社会化が議論できると先に述べたのは,まさにこの意味においてでもある.

要するに本書が目指すのは,一般的に家族と異なるものと思われている施設養護において,「家族の機能」とされてきた子どものケアがどのように行われているのかを分析し,より広い射程から子育ての社会化を議論するとともに,家族と子どものケアをめぐる日本社会の構造的問題を明らかにすることである[20].すなわち本書で試みられることは,施設養護における子どものケアの〈代替〉を検討することで家族と社会のありようを問う,〈代替養育の社会学〉である[21].

5　本書の構成

最後に,本書の構成を確認しておこう.本書は,2つの章からなる理論編(第I部)と,調査データにもとづく6つの章(補章,終章を含む)からなる実証編(第II部)という二部構成をとる.

「子育てをめぐる社会化言説と家庭化言説の併存」と題した第I部では,家族社会学における子育ての社会化論の展開と,社会的養護施策や研究,およびそれをめぐる言説の歴史的展開を確認し,実証編での問いを設定する.まず,第1章では,子育ての社会化に関する先行研究を,その土台となった近代家族論以降の「子育て問題」研究から順を追ってレビューすることで,それらの意義と限界がどこにあったのかを検討する.続いて第2章では,近年いわれる社会的養護,特に施設養護の家庭化という言説が,どのような歴史的背景のもとに確立されてきたのかを,社会的養護の運営形態に関する2つの論争をみることで解き明かしていく.これらの考察から,同じ子育てという営みをめぐって,家族のそれは社会化がいわれ,社会的養護のそれは家庭化がいわれること,そして家庭化というスローガンが施設における集団性を否定することで維持,強化されてきたことが明らかになる.

以上の第I部での議論を受けて,第II部の実証編「集団性の機能と退所をめぐる困難」では,(1)家庭性の支配力を担保する形で否定されてきた集団性が,実際の支援の現場でどのように立ち現れてくるのか,(2)そうした集団性のなかでの支援を受けた子どもが退所していく前後には,どのような困難が存在するのかについて検討する.第3章では,筆者が行った調査の概要を説明する.社会的養護全体のなかでの児童自立支援施設の位置づけ,および調査対象である小規模グループケア型の児童自立支援施設Zの特徴を論じることで,なぜZが本書の対象として適しているのかを示す.第4章では,職員の集団性が支援のなかでどのような限界を持ち,その他方でどのような意味を持っているのかを検討する.

第5章では，子どもの集団性に目を転じて議論を進める．Zにおける「係」，「指導生徒」，「全体日直」といった制度や，「上の子（年上）」と呼ばれる子どもの役割に着目し，子どもたちがそれらの役割を取得していくプロセスや，それに対する職員の支援実践を描写していく．第6章では，リービングケアの実践とそこに付随するさまざまな困難，そしてそれに対処するZの実践をみていく．具体的には，集団性のなかでケアを受けた子どもが退所していくにあたり，どのような支援が展開されるのか，そこにどのような困難が現出するのかについて検討していく．以上の実証分析からは，家庭化というスローガンのもとで批判されてきた集団性が，いくつかの限界を孕みつつも，支援の上で一定の意義を有していることが明らかになる．

　終章では，本書の議論を総括するとともに，「家族だけでなく社会全体ですべての子どもを育てる」という意味での子育ての社会化を進めるための視点を提供することを試みる．まず，社会的養護のあり方をめぐる議論において用いられてきた，集団性，個別性，家庭性という3つの概念間の布置関係を，本書の知見から再構成する．次に，従来の子育ての社会化論が，家族，家庭でのそれに偏って展開してきたことの背後に，〈家族主義〉の問題があることを指摘する．その上で，施設養護を通じてみえてくる子育ての社会化のあり方を論じる．最後に，「ケア空間一元化モデル」の問題性を指摘し，「ケア空間多元化モデル」を提案する．

注

1) 「育児休業，介護休業等育児又は家族介護を行う労働者の福祉に関する法律」．その後2005年より改正法が施行されている．
2) 具体的には，子育て支援政策の展開をレビューし，その課題を指摘するもの（村山 2004; 相馬 2011）や，保育所研究などがある（前田正子 2003; 二宮 2010）．
3) 育児不安については，牧野カツコの一連の研究や（1982, 1985, 1987, 1988），落合恵美子（1989）の議論が嚆矢といえる．児童虐待については，川名紀美子（2000），山根真理（2000），上野加代子（2000）など．このほか，保育ママ（相馬 2004; 松木 2009），子育て広場（戸江 2008, 2009, 2013; 松木 2012）といった現場をフィールドとしての質的調査研究なども重要な先行研究として挙げられる．
4) 阪井裕一郎ほか（2012）がいうように，戦後日本の家族研究史における〈家族主義〉の意味するところは一様ではない．ここでは，「家庭こそが家族の福祉の責任を第一に負わなければならないと公共政策が想定（むしろ主張）するようなシステム」というG. Esping-Andersenの定義（Esping-Andersen 1999=2000: 86）に倣い，子育ての責任や機能，負担が家族のみに集約されることを指す語として用いる．
5) 保護者のない児童，または保護者による監督・教育が「不適当」である児童を指す．
6) 本書では養育，ケア，子育てという用語を互換的に使うことをあらかじめ述べておきたい．たしかに，本来これらの概念は厳密には区別されるべきものかもしれない．養育が身体的な世話を指す狭義の概念であるのに対し，ケアは身体的な世話のみならず配慮

や気遣いも含む概念であり（稲葉 2013），また一般的に子育てはケアの下位概念と捉えられるためである．しかしながら，現実的には，他者の身体的世話にも子育てにも，将来のものも含めて相手のニーズに配慮することが求められると考えられる．そのため，本書では以上の概念を互換的に使うことをあらかじめ述べておきたい．

7) 社会的養護施設の代名詞的存在である．乳児を除いて，保護者のない児童，虐待されている児童，その他の環境上養護を要する児童を入所させて，これを養護し，あわせてその退所した者に対する相談その他の自立のための援助を行うことを目的とする施設（児童福祉法第41条）．

8) 保護者がない，あるいは保護者の病気，離婚などで養育困難な乳児を入所させて，養育することを目的とする施設（児童福祉法第37条）．

9) 軽度の情緒障害を持っている児童を短期入所させて，または保護者のもとから通わせて，その情緒障害を治すことを目的とする施設（児童福祉法第43条の5）．

10) 不良行為をなす，またはそのおそれのある児童や，家庭環境，その他の環境上の理由により生活指導を要する児童を入所，あるいは通所させ，指導を行い，自立を支援することを目的とする施設（児童福祉法第44条）．

11) 義務教育を終了し，社会的養護施設を退所した子どもに対して，その自立を図ることを目的に，共同生活を営みながら相談その他の日常生活上の援助および生活指導を行う施設（児童福祉法第6条の2第1項，および33条の6）．2011年10月時点で，全国に82か所存在する．

12) 里親数，委託児童数は福祉行政報告例（平成25年3月末現在）．施設数，ホーム数，定員，現員，小規模グループケア，地域小規模児童養護施設の数は家庭福祉課調べ（平成25年10月1日現在）．職員数（自立援助ホームを除く）は，社会福祉施設等調査報告（平成23年10月1日現在）．自立援助ホームの職員数は家庭福祉課調べ（平成24年3月1日現在）．児童自立支援施設は，国立2施設を含む．

13) たとえば，「①保護者がいない，②保護者または子どもの要因により，保護者が監護できない，③同様の要因によって監護させることが不適切またはより有効なケアがある，等の子どもに対し，最善に利益の確保を基本的視点とし，保護・育成・自立など，子どもの成長や発達を図る公私の取り組み」という定義がなされている（山縣 2007: 16-7）．

14) 〈支援〉の位相に位置する保育所も，機能的にみれば家族の子育て機能の一部を代替しているとみることは，もちろん可能であろう．本書では，「家族の子育てを支援すること」を目的とするか，親に育てられない子どもを「家族に代わって育てる」か，という区分で，〈支援〉と〈代替〉を定義している．

15) 実際，厚生労働省（2011）も「社会的養護と一般の子育て支援施策は，一連の連続性を持つものであり，密接な連携が必要である」と述べている（厚生労働省 2011: 3）．

16) 親権に子どもの権利を優先させる動き自体は，1960年代にすでに存在していた（土屋敦 2014）．にもかかわらず，いまだに親権が強く守られていることからは，子どもの権利保障が強くいわれるようになった今日においても，子どもの権利条約以前の親権優先主義が根強く残っていることが窺い知れよう．

17) これまで，特に子育てに関しては，社会化と「脱家族化」は互換的に用いられることが多かった．これは，C. Saraceno（1996）に議論に影響を受けたEsping-Andersen（1999=2000）による「脱家族化（defamilialization）」という語の用法，すなわち，「福祉や介護に関する家庭の責任を，福祉国家または市場のはたらきを通じて，どの程度まで緩和できるかを考えようということ……脱家族化のレジームとは，家庭の負担を軽減し，

親族に対する個人の福祉依存を少なくしようとするレジームのことである」(Esping-Andersen 1999=2000: 86) という定義に依拠してのことであろう．しかしながら，ここに挙げた障害学的な用法が存在することや，そもそも子育ての社会化の定義や用法そのものも論者によって曖昧であることなどに鑑みると，これらの概念についての検討も，今後は必要となるかもしれない．以下，本書では，子育ての社会化と互換的に扱われている場合は「子育ての脱家族化」，障害学的なものを指す場合は〈子育ての脱家族化〉と区別して用いる．
18) 「家族法など法制度的強制力に担保されたもっとも狭い家族概念であり，法律婚に基づく異性愛夫婦と，その法的・生物学的な子からなる集団を指す」(久保田 2010: 12)．
19) この〈親密圏〉は，従来論じられてきた「親密圏」が生活の共同やケア関係を従属させた親密性にもとづく一元的形式であったのに対し，〈ケア圏〉や〈生活圏〉とは概念上独立に定位されている点に，大きな違いがある．
20) 他方で，父親の長時間労働の解消やワークライフ・バランス政策が子育て支援の文脈で語られていることに鑑みれば，子育ての社会化には必然的に「再家族化」(藤崎 2009) の側面が伴っている．また，松木洋人 (2013) が指摘しているように，支援者にとって家族規範や「家庭性の論理」が何らかの実践的な意味を持っている側面がありうる以上，そうした規範を完全に相対化する意味で子育ての社会化を主張することは，あまり現実的ではないのかもしれない．こうしたことは踏まえつつも，まず本書では，子育ての社会化のありように議論の焦点を置くことにする．
21) そもそも「子ども」をどのように定義するかについても論じておく必要があろう．元森絵里子 (2014) がいうように，「子ども」がいかなる者を名指しているのかは，国民国家単位の制度の水準でも，日常的な語感でも，非常に曖昧なものである (元森 2014: 4)．図序-1に挙げた子育ての社会化の各位相も，年齢などの面で対象となる「子ども」を異にしており，それらを一律に並べることには慎重である必要はたしかにある．しかしながら，本書が包括的な子育ての社会化論を目指す以上，「子ども」も広く捉えることが必要となる．そこで本書では，第1に，「子ども期の延長」がいわれるように，現実に家族における子育てにおいて，子どもの大学卒業までの経済的負担や食事や洗濯などの身の回りの世話を親が担うケースが多くなっていること，第2に，児童福祉法上で「子ども」への支援が原則満18歳，措置延長した場合には満20歳までと規定されていること，第3に，高等学校の無償化など比較的高齢の子どもに関わる諸施策が子育ての社会化に関わる政策の一部とされていることに鑑み，暫定的に「子ども」を満20歳までとみなす．その上で，彼／彼女らの育ちを社会的に支援する営みを，広く子育ての社会化と捉える立場に立ち，議論を進めることにする．

表序-2 社会的養護年表

時代	内容
飛鳥時代	・聖徳太子が悲田院設立（593年）
奈良時代	・光明皇后が奈良興福寺に悲田院や施薬院を開設 ・和気広虫による日本初の施設型児童救済事業（83名）
平安時代	・貴族間での里親の風習の広まり
鎌倉時代	・家父長制にもとづく家族制度の強化 ・後継者としての子どもの重視・親孝行の強調・忍性が極楽寺に児童福祉施設を開設（1261年～）
室町時代	・宣教師たちによる孤児，捨て子の救済 ex. ルイス・デ・アルメイダによる現在の大分市への育児院設立
江戸時代	・士農工商の身分制度が固定化 ・家父長制の強化 ・儒学者による子育て論の出現 ⇒武家による家族教育論の展開 ・棄児禁止の布令（1689年） ・間引き禁止令（1766年）
明治時代	・子ども観の変化 ⇒組織的な児童保護事業の制度化 ・堕胎禁止令（1868年） ・棄児養育米給与方（1871年） ・三児出産の貧困者への養育料給与方（1873年） ・嬰児殺しへの処罰規定（1873年） ・恤救規則（1874年） ・仏教やキリスト教などの思想にもとづく保護施設の開設 ex. 岡山孤児院
大正時代	・大正デモクラシー ・貧困の社会問題化 ・工場法（1911年成立，1916年実施） ・『赤い鳥』創刊（1918年） ⇒児童中心主義的な新しい教育運動の勃興 ・少年法（1922年） ・矯正院法（1922年） ・盲学校及聾学校令（1923年） ・ジュネーブ宣言（1924年）
昭和時代 （～敗戦）	・恤救規則に代わる救護法の成立（1929年） ・児童虐待防止法（1933年） ・少年教護法（旧感化法）（1933年） ・保健所法（1937年） ・母子保護法（1937年） ・厚生省の設置（1938年） ・戦災孤児や疎開孤児の激増（太平洋戦争開戦以降）
敗戦直後	・浮浪児の発見と保護の必要性の高まり ⇒児童保護施設，なかでも育児院や孤児院などの増設 ・厚生省に児童局が新設（1947年） ・児童福祉法成立（1947年） ⇒戦災孤児の保護から次世代の育成へと焦点が変化 ⇒社会的養護の体系化，児童福祉施設の整理 ・統合＝助産施設，乳児院，母子寮，保育所，児童更生施設，養護施設，精神薄弱児施設，療育院，教護院 ・児童福祉施設最低基準公布（1948年） ・療育施設から盲ろうあ児施設が分化（1949年） ・療育施設から虚弱児施設と肢体不自由児施設が分化（1950年）＝児童福祉施設は11種類に ・里親と保護受託者（職親）が児童福祉法上制度化（1951年） ・児童憲章の制定（1951年） ⇒5月5日が「こどもの日」へ

高度成長期〜 オイルショック	・工業化に伴う「家庭崩壊」の社会問題化 ・『児童福祉白書』(1962年) ・精神薄弱児施設の制度化 (1957年) ・情緒障害児短期治療施設の制度化 (1961年) ・児童扶養手当法制定 (1961年) ・重度精神薄弱児扶養手当法制定 (1964年) ・厚生省児童局が児童家庭局へと改称 (1964年) ⇒福祉事務所に家庭児童相談室が開設 ・国立「子どもの国」開設 (1965年) ・「福祉元年」(1973年) ・オイルショック (1973年) ⇒「福祉見直し」が余儀なくなる ・福祉に関する国際的な運動の展開 ⇒国際婦人年 (1975年),国際児童年 (1979年),国際障害者年 (1981年)など
1980年代後半〜	子どもの権利条約批准と子ども虐待の通告件数の増加の時代 ・児童相談所への虐待通告数の統計化の開始 (1990年) ・子どもの権利条約の国連採択 (1989年) ・日本が子どもの権利条約に批准 (1994年) ・中央児童福祉審議会による児童福祉法見直しの中間報告 (1996年) ・児童福祉法一部改正案 (1997年提出,1998年4月施行) ⇒(1) 保育所の選択利用システム化 　(2)「自立支援」という観点からの児童福祉施設改革 　＝養護施設の児童養護施設への改称,虚弱児施設の児童養護施設への統合,教護院の児童自立支援施設への改称,母子寮の母子生活支援施設への改称,児童相談所の機能強化,自立援助ホームの制度化 ・「児童養護施設における適切な処遇の確保について」(1997年) ・「児童養護施設等における入所者の自立支援計画について」(1998年3月) ・「懲戒に係る権限の乱用の禁止」(1998年) ・「児童養護施設等に対する児童の権利擁護に関する指導の徹底について」(1999年) ・「児童の虐待の防止等に関する法律」施行 (2000年) ・地域小規模児童養護施設(グループホーム)の制度化 (2000年) ・里親制度改正 (2002年10月) ⇒専門里親と親族里親の創設 ・児童福祉法一部改正 (2003年) ⇒児童相談所の守備範囲と施設入所の年齢要件の改正 ・「児童の虐待の防止等に関する法律」,および児童福祉法一部改正 (2007年) ・児童福祉法一部改正 (2008年) ⇒小規模住居型児童養育事業(ファミリーホーム)の創設,里親手当の引き上げ,虐待を発見した者の通告義務の規定,通告を受けた都道府県が講ずべき措置の規定・児童福祉施設最低基準改正 (2011年) ⇒施設長の資格要件の規定,研修の義務化,3年に1回の第三者評価受信の義務化

第Ⅰ部　理論編

──子育てをめぐる社会化言説と家庭化言説の併存──

第1章　子育ての社会化論の問題構制
―― 〈支援〉と〈代替〉をめぐって ――

　本章では，従来の子育ての社会化論が何を問題化し，どのようにそれを乗り越えようとしてきたのかを確認しておこう．家族と子育てとを結びつける規範の相対化は，どのような視角のもとに展開してきたのだろうか．そこでは，何が語られ，何が語られなかったのであろうか．ここでは，近代家族論を基盤として発展した「子育て問題」に関する研究から，近年注目されている福祉レジーム論やケアの社会学に至るまでの動向を追うことで，その点を検討する．その上で，〈支援〉の位相のみに着目することの問題点を論じたい．

1　はじめに

　本章の目的は，子育ての社会化をめぐる議論の展開を，その受容の下地となった近代家族論以降の子育て問題研究から振り返り，その意義と課題を確認することにある．松田茂樹（2013）は，少子化政策が思うように前進・浸透しなかったことの背後には，「少子化論」が的確な問題把握や指摘を行ってこなかったことがあると述べている（松田 2013: ii-iv）．この議論は「少子化論」だけにとどまるものではない．近代家族論の成立以降，この約30年間の家族社会学にとって，（この語の直接的な使用の有無に関わらず）子育ての社会化は常に重要な論点であり，少子化論もその問題系の中で蓄積されてきた議論である．そうであるならば，今日までの家族社会学が子育てをめぐる問題の全体像を的確に把握していたかどうかについても，いま一度検討する必要があるだろう．

　以下ではまず，近代家族論以降隆盛した，子育てをめぐる「問題」（以下，「子育て問題」）についての研究の動向を確認する（第2節）．次に，そうした背景のもとに受容された子育ての社会化論のマクロ的視角である「福祉レジーム論」と，ミクロ的視角である「ケアの社会学」とのそれぞれの展開を概観する（第3節）[1]．これらの検討を踏まえ，〈支援〉の位相のみに着目することが，どのような点で議論を制限してきたのかを述べる（第4節）．

　なお，本章では，「子育ての脱家族化」の語を用いた議論も必要に応じて対象としていく．上野千鶴子（2011）は，ケアワークの「脱商品化」は「市場セクターからの移転」を，「脱家族化」は「家族セクターからの移転」を指すものと捉え

た上で，ケアの社会化を両者の組み合わせであり，官／民／協／私の費用分担の問題であるとして理解する立場をとっている（上野千鶴子 2011: 231-4）．これを踏まえれば，「脱家族化」は社会化の構成要素の1つとなり，厳密には両者は区別される必要があるかもしれない．というのも，ケア労働が「脱家族化」がなされたとしても，それが「市場化」と「国家化」のどちらを指すのかは不明確であり（上野千鶴子 2011: 231），もし「脱商品化」を伴わない前者のみを意味するのであれば，貨幣費用の負担は家族に帰属されたままになり，それに耐えられる家族と耐えられない家族との格差が生じる点で，社会化が達成されたとすることに留保が生じるためである．他方で，序章の注4でも論じたように，先行研究において，社会化の概念定義や用法は必ずしも一致を見ておらず，それは「脱家族化」と互換的に用いられるケースが非常に多かった．この点に関して，介護と障害者ケアを中心として支援・ケアの社会学の動向を整理した井口高志（2010）は，それらにおいて「『脱家族化』がどの程度達成されたかが，『社会化』という理念のもとで探求の主題となってきた」（井口 2010: 172）と指摘している．すなわち，ケアの社会化研究の念頭には，常に脱家族化の達成があったということである．このような研究動向に鑑みて，本章では「子育ての脱家族化」についての議論も検討の対象とする．

2　近代家族論と「子育て問題」研究

2.1　近代家族論の含意

　よく知られているように，近代家族論は落合恵美子（[1985] 1989）を契機に隆盛し，そこで示された近代家族の特徴をめぐって大きな論争が引き起こされた[2]．P. Ariès（1960=1980）に代表される西欧の社会史的知見を導入することで，「標準的」とされていた家族の理念型が近代という時代的な構築物にすぎなかったことを明らかにしたことが，落合の議論の大きな意義であった．また，山田昌弘（1994）は[3]，イデオロギーとしての「愛情」のもとにさまざまな機能遂行の責任が家族に集約されていったことを感情社会学的視角から指摘し，後の議論に大きな影響を与えた．

　近代家族論が明らかにした家族の歴史性や構築性のなかでも，子育てを考える上では以下の4点が重要である．第1に，近代化の過程で家族が私的空間として社会から隔絶したこと（＝「家内領域と公共領域の分離」），第2に，その私的空間のなかでの中心的な機能，役割として子育てが位置づけられたこと（＝「子ども中心主義」），第3に，女性がその役割を支配的に担うようになったこと（＝「性別分業／ジェンダーの神話」），第4に，そうした性別分業を正当化するのがイデオロギー

としての愛情であったこと（＝「愛情と家族責任を結ぶイデオロギー」，「母性愛のイデオロギー」）．「子育てとは，閉じた私的空間たる家族のなかで，母親の愛情のもとに遂行されるべきものである」というイデオロギーが，戦後高度成長の過程で構築され，自明化したことを，近代家族論の蓄積は暴き出したのであった．

　歴史的視角をもって家族の理念型を相対化するということは，「家族の子育て」の理念型を問い直すということでもある．実際，近代家族論以降，ケア役割の家族への集約を指すものとして「私事化」や「私秘化」といった語が用いられるようになったことで，子育てをめぐるさまざまな議論においても，この問題がクローズアップされるようになった（阪井ほか 2012: 164-7）．こうした流れのなかで，それまで「家族の問題」として捉えられてきたさまざまなトピックが，「家族をとりまく社会の問題」として再定位されていった．この視角の転換を背景に，子育て支援の議論も発展してきたのである．以下では，そうした研究の視角を確認しておきたい．

2.2　「子育て問題」研究の視角

　先述の通り，近代家族論の含意の1つは，母親と子育て規範との結びつきの相対化にある．戦後，「子ども中心主義」と性別役割分業がともに社会の規範的支持を得たことで，「子育ては母親によって担われるべきである」との考えが広く浸透し，「三歳児神話」や「母性愛」言説が確立した．その結果，「『子どもはかわいいものであり，その子どもとともに暮らせる生活は女性にとって至福だ』とするイメージが先行し，子育ての実態が覆い隠されている」状況が発生した（大日向 1999: 75）．今日でもなおその傾向は強いが，「子育て問題」をめぐっては，その「原因」がケアを担う親に集約されることが多い（cf. 藤間 2011b）．それは，「母性」の問題化や「母原病」（久徳 1991）という言葉の流行などにもみてとれるだろう（田間 1985, 2001; 山根真理 2000）．近代家族論は，そうした母親と子育てとの規範的結びつきを相対化し，子育てをする母親への支援を論じる基盤を築いてきた．以下では，そのような下地の上に発展してきた，「子育て問題」研究の代表例として，育児不安と子ども虐待に関する研究を概観しておこう．

2.2.1　育児不安研究

　母親の育児不安は，1980年代前後から学術的な注目を集めており，それについての研究は非常に豊富な蓄積がある．「子育て問題」をめぐる言説の動向を整理した山根真理（2000）によると，この問題が社会的に注目を集め出したのは1970年代に入ってからのことである．当初は少年非行や子殺し，家庭内暴力といった事象の原因は「母性」の問題に求められていたが，そうした見方は1980年代以降の実証研究の蓄積により相対化された．そこでは，子育ての負荷が「製鉄所の転

炉，高炉作業員などに匹敵する」ことが明らかにされ（佐々木保行・佐々木宏子 1980），それに関連する人間関係の要因として，（1）人間関係の広がり（牧野 1982; 本村ほか 1985; 原田 1993; 山根真理ほか 1990），（2）家庭外での活動の場や機会（牧野 1982; 牧野ほか 1985; 久保ほか 1988），（3）母親のアイデンティティ（牧野 1982, 1987）といったことが検証されていった．それらの研究成果は，育児不安の背景を母親の個人的資質に集約することを批判し，親＝母親という前提の見直しを提案することで，育児ネットワーク研究などに広がっていった（落合 1989; 山根真理 1994; 山根真理ほか 1990; 前田尚子 2004）．

このように母親の育児不安が注目される他方で，父親のそれに注がれる関心は少なかったと指摘したのは渡辺秀樹（1996）である．渡辺は，「シングルファザーは否応なく〈父親〉として社会のなかに登場してくる……そしてここに男性が父親であることのさまざまな問題が集約的に顕在化してくる」（渡辺 1996: 166）といい，シングルファザーが強い育児不安を感じる背景として，（1）父親役割を学習する機会の剝奪，（2）父親経験を実践する機会の剝奪，（3）育児情報からの疎外，という3つの要因を挙げた．その上で，父親の育児不安は彼らのアイデンティティ不安にもつながりうる深刻な問題であり，彼らを福祉につなぐ工夫が求められると述べた．ここでも，育児不安の背景として社会の側の変化が指摘され，福祉につなぐためのネットワークの重要性が示されているといえよう．

2.2.2 子ども虐待研究

こうした育児不安や育児ネットワークの問題と表裏にあるものとして論じられてきたのが，子ども虐待である．川名紀美（2000）は，「医療も保険も完備し，便利なものがいろいろ揃った『豊かな』時代にあって，子どもを育てるという人間にとって根源的な営みが危機にさらされている」理由として，専業主婦化により子育ての「失敗」が許されなくなったこと，家族の人数の減少や地域の「崩壊」により子育てへの助けがなくなったことなどを指摘し，「夫不在の家で，子どもとだけ向き合う孤独な子育て．この現実が，様々な問題を生んでいる」と述べる（川名 2000: 149-53）．すなわち，虐待する母親本人の資質や性格の問題としてではなく，彼女たちをとりまく社会の変化が帰結するものとして，子ども虐待を再定位したのである．

家族の小規模化や地域の「崩壊」といった構造的変化に加え，「愛情」や「母性」，あるいは「母親」をめぐる規範やイデオロギーの存在も，子ども虐待を論じる上では重要なファクターである．たとえば，上野加代子（2000）は，「子どもは母親から十分な身体的世話と愛情を与えられて当然」，あるいは「子どもは親の愛情によって心身の健やかな発達が促される」といった，家族の愛情を絶対視する前提が子ども虐待問題を成立させていると述べ，「愛情，幸福といった概念と近づ

けられるほどに,「問題」や「危機」として立ち現れてくる」という逆説を指摘した（上野加代子 2000: 229-31）.また，フェミニズムの立場から，〈女親のシティズンシップ〉という概念を用いて構築主義的にネグレクト問題を検討した村田泰子（2006）も，子どもを持つ女性が近代市民社会の内部で与えられる位置の特異性を指摘している．すなわち，「現代社会において，母であるということは，単に子どもをかわいがることや，虐待やネグレクトを行わないこと……だけを意味しない．それに加え，子を持つ女性は，健康や安寧，安全，清潔，節度，もしくは従順さといった，市民生活の維持に不可欠な諸価値……を実現して，初めて一人前の母として認められる．言い換えれば，市民社会の維持と安定は，子を持つ女性をいかによく訓育し，統治の諸目的のために活用し得るかにかかっている」のだ（村田 2006: 173）．その上で，家庭が「国民を作る」という近代国家の課題における重要な権力の場となっていること，ネグレクトはそうした「統治上の諸目的を完遂するための性ならびに階層にまつわるポリティクス」（村田 2006: 190）と捉えられると論じている．つまり，ネグレクトという事象が，「近代市民社会で望ましいとされる生活態度や価値観の『ネガ（陰画）』」として位置づけられているのだ（村田 2006: 194）．

　以上のように，子ども虐待に関する社会学的研究は，虐待の原因を「家族（親）の問題」に集約する言説を相対化し，社会変動と家族構造の変化，愛情イデオロギー，社会統治のためのポリティクスなどとの関連で，子ども虐待問題を位置づけ直してきた．すなわち，子ども虐待は，養育者や家族に閉じられた個別の問題では決してなく，家族の小集団化や地域共同体の衰退といった社会の変化のなかで，子育てが私事化し，その責任が（母）親のみに集約されたことが帰結する問題であり，その解決には，子育てに対するフォーマル／インフォーマルな社会的支援が必要であるという見方を開いたのである[4]．

2.3 「子育て問題」研究の含意

　以上，近代家族論以降の「子育て問題」研究を概観したが，それらの研究の意義は，「核家族化批判」をはじめとする「家族原因論」の相対化にあった．広井多鶴子（2010）が指摘するように，戦後日本社会において，「親子のコミュニケーションの低下，親子の絆の希薄化，過保護，甘やかし，しつけの低下，育児不安，虐待，孤（個）食など，親への批判が際限なく繰り返され，それらがまるで現代家族全般の特徴であるかのように語られている．そして，そうした一面的な認識に理論的な根拠を与えたのが，核家族化の進行という言説であり，核家族化自体を病理とみなす核家族化批判だった」（広井 2010: 38）．家族の普遍性の相対化という近代家族論の功績のもとに展開した「子育て問題」研究は，そのように「問題」

の原因を家族に集約する見方に対し,社会構造が帰結するものとして「子育て問題」を再定位したのであった.

また,近代家族論の影響下で家族の理念型(=「標準的家族像」)が相対化されたことは,ひとり親家庭を「機能不全家族」と呼び,離婚,DV,家庭内暴力などを「家族病理」とみなすような見方を変えることに大きく貢献した.すなわち,ある「問題」や「困難」は,ある形態の家族が帰結する「機能不全」によってもたらされる「病理」なのではなく,そうした家族に不利を及ぼすような社会構造上の問題により帰結されるという視角が登場したのである.これにより,子育てをする家族への支援の必要性も論じられるようになった.

このように,近代家族論以降の「子育て問題」研究は,「親子」や家族といった関係下での子育てをとりまく社会のあり方を問題化し,子育て支援政策や育児ネットワークの重要性を明るみに出してきた.そのなかで,子育て支援が必要であり,また妥当であることが提示されたのである.次節では,こうした蓄積の上に発展してきた子育ての社会化論の展開を確認しておこう.

3 子育ての社会化論の展開

3.1 福祉レジーム論

まず,子育ての社会論のマクロ的位相である福祉レジーム論についてみていこう.上述のように,家族への社会的支援が社会福祉政策上の課題となったのは1990年代以降である.藤崎宏子(2000)の言葉を借りれば,この時期に「福祉政策における家族の捉え方が「抑制の論理」から「支援の論理」に大きく転換した」(藤崎 2000: 119).これについて木戸功(2005)は,「「支援の論理」への転換は,その対象を,何らかのニーズを持つ個人から,そうした個人を抱える家族にまで拡張しているという点に特徴がある」(木戸 2005: 149)と指摘している.すなわち,ニーズや依存を抱えた個人は家族の機能によって生活を担保されるべきという従来の想定から,個人の「"避けられない"依存」をケアする家族の「"二次的な"依存」(Fineman 2004=2009: 29-30)を社会的に引き受けていく方向に,社会政策をめぐる議論が展開してきたのである.

比較福祉レジーム福祉への注目を大きく高めたのはEsping-Andersen(1990=2001)の「3つの世界論」である.彼は,労働力の「脱商品化(decommodification)」と「階層化(stratification)」というスコアを用いて福祉国家の類型化を行った.そこでは,脱商品化スコアの高い方から順に,社会民主主義レジーム(スカンディナビア諸国),保守主義レジーム(大陸ヨーロッパ),自由主義レジーム(アングロサクソン)と福祉国家が類型化され,それぞれにおける階層化の様相が分析される.武川正

吾（2012）によると，この議論の意義は，それぞれのレジーム下での福祉政治を「それが埋め込まれた社会の構造や歴史にまで遡及して分析を加えたこと……また，脱商品化という概念をより洗練された形で導入することによって，福祉国家と資本制に関する既存の諸理論の統合を果たしたこと」にあるという（武川 2012: 96）．

　この「3つの世界論」には，いくつかの立場から厳しい批判が加えられた．宮本太郎（2001）によると，それらの批判は（1）フェミニストからの批判，（2）レジーム類型をめぐる批判，（3）福祉国家の環境変容に関する批判，（4）非営利組織研究からの批判の4点にまとめられる（宮本 2001: 260-6）．ここでは，家庭の重要性を認識するきっかけになったとEsping-Andersen（1999=2000）自身が認めている，フェミニストからの批判を確認しよう．というのも，フェミニズムが家内労働，そしてその責任分配におけるジェンダー不平等を議論の俎上に載せたことで，子育てをはじめとするケアが福祉政策論や福祉レジーム論のテーマとして明確に位置づけられ，あとで登場するEsping-Andersen（1999=2000）の「脱家族化」という概念も，そうした背景のもとに提出されたという経緯があるためである．

　1970年代後半に登場したフェミニズムによる福祉国家のジェンダー分析は，第2次世界大戦後の福祉国家諸国において，男性＝稼得者，女性＝被扶養の家事労働者という性別分業にもとづく社会保障制度設計が行われてきたことに着目していた．つまり，一方では，福祉国家が女性や子どもを被扶養者と定義し続けることで女性の従属的地位を維持することに寄与してきた側面を析出することで，「家父長制」という観点から女性＝被扶養者という規定の持つ問題性を明らかにし，他方では，そのように女性を家族ケアの専任者と位置づけることで男性の利害が優先される価値観が形成されてきたことに着目することで，社会政策がそれらを維持する極めて重要な手段となっていることを明らかにしたのである（Wilson 1977; Land 1978; 深澤 2003）．その後，1980年代には，既婚女性のペイド・ワークに対する社会政策の関わり方についての歴史研究が盛んに行われ，「国家の家父長制」ないし「家父長制的福祉国家」の側面が明らかにされた．また，家族を政策給付単位とすることがもたらす問題についても，それらにおいては指摘されている．つまり，「権力や資源配分におけるジェンダー不平等」の様相が探求，議論されてきたということができるだろう（深澤 2003: 19）．

　1990年に登場したEsping-Andersenの「3つの世界論」は，このように独自の視点を発展させてきたフェミニズム的福祉国家論に2つの課題をもたらした．第1に，彼の福祉国家類型論がジェンダー・ブラインドであることを，「脱商品化」という分析概念に立ち入って批判することである．そこでは，Esping-Andersen（1990=2001）が家族の内部構造に立ち入っていないことに加え，そもそもこの概

念は男性労働者にのみ関わるものであるため，女性が議論の俎上からこぼれ落ちてしまうこと（Land 1983），女性が福祉国家によって「私的な依存から公的な依存へ転換」させられていることが看過されていることなどが指摘された（Bussemaker and van Kersbergen 1994: 24）．こうした批判から，第2の課題，すなわち，フェミニスト独自の比較福祉国家研究に必要とされる座標軸を用いた福祉国家研究を行う必要性が析出された．その作業は，「3つの世界論」を批判的に摂取すると同時に，歴史研究から各福祉国家の特色を浮き彫りにすることや，独自の類型を作り出す試みを通して展開された（深澤 2003: 29）[5]．

　こうしたフェミニストからの批判を受け，Esping-Andersen（1999＝2000）は，自身のモデルに家族を加えた検討を行う．そこで登場するのが，C. Saraceno（1996）を参考とした，〈家族主義〉と「脱家族化」という指標である．彼のいう「家族主義的福祉レジーム」とは，「最大の福祉義務を家族に割り当てる体制のこと」であり（Esping-Andersen 1999＝2000: 78），それに分類されるのは，南欧諸国と日本である．一方，序章の注4）でもみたように，「脱家族化のレジーム」とは「家庭の負担を軽減し，親族に対する個人の福祉依存を少なくしようとするレジームのこと」である（Esping-Andersen 1999＝2000: 86）．Esping-Andersen（1999＝2000）は，（1）家族主義的な福祉レジームがしばしばカトリックの社会的な教義や補完性の原理の影響を受けていること，（2）ほとんどの福祉国家は依然として所得移転に偏っているにもかかわらず，そうした支援によって購入されるはずのサービス活動はそう簡単に市場に広がらないこと，（3）家族主義は家族形成と労働力供給に対して逆効果である上，教育を受けた女性の労働力供給を抑制することで人的資本の浪費をももたらすことを指摘し，「脱家族化」の重要性を説いた．

　〈家族主義〉や「脱家族化」を用いて改変されたこの議論も，ジェンダーへの配慮がまだ十分でない（Orloff 2009; 上野千鶴子 2011; Saxonberg 2013），家族主義的レジームという括りが大きすぎる（Leitner 2003），脱家族化と脱商品化との関連性や各レジーム内の差異の有無や大きさがはっきりしない（Guo and Gilbert 2007）といった批判を受けてはいる．とはいえ，日本が家族主義的福祉レジームであるという見解については，概ね肯定的に受け入れられたといってよい（山田昌弘 2006）．最近では，Esping-Andersen（1999＝2000）の議論を下敷きに，日本の家族主義的福祉レジーム，およびその背後にある近代化の特質を問う研究も徐々に蓄積されてきている．たとえば，K. Chang（2010a, b）の議論を参考に[6]，日本の近代が「半圧縮」されていたため福祉が十分に発展する時間がなかった上に，1973年のオイルショックを契機とする経済不安により更なる福祉抑制が推進されたことが，家族主義的福祉レジームが形成された背景であったという落合恵美子（2013）の議論などがこの例にあたる．

以上のように，福祉レジーム論の蓄積は，国際比較というマクロな視点に立ちながら，日本社会の〈家族主義〉の問題とケア労働の社会化（≒「脱家族化」）の必要性を浮き彫りにしてきた．特に，現在の福祉レジームの歴史的，文化的特性が明らかにされたことは重要であり，今後の日本の福祉制度のあり方を考える上で，非常に示唆的であるということができるだろう．

3.2　ケアの社会学――規範の二重構造

他方で，「支援が存在し，利用可能であること」と「家族と子育て（ケア）を結びつける規範の相対化」は必ずしも同義でない．これが「ケアの社会学」がもたらした知見である．井口（2010）がいうように，日本におけるケアの社会学は高齢者介護や障害者・障害児のケアを対象に展開され[7]，その後，若干のタイムラグをはさみつつ，子どものケアに関しても研究が蓄積されてきた．そこでは，子育て支援の諸施策のもとで子どものケアの社会化が進められる反面，規範レベルでの子育て私事論や家族責任の強調が非常に根強いことが描き出される．そうした拮抗は，ケアの社会学のなかでもさらに2つの方向性から論じられてきた．

第1に，子育ての社会化をめぐる政策動向を分析し，そこに〈家族主義〉の問題が根強く残っていることを理論的に指摘するものである．保育所政策を中心に子育て支援の課題を論じた村山祐一（2004）は，「支援を進める上で，私的営みとしての育児と育児の社会化としての保育との相互関連やそれぞれの独自性，守備範囲をどのように考えるのか，育児や保育の責任と権利，保育の基本理念や保育所保育・幼稚園保育のあり方などを総合的・構造的に把握することが今日極めて重要である」（村山 2004: 436）と述べる．村山は，支援がいまだ「『育児・子育ては母親の責任』というレベル」にとどまっていると批判する．その上で，（1）乳幼児を持つすべての家庭や親の生活保障支援，（2）子どもを持つことを望むすべての男女が出産，育児に安心して取り組めるための支援，（3）子育て中の親に家庭生活，地域生活両面でのゆとりを日常的に保障する支援，（4）住環境整備への支援，（5）子育てを営む上で必要なサービスを提供できる地域環境システムを整備・拡充する支援という，5つの領域での諸課題に総合的に取り組むことの必要性を主張する（村山 2004: 437-8）．同様に，1990年代以降の日本の育児政策の展開をレビューした相馬直子（2011）は，「独特な二重構造」（相馬 2011: 89）の存在を指摘している．独特な二重構造とは，政策のなかで，支援の対象はあくまで「子育てをする家族」であるとされていることを指す．つまり，「子育てが何よりもまず家族のものであることを前提としているのであり，言い換えれば，少なくとも，日本社会という文脈において，子育ての支援の論理は抑制の論理や子育て私事論の存在を前提としながら成り立っている」（松木 2013: 34）こと

が問題化されているのである.

　子育ての社会化と家族の養育責任を問う規範との拮抗は，第2に，支援の現場への質的調査を通じた研究群からも論じられてきた．保育ママの語りを分析した相馬（2004）は，子育ての社会化の先に「家族化」「ジェンダー化」があるということを指摘している．すなわち，保育ママ制度とは，「地域の『保育ママ』という女性が，『子育ての先輩』『母親代わり』と自分を位置づけながら，有償で」子育てを担うものであり，そのなかでは「『地域で・女性が・子どもを育てる』という構造が再編成されている」という（相馬 2004: 42）．同じく保育ママの語りを分析した松木（2009）も，自身の「専門性」をクライアントの母親と子どもの家庭性を保障していくためのものと位置づけることが，「自分の存在が親子のコミュニケーションを阻害しているのではないか」という保育ママたちのジレンマを解消するのに用いられていることを描き出している．これらの研究からは，子育ての社会化の実践において，家族をめぐる規範が，一定の支配力を持つものとして立ち現れてくることが示されている．

　このように，ケアの社会学では，子育て支援の拡充（＝「支援の論理」）と家族規範（＝「抑制の論理」）との拮抗が，理論的，実証的に論じられてきた．注目すべきは，家族とケアを結びつける規範が，支援を利用する当事者や支援者自身を抑圧するだけでなく，支援者のアイデンティティを担保したり，ジレンマを解消したりする機能を持つという事実が指摘されたことであろう（相馬 2004; 松木 2013）．すなわち，子育ての社会化の実践の一場面で，「抑制の論理」と表裏にある「家庭性の論理」が，何らかの順機能を果たしうるものとして存在しているということである．家族とケアを結びつける規範の順機能（ジレンマの解消）と逆機能（抑圧，葛藤）が同時に立ち現れるという知見には，家族とケアをめぐる規範の複雑性が示されているだろう．

3.3　子育ての社会化論の含意

　本節では，今日までの社会論の動向として，ケアの社会学と福祉レジーム論をレビューした．マクロな視点である福祉レジーム論は，フェミニズムからの批判的検討を受けつつ日本に受容され，現代日本社会の家族主義的福祉レジームの構造的・歴史的特徴を明らかにしつつある．すなわち，Esping-Andersen（1999=2000）による家族主義的福祉レジームについての指摘を下敷きに，「近代化の速度」という指標を用いて，「半圧縮近代」という特性を浮き彫りにし，日本の家族主義レジーム形成の歴史的背景を問う動きが出てきているのだ．こうした動向は，欧米の福祉政策を「模倣」（高橋 2007）する形で発展してきた日本のそれが，今後どのような方向に展開すべきかを考察する上でのヒントにもなり，政策的含意も

小さくないといえる．

　他方，ミクロな視点であるケアの社会学では，子育て支援政策の研究と，支援の現場での質的調査研究という2つの方向から，子育ての社会化という理念と家族主義との拮抗が描き出されていた．すなわち，子育ての社会化と呼ばれる支援が整備され，また実際に存在しているからといって，それが必ずしも家族主義的な規範の相対化を示すものではないことが明らかにされているのだ．このことは，これまでケアの社会学が行ってきたような，支援を担う人や利用する人たちの実践や選択についての詳細な分析を積み重ねていくことの必要性を示している．つまり，どのような状況で，どのような考えから人々は支援を利用する／しないのか，支援を担う人々は自身の実践や利用する家族をどのように考えているのか，それらを説明する際，その人々はどのようなロジックを動員するのか，そして，そこに現代日本のどのような特質が浮かび上がるのかについて，議論を蓄積していくことが重要だと考えられる．

　「家族の多様化」，「家族の個人化」といった近年の家族社会学における論争的なトピックにとっても，公／私領域の再編という社会学全体の課題にとっても，ケアについての社会学的議論は今後ますます重要になるだろう．序章で述べたように，「支援・ケアの社会学」を通じて，現代日本社会における家族変動や，「家族をめぐる規範変動の進み具合」（木戸 2010: 40）を明らかにすることが可能となる．このような視点に立てば，子育て支援は，「（近代）家族の臨界」（上野千鶴子 2008），ひいては「近代社会の臨界」を構成するものとして把握されている子育ての責任の配分を問い直すことで，近代社会を構成する公的領域と私的領域の区分を再編成するという論理的な含意を持っている（松木 2013）．つまり，子育てという営みを通して，家族と社会との責任やコストをめぐる配分関係が揺らいでいるのか／いないのかを明らかにするとともに，後期近代日本社会の変動のありようにも接近することが可能になると考えられるのだ．

4．考察
―― 〈支援〉偏重の功罪 ――

4.1　子育ての社会化論の意義

　ここまでの議論を振り返ろう．まず，近代家族論以降の「子育て問題研究」において，「核家族化批判」や「家族原因論」が相対化され，子育てをめぐるさまざまな問題が社会構造や規範と結びつけて分析されるようになった．そうしたなかで，子育ての責任を家族のみに集約する事態が問題化され，家族への支援や育児ネットワークの意義が論じられるようになった．そうした蓄積を背景に受容された子育ての社会化論は，日本社会の〈家族主義〉を問題化し，子育てを社会全

体で分担することでその超克を図ろうとするものであった．換言すれば，ケアラーである親の経済的，身体的，精神的な負担を軽減することで，家族が子どもを産み育てやすい社会の構築を目指すものであったといえる．

それらの意義は以下の3点に求められる．第1に，「子育て問題研究」は，それまで「家族（特に母親）の失敗」とみなされてきた育児不安や子ども虐待などの背後にある，産業化や都市化といった社会変動の影響を明らかにした．具体的には，地域社会や親族などのインフォーマルな支援のネットワークが衰退し，子育てが閉ざされた家族のなかで専任されるようになったという「子育ての私事化」の問題が指摘された．そこでの議論は，「子育て問題」の原因を家族に集約することの妥当性を問い直すとともに，「家族の子育て」を社会的に支援されるべきものとして位置づけることに大きく貢献した．

第2に，マクロな制度を国際比較した福祉レジーム論の導入は，具体的な政策指標にもとづいて社会福祉制度を議論する土台を築いた．特に，「半圧縮近代」という日本社会の特殊性と，その帰結としての家族主義的福祉レジームの生成過程が明らかになったことは重要である．これにより，そうした特殊性を自覚した上で，欧米先進諸国の「模倣」にとどまらない，日本独自の福祉を考えていくことの必要性が照射された．

第3に，ケアの社会学は，子育て社会化の取り組みのなかに規範レベルでの〈家族主義〉が再生産されていることを，理論的，実証的に示した．これらの指摘からは，支援の実践が規範の変容や流動化を導くと安易に措定するのでは不十分であり，現場における人々の選択や実践および政策が，どのように規範と相互作用し，またそれを動かしうるのかについて，より踏み込んだ考察が求められることが示されている．

総括すると，これまでの子育ての社会化論の蓄積は，家族と子育てとの規範的結びつきを相対化し，家族による子育てへの社会的支援が妥当であること，また何よりそれによって子どもの成育環境としての家族の安定性が担保されることを示してきた点に意義があったといえる．「家族の絆を強めたいのであれば，我々は家族に課せられた責任を『脱家族化』する必要がある」（Esping-Andersen 2008=2008: iv-vi）という言葉にも，そのことが象徴されていよう．このような視角は，「家族支援と保護による家族機能の強化」を目的とした（戒能 1994: 112），国連の「国際家族年」とも整合的なものである．

4.2 子育ての社会化論の限界

他方で，こうした子育ての社会化論の意義を評価しつつも，本書は，従来の議論が子育ての社会化の位相の全体を捉えてきたとするには，留保が必要であると

考える．序章に示した図序.1を振り返ると，ここまで取り上げてきた社会化論の蓄積は，家族への〈支援〉の位相に偏って議論を展開してきており，〈代替〉の位相に関する議論は非常に手薄であったといえる．それでは，〈支援〉の位相のみに着目して議論を展開することには，いかなる問題があるのだろうか．

　第1に，社会的支援が子どもに届くために家族が必要となることが前提化されることで，家族のもとで育てられていない子どもを議論の俎上に載せてこなかったことである．下夷美幸（2000）が「子どもの権利，すなわち親にかかわる権利や親から離れる権利，という視点からの検討も重要」と述べているように（下夷 2000: 292)，本来，子育ての社会化の対象には，親から離れた子どもも含まれるはずである．にもかかわらず，「家族による子育てへの支援」のみに焦点化することで，そもそも離死別などで家族がいない子ども，あるいはいたとしても何らかの事情によって家族による養育を受けられない子どもの存在は，議論のなかで後景化してきた．序章で述べた通り，家族が必ずしも「介入ポイント」として機能しえない場合が現実に存在している．「親権」と「子どもの権利」とのどちらを優先させるべきかという論争的なトピックをも組み込んで議論を展開するには，こうした親子一体視の妥当性は問われる必要がある．

　関連して，第2に，これまでの議論は「家族の子育て」の労働面への〈支援〉に焦点化しており，さまざまな支援を使うか使わないか，どのような支援をどのように導入するか，といったことに関わる意思決定責任などは，家族に帰属されたままになってきた．そうした責任所在の固定化は，「子育ては社会的責務であるのだから，それを担う家族を支援する」という普遍主義的な発想ではなく，「原則家族によって行われるべきものだが，不足部分は社会が支援して補う」という残余主義的な発想に，子育ての社会化を限定してしまう．「社会全体ですべての子どもを育てる」という，より広い文脈に議論を位置づけるには，子育ての責任の大部分が社会に帰属するケースも検討する必要があろう．

　第3に，こうした家族の前提視は，子育ての社会化論そのものの説得力を減じてしまう．しばしば子育てを社会的に支援することや，社会が「家族の子育て」に関わることへの批判の根拠として，子どもへの同情が提示されることがある．[8] また，子育て支援を利用する当事者や支援を提供する支援者自身が，そうした規範を内面化することで自身の選択や実践にアンビバレンスを抱くことは，第3節でみた通りである（松木 2009)．これらの同情やアンビバレンスは，「子どもは（母）親の手によって育てられるのが一番である」という通念的な親子一体論を前提としているが，同じく親子一体を前提としてきたことで，それらに対する説得的な反論を，子育ての社会化論は提示できていなかったと考えられる．

4.3 〈支援〉偏重の背景

なぜ,これまでの議論は〈代替〉をあまり取り上げてこなかったのであろうか.やや仮説的ではあるが,ここでは子育ての社会論の問題構制それ自体の要因を2つ指摘することにしたい.

第1に,子育てをめぐる近年の視角のベースとなった近代家族論が,フェミニズムやジェンダー論の視点を内包することで,性別役割分業の問題化など,女性,母親をめぐる状況に焦点化していたことである.前節までで確認してきたように,子育て問題をめぐる「家族原因論」や,性別役割分業,およびその前提たる私秘化した家族における子ども中心主義の相対化は,近代家族論以降大きな課題となった.また,少子化が進むにつれ,将来に向けた社会の再生産システムの維持が深刻な問題として認識されたことも,序章の冒頭で述べた通りである.こうした流れのなかで,議論の主眼が,「親が安心して子どもを産み育てられるように支援すること」におかれ,結果として,「誰に養育されている子どもに対しても安定した生育環境を社会が保障すること」という論点は,あまり注目されてこなかったと考えられる.

第2に,近代家族論の登場以降,「標準的家族」という見方が相対化されたことの逆機能である.近代家族論以前,子育てをめぐるさまざまな問題は,「標準的」でない「欠損家族」や「問題家族」が帰結する「家族問題」,「家族病理」といった捉え方をされてきた.近代家族論はそうした「家族原因論」を相対化し,社会の問題として子育て問題を再定位した.そのことの意義はここまでみた通りである.しかしながら,その過程のなかで,家族内部でのさまざまな困難の何が「家族問題」なのかを同定し,社会がそれを引き受け,支援,介入していくことの必要性を正面から論じる気勢も失われていったのではないか.もちろん,特定の形態の家族を「標準」とみなし,そうでない家族を「逸脱」とする見方が問題含みであることはいうまでもないし,筆者はそうした見方への回帰を主張するものでもない.しかしながら,「家族問題」の存在やそれに対する社会の介入,および代替的養育環境の必要性を論じることを避け,「そうならないように家族を支援するべき」,あるいは「ある家族を問題状況にあるとみなすことで,前向きに生きている当事者を否定することになる」というように論点をすりかえることは,現実にある事態への対応を阻害する.最近では,親が子どもの利益を害するときには親権の喪失,あるいは停止することを認めるように制度改正がなされ,平成24年4月1日より施行された.こうした社会の動向を正確に捉え,論じていくためにも,家族内部で生起した困難を真正面から扱うことの重要性は見逃されるべきではないだろう.

5　小括
――子育ての社会化論の意義と限界――

　以上，本章では，近代家族論以降，子育てをめぐる研究がどのように発展してきたのかを確認した上で（第2節），子育ての社会化論の展開を概観した（第3節）．検討を踏まえ，それらの議論が家族の子育てへの〈支援〉の位相に偏っていたことがいくつかの限界を帰結していたことを指摘した（第4節）．もちろん，子育てに関する研究の歴史は長い．また，福祉国家と家族というテーマも，福祉レジーム論以前からの蓄積がある（たとえばGough 1979=1992）．この点を踏まえると，近代家族論以降に限った本章のレビューが限定的であることは否めないが，少なくとも子育ての社会化論の意義と限界がどこにあったのかを明らかにするという目的は，一定程度達成されたといえるだろう．

　近代家族論から子育ての社会化論に至るまでの研究蓄積は，従来は私的なものとされてきた子育てを社会的責務として再定位し，将来の市民の育成を全社会的に分担していく必要性を照射する点に意義があった（cf. 大岡 2014）．それにもかかわらず，〈支援〉の位相のみに焦点をしぼって議論を展開したことで，そうした〈支援〉を子どもに媒介する家族の存在が，暗黙のうちに子育ての社会化の前提条件とされてきた．それにより，死別，被虐待などが原因で家族による養育を受けられない子どもは，議論の俎上からこぼれ落ちてきたとみることができる．

　家族によってケアされえない子どもの存在を放置することは，子育ての社会化論が子育てをめぐる非常に多様なニーズの全体像を的確に捉えていく上で，ミスリーディングな結果を招くことにつながりかねない．さまざまなところで議論されているように，すべての子どもには養育を受ける権利が保障される必要がある．一時的か否かを問わず，家族のなかで育てられない子どもを暗黙裡に排除してきたことは，これまでの議論の大きな限界であったといえるだろう．また，「親以外の人間が養育を担うと子どもがかわいそう」という「思い込みの家族論」（直井 2007）に説得的に応えていくためにも，子どもへの直接的な福祉サービスや支援について，より詳細に論じていくことが求められる．子育ての社会化論の重要性を減じないためにも，今後は序章で示した〈代替〉の位相も包含する議論を蓄積し，発展させていくことが重要となるだろう．

　このようにいうことは，従来の子育ての社会化に関する議論の意義をなんら減ずるものではない．むしろ，〈代替〉の位相に着目することで，これまでの議論の意義をさらに深めうると考えられる．すなわち，「家族がいない子ども」のニーズへの対応を子育ての社会化論の視角から扱うことで，より多様な状況への分析の可能性に子育ての社会化論を開いていくと考えられる．

注

1) この区分は藤村正之（2005）に依拠している．
2) 近代家族の定義をめぐる議論としては，上野千鶴子（1994），西川祐子（1996）など．
3) 岩下誠（2009）や北本正章（2009）が指摘しているように，今日においてアリエス的な見方はもはや支配的とはいえないことには注意が必要である．
4) このほかに「親の資質」が社会問題化した例としては，「しつけの衰退論」も挙げられる．広田照幸（1999），柴野昌山（1989）などを参照．
5) そのような研究の例としては，1880年代から1920年代におけるイギリスとアメリカの福祉国家形成期の差異をジェンダー視点から検討したS. Skocpol& G. Ritter（1991），福祉国家における女性の地位や社会的市民権に関するD. Sainsburyの一連の研究(Sainsbury 1996; Sainsbury ed. 1994, 1999)，女性の「ペイド・ワークへの接近」と「家計を維持する能力」という指標を提案したA. Orlloff（1993），「強い男性稼得者国家（strong male-breadwinner state）」，「修正男性稼得者国家（modified male-breadwinner state）」，「弱い男性稼得者国家（weak male-breadwinner state）」の3つに「男性稼得者モデル（male-breadwinner model）」を区別したJ. Lewis（Lewis 1992），「普遍的（両性）稼得者モデル（universal breadwinner model）」，「ケア提供者対等モデル（caregiver parity model）」，「普遍的（両性）ケア提供者モデル（universal caregiver model）」を提示したN. Fraser（1993）など．日本においては，「脱父長制化」や「脱ジェンダー化」といった概念を提示した武川正吾の研究（武川 1999, 2005）が示唆的である．
6) Chang（2010a, b）は，人口転換の歴史的変遷を指標として近代化のペースを国際比較し，「圧縮近代 compressed modernity」や「個人主義なき個人化 individualization without individualism」といった東アジア（特に韓国）の近代化の特徴を指摘している．
7) たとえば，前出の木戸功（2005）は，社会福祉法人でのフィールドワークから，重度の障害を持つ40歳代の息子と二人暮らしをしながら介護をする70歳代の女性（本人も要介護1の認定を受けている）の事例を分析している．木戸は，母親が息子を施設に入れることに抵抗を示した背後に，母親役割を通したアイデンティティ維持への彼女自身の強いこだわりがあると指摘し，「機能的代替を基礎とした「家族支援」が，ときに当の家族にとって自らの価値の剥奪という意図せざる結果を導くのはなぜか．思うに，こうした事態は，ケアにかかわる活動の適切な遂行が，現代社会においても部分的にであれ，家族という関係性の日常的な組織化それ自体であるような価値を有しているために生じる事態ではないか」と述べている（木戸 2005: 162）．
8) たとえば，菅原久子（2002）．
9) 本章では落合（[1985] 1989）の用法に倣ってきたが，「子ども中心主義」という語も非常に多様な用いられ方をしている．この点は別途検討する予定である．
10) この流れには，Gubrium and Holstein（1990=1997）の影響を受けた，構築主義的家族研究の隆盛も大きく関係していよう．
11) そもそも，家族の状況に「問題」を発見し，介入，支援を試みることは，本当に「当事者を否定する」ことに論理的につながりうるのだろうか．この点も問われる必要がある．

第2章　家庭ロジックの支配性とその生成過程

　第1章では，子育ての社会化論をレビューするとともに，〈代替〉の位相，すなわち社会的養護をその範疇で議論する必要性を提示した．本章では，その議論を受け，社会的養護の家庭化という言説がどのようにその支配力を獲得していったのかをみることにしたい．まず，近年の政策文書から家庭化言説の様相を詳しく確認する．その上で，社会的養護施設をめぐる2つの論争——ホスピタリズム論争，津崎哲雄vs施設養護支持派論争——を分析することで，家庭化言説の存立基盤を明らかにしていく．

1　はじめに

　前章でみたように，近年，家庭のみで養育を専任することの限界が明らかになり，子育ての社会化の必要性が主張されている．近代家族論以降の家族社会学においても，小さな家庭において家族のみが子育てを専任する状況が問題化された．そこでは，「コインロッカー家族」（庄司 1988）や「母子カプセル」という言葉が用いられながら，育児不安や子ども虐待の背景として，子育ての私秘化や内閉化が指摘された．こうした問題関心から，子育ての社会化についてのさまざまな議論が展開してきたのであった．

　他方で，子どもの権利条約への批准や国連の勧告などを背景として，社会的養護の環境を家庭化すべきという言説が近年強まってきている．そこでは，「いまだ7割の児童がいわゆる施設における大舎生活を余儀なくされている．社会的養護の下にある子どもたちは約4.5万人（母子生活支援施設含む）であり，施設養護がその大半（9割）を占めている」現状が問題化され（柏女 2012: 27），施設での集団生活から，里親，ファミリーホーム，グループホームといった「家庭的なあり方」へと，社会的養護のケア環境を変更することが主張されているのである．

　以上に鑑みると，現代日本社会においては，子育てをめぐって2つの言説が併存しているといえる．一方で，小さな家庭のみを子育てを担うことには限界があるため，その負担を社会化せよという言説である．他方で，集団生活下でのケアは望ましくないため，社会的養護環境を一般家庭並に縮小せよという言説である．一見相反するこれらの言説が併存しているというのは，いかなる事態なのであろ

うか.

　もちろん，施設養護についても社会化がいわれているように（阿部 1999; 柏女 2012），社会的養護の家庭化の動きを単純に「近代家族化」と結論づけ，批判することは性急である[1]．しかしながら，社会的養護の家庭化がいわれるとき，それが何を意味し，どのような機能を果たすものと措定されているのかについて，十分に検討されているとはいいがたい．社会的養護の家庭化という主張（以下，家庭化論）の妥当性を議論するためには，まずはその意味内実や成立背景について，丁寧に検討することが求められるだろう．

　そこで本章では，社会的養護施設をめぐる議論の分析を通して，「家庭」という語がどのように使われ，どのような歴史的背景のもとで家庭化言説が支配性を獲得したのかを明らかにしたい．まず，現在の政策文書において，家庭化がどのように語られているのかを確認する（第2節）．続いて，分析資料を説明した上で（第3節），そうした言説構造がいかなる歴史的展開のもとに成立したのかを，施設養護の運営形態をめぐる2つの論争を分析することで明らかにしていく（第4節）．

2　家庭化論の様相

　まず，社会的養護の現状について体系的にまとめられた報告書である，『社会的養護の課題とその将来像』（厚生労働省 2011）をみてみよう．これは，「児童養護施設等の社会的養護の課題に関する検討委員会」の4回の会合と，「社会保障審議会児童部会社会的養護専門委員会」の2回の会合とをとりまとめたものであり，社会的養護全体の課題と，各種施設それぞれの取り組みのあり方について論じられている．具体的には，第1章「基本的考え方」，第2章「施設等種別ごとの課題と将来像」，第3章「社会的養護の共通事項の課題と将来像」，第4章「施設の人員配置の課題と将来像」，第5章「社会的養護の整備量の将来像」という章立てのもとに，さまざまな論点が検討されている．

　まず，第1章第3節において，「社会的養護の基本的方向」として，「①家庭的養護の推進，②専門的ケアの充実，③自立支援の充実，④家族支援，地域支援の充実」が挙げられている．そのうち，「①家庭的養護の推進」の項目では，以下のように記述されている．

　　　子どもの養育の特質にかんがみれば，社会的養護は，できる限り家庭的な養育環境の中で，特定の大人との継続的で安定した愛着関係の下で，行われる必要がある．このため，社会的養護においては，原則として，家庭的養護

（里親，ファミリーホーム）を優先するとともに，施設養護（児童養護施設，乳児院等）も，できる限り家庭的な養育環境（小規模グループケア，グループホーム）の形態に変えていく必要がある．社会的養護が必要な子どもを，養育者の住居で生活をともにし，家庭で家族と同様な養育をする里親やファミリーホームを，家庭的養護と呼ぶ……「家庭的養護の推進」という言葉は，施設養護から家庭的養護への移行のほか，当面，施設養護もできる限り家庭的な養育環境の形態に変えていくことを含めて用いることとする（厚生労働省 2011: 5）．

　ここでは，「子どもの養育の特質にかんがみれば」という前置きがなされ，社会的養護は，「できるだけ家庭的な環境の中で，特定の大人との継続的で安定した愛着関係の下で，行われる必要がある」との見解が述べられる．その上で，社会的養護全体における里親やファミリーホームの割合の上昇だけでなく，施設養護を家庭的な養育環境の形態に変えていくということも含んだ，「家庭的養護の推進」が主張されている．また，種別ごとに課題を論じた第2章においても，児童養護施設については「小規模化と施設機能の地域分散化による家庭的養護の推進」，乳児院については小規模化や「里親委託推進」が，児童自立支援施設については「家庭的な形態の小舎夫婦制や小舎交替制の維持発展」と，それぞれ家庭化の推進がうたわれている．

　では，最も力点が置かれている里親委託を進める根拠は，どこにあるのか．

　社会的養護が必要な子どもを里親家庭に委託することにより，(a) 特定の大人との愛着関係の下で養育されることにより，自己の存在を受け入れられているという安心感の中で，自己肯定感を育むとともに，人との関係において不可欠な，基本的信頼感を獲得することができる，(b) 里親家庭において，適切な家庭生活を体験する中で，家族それぞれのライフサイクルにおけるありようを学び，将来，家庭生活を築く上でのモデルとすることが期待できる，(c) 家庭生活の中で人との適切な関係の取り方を学んだり，身近な地域社会の中で，必要な社会性を養うとともに，豊かな生活経験を通じて生活技術を獲得することができる，というような効果が期待できることから，社会的養護においては里親委託を優先して検討するべきである（厚生労働省 2011: 19）．

「里親家庭に委託することにより」という記述がなされていることから，ここでは，他の社会的養護形態に比して，里親委託にどのようなメリットがあるかが論じられているとみてよい．具体的には，（1）「特定のおとなとの愛着関係の下で養育されること」による，自己肯定感や他者への信頼の獲得，（2）「適切な家庭生活」の経験を通した，将来の家庭生活のモデル構成，（3）家庭における「人

との適切な関係の取り方」の学習や地域社会における「社会性」の養成，および「生活技術の獲得」といったことが挙げられている．

　体系的に家庭化の必要性を強調したこの『社会的養護の課題と将来像』を受けて，翌2012年には『児童養護施設等の小規模化及び家庭的養護の推進のために』が刊行されている．そこでも，「すべての子どもは，適切な養育環境で，安心して自分をゆだねられる養育者によって，一人一人の個別的な状況が十分に考慮されながら養育されるべき」とされ，「社会的養護を必要とする子どもたちに「あたりまえの生活」を保障していくことが重要」という言葉で，小規模化の必要性が論じられる（厚生労働省 2012b: 2）．すなわち，子どもそれぞれの個別的な状況に応じて「あたりまえの生活」を保障するためには，小規模化された養護こそが「適切な養育環境」であると位置づけられているのである．

　以上をまとめると，これらの政策文書においては，「のぞましい」養育環境，およびその性質とそれが可能にする機能（自己肯定感や他者への信頼の醸成，社会性の養成，生活技術の獲得など）を，「家庭的」という言葉で一括して表現している．そして，「家庭的」なあり方として小規模での運営形態が強調される．すなわち，小規模であれば，「特定の大人との継続的な愛着関係の下で」，「あたりまえ」に，「個別的な状況が十分に考慮されながら」，養育が行われるはずとの措定がなされているのであり，そうしたあり方こそが「家庭的」だと位置づけられているのである．

　では，そのように「家庭的」に小規模化することで，現状の課題に対しどのような変化がもたらされるのか．先の『児童養護施設等の小規模化及び家庭的養護の推進のために』においては，「小規模化の意義」として，「一般家庭に近い生活体験を持ちやすい」，「子どもたちが我が家という意識で生活でき，それが生活の主体性につながり，自立の力が日常生活を通じて身についていく」といったことが挙げられている（厚生労働省 2012b: 6）．そして，こうした「意義」が「『あたりまえの生活』の保障」という概念に集約されることからは，「一般家庭」での日常生活が「あたりまえ」であり，子どもの「主体性」や「自立の力」をはぐくむ上で，最もメリットを有するものだと考えられていることが窺われる．

　以上のように，今日の政策文書においては，子どもの自立支援や権利保障の個別性を確保すべく，施設の運営形態を小規模化することで「あたりまえの生活」である「一般家庭」に近づけること，すなわち家庭化が目指されている．ここでいう家庭化とは，第1に，社会的養護全体に占める里親委託の推進，およびそれによる委託率の向上であり，第2に，施設養護の運営形態を「家庭的」に小規模化することである．それにより，自己肯定感，人間関係や日常生活上のスキル，主体性などの養成をはじめとする，さまざまな機能も満たされると想定されてい

るのだ．つまり，社会的養護に求められる機能を充足する形態として家庭がモデル化され，それに近づけることが目指されているといえる．

しかしながら，ここで家庭性と小規模であること（以下，小規模性）が同列視されていることは妥当なのだろうか．歴史的に日本は直系家族制にもとづく大家族集団から，近代家族的な小家族へと変遷を遂げてきたが，前者においては，ここで想定される家庭性は実現されえないということになる．しかしながら，「家」が近代家族的情緒を内包していたとする牟田和恵（1996）の指摘などを踏まえれば，そう断言することには留保が必要である．政策文書でも重要な要件として位置づけられてきた「愛着関係」が家庭性のベースであるならば，かつての大家族集団でもその機能が果たされていた可能性もあるためだ．もし家庭性と小規模性が必ずしも一致しないのであれば，「あたりまえの生活」や支援の個別性は，小規模化により達成されるのか，それとも家庭化により達成されるのか．あるいは，小規模化することにより，家庭性が実現され，その帰結としてそれらの機能も果たされるのか．小規模性と家庭性を同列視する形で家庭化が強調されることで，これらの点についての精緻な検討を行うことが妨げられていると考えられる．

この点に踏み込んで議論を展開していくには，家庭化論の支配力の源流をたどっていく必要があるのだろう．すなわち，いかなる歴史的背景のもとで家庭化論がその支配力を生成，維持していったのかを問うことが重要である．次節以下では，こうした家庭ロジックを支配的たらしめている言説構造の源流をたどるべく，社会的養護の運営形態をめぐる2つの論争の分析を通して，この点を明らかにしていくことにしたい．

3　分析資料

現在に至るまでの家庭化論の展開には，戦後の社会的養護措置方針の転換が大きく関係している[2]．土屋敦（2014）がいうように，1950年代に，「社会的養護を必要とする子どもたちへの措置が，「家庭のない児童」をめぐる問題から……子どもの身体や人格の発達上「問題のある家庭」で生活する子どもたちを，劣悪な養育環境から切り離しながら救済するための措置へと」転換した（土屋敦 2014: 14）．土屋敦が「家族の歴史政治学」と呼ぶ研究によると，社会事業の形成期である戦間期においては，社会的養護の主眼は，「原家族関係の維持[3]」に置かれていたという（平塚 1992, 1994; 鈴木智道 1996）．そのため，あるべき家庭概念を設定した上で，そこからの「偏差」とされる「欠如」や「問題」を抱えた家族に対して，それらを公的に充塡するための介入がなされていた．これに対し，終戦から1970年代までの間に，子ども個人の権利を家族という集団の維持に優先する方向へ，支援の

方針が転換したのであった．

　1つ目にみるホスピタリズム論争は，この時期大きな注目を集めたものである．これは1950年代から1970年代にまで及んだ論争であり，施設で生まれ育った子どもの身体上，精神上のネガティブな特徴を指摘した欧米の精神医学や小児科学の知見が輸入されたことに端を発したものである．この論争を通して，海外精神医学，小児科学の知見を支持して施設を批判する「家庭的養護理論」や，それに反論した「集団主義養護理論」，「積極的養護理論」などが誕生した（鈴木力ほか 2003: 91）．ホスピタリズムという語は現在でも施設養護の限界を表象する性格を持っており，社会的養護の文脈におけるこの論争の重要性は小さくない．[4]

　ホスピタリズム論争は一定の決着をみることはなかったが，その後も形を変えながら議論が続いてきた．2つ目に取り上げる津崎哲雄vs施設養護支持派論争（以下，津崎論争）もその1つである．これは1990年代に『社会福祉研究』誌上で展開されたものであり，津崎によるラディカルな施設養護批判の影響もあり，大きな注目を集めた．こちらの論争も十分な決着はついていないが，これを契機に施設で暮らす子どもの権利が注目され，施設の生活水準や養護水準を押し上げてきた（谷口由希子 2011: 31-2）．この点で，津崎論争も一定の意義を持つものであったといえる．[5]

　時代を隔てた2つの論争を同列に扱って議論を展開することには，単純に過ぎるとの批判があるかもしれない．というのも，前者は欧米の精神医学理論の輸入，後者は入所児童の権利の社会問題化と，論争の契機となったトピックに相異があるためである．また，養護のニーズの1つの背景である家族問題も，両時代ではやや異なっていると考えられる．和泉（2013）が述べているように，1950年代からのホスピタリズムの問題化，高度成長期から1980年代までの「問題家族」の指摘（ex. 核家族批判），1990年代以降の子ども虐待の社会問題化や「愛着障害」への認識の高まりなど，家庭化がいわれる背景は時代とともに変遷している．そのため，社会的養護領域における家庭の捉え方も，これに応じて変わってきている可能性がある．これらのことに鑑みると，ある1つの目的や論点のもとに，時代や背景の異なる複数の論争を取り上げることは，方法論的に厳密ではないとする見方はたしかに可能である．

　しかしながら，それらの方法論上の限界を踏まえても，両論争の分析は，家庭化論の源流をたどるという本章の目的にとって有益である．次節での議論をやや先取りすると，施設養護支持派の家庭に対する論調は，両論争時で異なるのに対し，家庭化論者の主張は，歴史を隔ててもなお一貫している．具体的には，ホスピタリズム論争時には，「核家族」における子育ての限界が施設養護支持派によって指摘され，安易な家庭化への批判が行われていたが，子ども虐待の社会問題化

や子どもの権利への認識の高まりを受けて勃発した津崎論争においては，そうした批判は後景化し，むしろ家庭が「のぞましい」環境であるという見方は共有された上で，津崎の認識をめぐって論争が展開された．他方で，家庭的養護推進派の主張において，施設養護は個別性を確保しえない劣悪な環境であると，両論争を通じて常に批判されてきた．すなわち，両論争の分析からは，近代的な核家族の限界に伴って社会的養護の整備が要請されてきた他方で，そして，議論の背景となった社会状況もそれぞれ異なっている他方で，家庭をモデル化するロジックの支配性は揺るがず，それどころか一貫して維持，強化されてきたことが示されるのである．

　以上を踏まえ，家庭化論を支配的たらしめる言説構造を浮き彫りにする目的から，ホスピタリズム論争と津崎論争との２つを取り上げる[6]．なお，あらかじめ断っておくが，本章ではこれらの論争に何らかのジャッジを下すことは意図していない．分析から明らかになる言説構造の問題を考察し，なぜ家庭化論がここまで支配力を有するようになったのかを明らかにすることで，第Ⅱ部の実証編での分析の手がかりを得ることが，次節以降の目的である．

4　施設養護と家庭的養護との優劣をめぐる論争

4.1　ホスピタリズム論における家庭化の主張

　先にも述べたように，ホスピタリズムはもともと海外の児童医学の知見に端を発している．特に，世界保健機関（WHO: World Health Organization）の委託を受けて J. Bowlby がまとめた報告書，*Maternal Care and Mental Health: a report prepared on behalf of the World Health Organization as a contribution to the United Nations programme for welfare of homeless children*（1951年，日本語訳書は1962年）は，大きな話題となった．ここで提示された「母性的養護のはく奪（deprivation of maternal care）」という概念は，第２次世界大戦後の国連による「家庭のない児童」への福祉プログラムの骨格を形成する基本概念ともなった（土屋敦 2014: 131-2）．

　日本においてホスピタリズム論が注目される契機となったのは，厚生省の命を受けた谷川貞夫を中心とする研究チームが，1952年から２年間行った研究（谷川貞夫 1953, 1954）によって，海外児童医学の知見が追認されたことである．その途中経過報告において，谷川（1953）は，「ホスピタリズムス症候群」（＝ホスピタリズム）について東京都内にある社会的養護施設３か所で調査を行った結果，攻撃的，逃避的，補償的（他人に過度に同調する傾向）といった症候群が見られたと論じている．その上で，「乳幼児や児童が，家庭的な愛情を喪失した環境で育成され

ると，その殆どが人格成長とその後の民主的生活参加への被教育性と能力に支障を来して居ることが明らかにされた……乳幼児の生活環境の生理的自然に最も近い状態は，両親ときようだい（原文ママ）によって構成せられた家庭生活であるということは誰人もが認めるところである……従って，原則として乳幼児は家庭において育てられるべきものとせられて然るべきであって，必ずしも過言ではない」と，家庭的養護の推進を主張している（谷川 1953: 46）．翌年の最終報告においても，谷川（1954）は，ホスピタリズムの症候を，（1）発達の遅滞，（2）神経症的傾向，（3）対人関係の障害の3つに大別し，その「原因」について，「家庭と異なる物質及び人的環境に生活するためである……家庭児は，家庭以外に多くの人々と接触し，社会生活の種々の面と接触するが，施設児は施設という閉鎖的な社会にあって外部の事物や人びとと接触しない．学童は園外教育の場合，学校という社会に入っているが，屢々その適応力は乏しいことが示されている」と述べる（谷川 1954: 6）．そして，ホスピタリズムの「予防」に有効な社会的養護運営形態として，里親制度と小舎制度とを確立することを主張している（谷川 1954: 51-8）．

　この谷川（1953, 1954）の報告と前後して，児童福祉関係者の間では，ホスピタリズムについての活発な議論が行われていた．代表的なものが，『社会事業』誌上に発表された，堀文次の一連の論考である（堀 1950a, b, 1953, 1955）．堀（1950a, b）は，施設で育った子どもは，「ズングリムックリ型」の体型で非常に身長が低く，学校における体操の成績が悪いという特徴があることを報告した．さらに，当時自身が園長を務めていた石神井学園の卒園生に，（1）忍耐力の欠如，（2）明確な意思表示をしない，（3）意志薄弱，（4）社交技術の拙劣，（5）生活力が薄弱で，積極的に乏しい，（6）処世行動が衝動的で無計画的，（7）人がよすぎる，という共通の性格特性がみられることを指摘した．これらの在園生，卒園生の特徴を，堀（1950a, b）はホスピタリズムとみなしたのである．同じように，1955年の論考では，ホスピタリズムの背景について，子どもが入園前に親戚知人の間を転々とし，入園後も「親代わり」の保母が不継続で不確定であるため，同一化の対象をはっきり同定できないことを挙げている．その上で，「施設の家庭化」を堀（1955）は提案する．堀（1955）はこの「施設の家庭化」について，「最近特にその声が高いのは，徒らに家庭的雰囲気への憧憬乃至は郷愁といった感傷的な甘いものではなく……人格形成の根本に触れているからである」と述べ，「まず……保育者と児童が真の親子のように感情的に緊密な結びつきを持つことに尽きる……保母は可能な限り長く継続して特定児童の養護をなすべき……かかる理論よりすれば，自然施設児童よりも里子委託……寄宿舎制よりも小舎制のよいことは云うまでもない」と，小規模な単位での家庭的養護の推進を主張した（堀 1955: 18-20）[7]．

堀と同様に家庭化を主張したのが，爪巣憲三（1950）である．爪巣（1950）は，「家庭生活こそ育児の前提条件であることは，何人も疑うことのできない真実である」と述べ，ホスピタリズムは，「貧困な従来の孤児院的な指導性の欠如を物語るものではないか」と指摘する．爪巣は，「好ましき家庭条件と雰囲気をとり入れた家庭制度が，最も好ましいものであることには異論のある筈がない」と述べながらも，「然し乍ら問題なのは今日多くの教護院がとっている「家庭制度」の是非である．すなわち，職員夫婦とその家族，そして収容児という環境は，客観的条件としては所謂『家庭的』であっても，その実その構成する人間関係は，フラストレーション（frustration 欲求阻止）を起し易い環境にあるということである……これらの家族制度は，凡そ家庭に似て非なる代表的のものとして，我々は否定しなければならない」と問題提起をする（爪巣 1950: 7-9）．

では，爪巣はどのようなあり方を「好ましい」と考えていたのか．それは，「最も好ましいのは，子供のない夫婦による指導であるが，我が国の諸情勢では，その実現は期し難い」ため，保母と指導員の組み合わせに，10人以内の少数の児童を1つの単位とし，その単位2つで1つの小舎を使用するという構成で，「出来る限り家族的条件を整えるよう努力する」というものであった．さらに重要とされたのが職員のあり方であり，「指導員は，父人格（father person）としての働きをなすと同時に，主としてケース・ウォークを担当，保母は母人格（mother person）としての働きをなす」という性別分業にもとづく支援が主張された．そうした体制のもとで，（1）人間各自の個性，人格（人間価値）の尊重，（2）児童の自発的・自律的な道徳の養成，（3）自己実現のプロセス，個人の要求（needs）によく調和した計画のもとで生活を送るのを助長するプロセスとしての指導を行うことの，3点が重要であると爪巣は述べている（爪巣 1950: 8-12）．つまり，形態だけではなく，そこで果たされる機能も「家庭的」にすることが重要だと，爪巣は主張したのである．

以上にみた谷川，堀，爪巣らのホスピタリズム論においては，施設を「望ましい」養育環境のモデルである家庭に近づけることで，ホスピタリズムを乗り越えることが主張された．そこでは，ホスピタリズムとされる子どもの身体的・心理的特徴の原因が，施設の集団生活や閉鎖性などに求められた．その上で，「親子のような感情的結びつき」，「家庭生活」を養護実践の「前提」とし，それを担保する方策として家庭化を強調したのであった．

4.2　津崎論争における家庭性重視の共有

子どもの権利への社会的関心が高まってきた1990年代，津崎哲雄（1993）に端を発し，再び施設の運営形態をめぐって激しい論争が展開された．津崎（1993）は，

養護問題研究会（以下，養問研）の取り組みが積惟勝（1969, 1971）の「集団主義養護論」（後述）に依拠しているとし，「少年6人に1人，満3歳以上の幼児4人に1人，満3歳未満児2人に1人という職員定数で，児童の発達課題達成を促す人間関係が施設養護で継続的に保証されると，だれが本気で考えているであろうか」と批判する（津崎 1993: 44）．その上で，施設養護偏重と「劣悪な」施設最低基準という現状が子どものニーズ充足を阻害していると述べ，改善のためには，家庭的養護の拡充に加え，処遇の選択権や処遇内容に対する意見表明権を子どもに保障することが必要だと主張した．

この津崎（1993）に異議を述べたのが，養問研が集団主義イデオロギーに依拠しているというのは事実でないと論じた長谷川眞人（1994）である．この反論は主に津崎の施設養護理解に対してなされ，特に，「（養問研が）集団主義を絶対視している」という津崎の主張が誤認であると批判する．そこでは，養問研は「里親委託や小舎制はだめだといった議論は行っていない．むしろその時代に話題になった時には，養問研全国大会などで里親や小舎制のレポートをもとにして議論を行ってきており，決しておろそかにしてきていない……集団主義を旗印として実践を展開しているというよりも，集団で生活している施設であるから，集団における子どもたちの生活をどう生かしていくのかという視点から多くの実践が毎年行われ，養問研全国大会で報告されて」いること，それにより，施設養護の現状が大きく改善されてきたことが主張される（長谷川 1994: 92）．また，施設養護と家庭的養護との優劣について議論を積極的に行うべきとする津崎（1993）の議論に対しても，「今まで果たしてきた施設養護のよさと新たな家族託置型養護のよさを共有する形で」児童養護制度を改善していくべきだとの反論がなされた（長谷川 1994: 90）．

長谷川の批判に対し，津崎（1994）は「わが国の児童養護は……「大幅に改善されてきた」といえるであろうか……集団主義養護という理念は……極端な施設偏重・家庭的養護託置不振という現状の生成と，いかなる関連をもってきたのであろうか」と問い返す．津崎（1994）は，社会的養護施設最低基準の低さが当時たびたび指摘されたことを挙げ，集団養護を，施設運営側が既得権益を保持するためのイデオロギーであると批判する．集団主義教育論にもとづく学級運営論を基礎とする集団主義養護論により，養護児童のニーズが問われることなく，「施設・集団ありき」という前提から運営が行われること，その結果，「養問研が養護問題研究会と称しながら……児童養護サービスの処遇選択肢のうち施設養護にしか実質的に視野を設定」しておらず（津崎 1994: 98），家庭的養護の可能性の検討が妨げられていることを，津崎（1994）は問題化したのである．

これに対し，集団主義養護論がすでに養問研の指導的理論ではないということ

を示して反論したのが，竹中哲夫（1995）である．竹中（1995）は，「筆者は，集団主義養護論は家庭的養護否定の立場に立っているとは理解していない」と述べた上で，「要養護児童たちへの援助の方法として，施設養護は有力な方法であるが現状では克服すべき課題も多い……里親制度や養子縁組制度についても，できるかぎり研究し，制度や実践の改善に寄与できることを希望している……多様な社会的養護の資源を計画的に開発・確保し，相互に有機的なネットワークを形成することが必要」だという考えに立っていること述べる（竹中 1995: 77-8）．長谷川（1994）と同様，竹中（1995）も，施設養護論者に対する津崎（1993, 1994）の認識のずれを指摘し，施設養護推進派が，家庭的養護との協力体制を探っていることを示したのであった．

　この竹中の反論に対し，津崎（1995）は「こんな施設は日本に存在すべきではない！」というラディカルなタイトルの論文で，集団養護が維持されるのは施設職員が既得権益のためであると再度主張する．津崎は，「養護児童の最善の福祉・権利を保障するための学問的蓄積作業であるはずの養護理論構成が，あらかじめ職員のためのものとして構想するという前提の枠内でしか行われない」ことを批判し，「施設職員のための研究・運動組織が自分たちの立場を知的・職業的に確立することを第一義的に追及するのであれば，施設の存在自体及び施設を存在させ続けようとする要請が大前提となる．職場の確保を大前提にして，養護を必要とする子どものニード充足のための理論構成／施策策定／処遇実践が行なわれざるをえない……施設自体の存続とそれらの施設が集団養護に適した規模であり続けるという条件を前提としている」と述べる（津崎 1995: 80-1）．すなわち，ここで津崎（1995）が批判しているのは，（1）養問研が職員の労働条件の厳しさを理由に施設の小規模化に消極的なことであり，（2）その姿勢の背後に集団主義養護理論の影響がみえることである．その上で，実習生の証言などを取り上げながら，児童の最善の利益が施設の「イデオロギー」によって抑制されていることを，津崎（1995）は問題化したのである．

　このように，津崎論争は，集団主義養護理論のイデオロギー性を批判した津崎と，その施設養護理解への反論という形で展開された．津崎（1993, 1994）の強い批判に対し，長谷川（1994），竹中（1995）ら施設養護支持派は，（1）養問研が集団主義養護論に固執しているというのは全くの誤認であり，（2）むしろ彼らは家庭的養護を対立するものとはみなしておらず，（3）そのメリット，デメリットの検討を通した上で施設養護に導入し，ぶ厚い児童養護のネットワークの構築を目指していることを主張していた．つまり，この論争は，「児童の最善の利益の実現には家庭的な形態が有効である」という前提それ自体は両陣営とも共有した上で，養問研側の取り組みがイデオロギー性を帯びているか否かをめぐってた

たかわされたのであった.[8)]

4.3 存在した家庭懐疑論——反ホスピタリズム論者の言説から

　ここまでみたように，ホスピタリズム論と津崎論争のどちらにおいても，家庭はケアの場のモデルとして一定の説得力を有するロジックとして動員されていた．前者においては「親子のような感情的結びつき」を提供すること，後者においては「児童の最善の利益」を実現することを目的として，家庭化が主張され続けてきたのである．目指すべき機能と「家庭的」な形態とを結びつけるこうした論調は，第2節でみた現在の議論まで脈々と続いてきたものであるといえるだろう．

　しかしながら，1950年代から1970年代にわたって展開されたホスピタリズム論への批判や反論に目を向けると，家庭が無批判に受容され続けてきたのではないことが明らかになる．堀（1950a, b, 1953, 1955）や爪巣（1950）の議論に反論した論者たちは，家庭での子育てが問題含みであることを指摘しながら，安易な家庭化の推進を批判したのであった．そのようにホスピタリズム論に反論した社会的養護理論は主として2つある．

　第1に，石井哲夫が唱えた「積極的養護理論」である（石井哲夫 1959, 1961, 1963）．石井（1959）は，家庭での育児は母親によって専念されることが多く，そうした状況が子どもへの過干渉，過保護，そしてその結果としての子どもの自立の疎外を帰結していると指摘し，安易な家庭化は「逆コース」であると述べる．その上で，子どもの成長に必要な機能を科学的に分析して施設養護のなかに生かしつつ，集団生活における横のつながりを利用して子どもの集団意識を育成するという，「積極的養護理論」を唱えた．

　このように科学的に施設養護の機能を分析する必要性を説くのが，石井の主張の大きな特徴である．たとえば，石井（1961）では，「施設養護の課題は，施設側からの単なる言論上の防衛を行っているだけではすまなくなって来て，実践のなかから解決策を見出していくべき時を迎えている．つまり施設養護の課題を深く検討すべき時なのである．たとえば，ホスピタリスムスは単に乳児院にみられる傾向，とか公営施設のような大施設にみられるという意見，次に，家庭は決して優っていない．家庭においてすら問題児が沢山現れている．施設には専門家もいてよい処遇が行なわれているという意見．そして最後に施設入所児童は，単に親がいないという子どもだけではない．むしろ片親がいて養護の責任のとれない状態にあるから，何らかの歪みを持っているはずであるという意見等あるが，これらに対して徹底的に検討し始めなければならない時期になって来ている」と述べられている（石井 1961: 99）．その上で，「母性行為」に着目し，海外の発達心理学

の研究動向をレビューしながら，感情表出や子どもを受容する技術を職員が習得するべきとの主張が展開されている．同様に，石井（1963）においても，「子どもとの関係において，色々な型の子どもを十分に受け入れるような機能が備わっていなければ，そこは近代的養護施設とは言えないものではないだろうか」と，やはり形態ではなく，機能から施設のあり方を考察する必要を述べる（石井 1963: 205）．そのなかで，「最低基準の検討をする場合でも，小舎制を議論する場合でも，具体につみ重ねられる資料が少ない．保母1人当り8名という数字も現状を緩和する上においては当を得ているかも知れないが，科学的基盤に立った検討ではない．小舎制にしても，何となく海外からの紹介や，ホスピタリスムス論争の影響で，実施していく施設が増えて来たというところである……いくら最低基準をあげていっても，なしくずしにいいかげんな生活，（単的に言えば，無策な現実容認態度）を重ねていくものであるならば，科学的処遇として展開していくわけにはいかなくなる」と，家庭性という規範や理念にもとづき，運営形態の家庭化のみに焦点化する議論を批判している（石井 1963: 214）．

　以上のような石井の「積極的養護理論」は，発達心理学などの影響を受けながら，現場の実践のなかで積み重ねられた実証的な知見をもとに理論を構築する必要性を主張するものである．1980年後半から入ってから，石井は再び「積極的養護理論」と題した論考を発表し始める（石井 1987, 1990, 1991）．それらの論考では，「現場から行政当局に発言していく意義……正しく事実に沿った提言が行われなければならない……実際に養護施設の中で実践している人たちがつかんでいる養護機能の特質を明らかにしたものでなければ，制度化しても，将来禍根を残すことになる」という考え（石井 1987: 16）から，彼自身が現場で経験した年長自閉症児（石井 1990）や強度行動障害児（石井 1991）の事例をもとに議論を展開している．すなわち，石井の「積極的養護理論」においては，現場の職員たちが日々の実践のなかで蓄積している経験を社会的養護理論に反映させることで，体系的な「実践知」を築き上げ，それをもとに施設養護のあり方について考察していくことが，一貫して主張されたのである．

　第2に，同じく集団の積極的評価を試みた積（1969, 1971）による「集団主義養護理論」である．「集団主義」とはいっても，「集団主義養護」が，個人を抑圧して集団の論理を優先する意味での「集団主義」イデオロギーとは異なるものであることには留意が必要である．「集団」について，積（1969）は，「「集団」とは且つての全体主義的「集団」，つまり，一部の人たちの支配に左右される「集団」，一部の人たちのために奉仕する「集団」，あるいは，ただそこに「集団」があるといった，「烏合の衆」的な「集団」ではなくして，一人ひとりによって支えられている「集団」，その「集団」または一人ひとりを支え生かしてゆく「集団」，

いわゆる真の民主主義的「集団」であると述べている（積 1969: 51）．これは，当時の高度成長下で展開された「個人主義的教育」に対置する「集団主義教育」からヒントを得た思想であり，いわゆる「日本的集団主義」のイデオロギーとは何ら関係がないものである．そしてそのような「集団」にもとづく「集団主義養護理論」とは，「仲間のなかで，集団のなかで，知恵を出し合い，扶けあって行動し，生活するところに，人間相互の理解も生まれ，愛情も交流し，人間らしいものの見方，考え方，生き方が生み出せる」と述べられるように（積 1971: 19），子どもの成長過程に対し，集団生活における他者との相互行為の有効性を主張するものである．

「集団主義養護理論」も，当時の家族における子育て，およびそれを模倣しようとするホスピタリズム論，家庭化論への疑問から生まれたものである．積（1971）は，「施設をいくら『家庭化』してみても所詮は『疑似家庭』であり，『代替家庭』でしかない……そうした『家庭』至上主義に立つならば，施設はいつまでたっても，保護機関であり，治療機関でしかないわけで，突き詰めていうならば，『病院』的存在であり……極めて防備的，消極的存在とならざるを得ない」と批判を展開する（積 1971: 6）．ここで積が「防備的，消極的存在」と述べているのは，「家庭が第1である」という「『家庭』至上主義」に立つ限り，施設は何か「問題」が起きて初めて必要とされる「二次的」存在にとどまる，という意味においてである．その上で，核家族化が子育てに帰結した諸問題について，「一人っ子の過保護，あるいは放任，それに伴う育児に対する自信喪失といった状況，さらには，最近とみに目立ってきた人権無視の『子殺し事件』の簇出……これらはいずれも『集団』から孤立した状況から来ていること」だと指摘する（積 1971: 8-9）．すなわち，当時その「問題」が発見されつつあった家庭での子育てをモデル化することで，養護実践そのものの意義が減じられたり，「集団」からの孤立が生じることへの危惧を表明したのである．

このように家庭化に疑問を呈する積のキーワードとなるのが，「集団性」である．この言葉は，「人間としてつながりの持てる，寝食を共にする集団……この集団は家庭にも学校にも見られない，生活集団であり，人間集団である……この集団として生活する集団性について，私たちは再評価をすべき」と述べられるように，家族ではないが生活を共有し，協働する集団のあり方として用いられている（積 1971: 18）．施設の子ども全員で作る「憲法」や，「集団のあそび」，「集団のなかの個性」などのさまざまな事例を紹介しながら，集団性の意義を強調し，「『家庭に優るとも劣るものではない』」といった現代的な「施設観」の確立を，積は目指したのである（積 1971: 8，傍点原文）．

このように，ホスピタリズム論に立脚した家庭化言説に反論した2人の論者は，

高度成長のなかで家庭での子育てに多くの問題がみられてきていることを踏まえた上で，批判を展開していた．石井（1961, 1963）は，施設の形態面にとらわれるのではなく，その機能を科学的に検討することを主張した上で，「横のつながり」などの施設の特性を生かした「積極的養護理論」を主張した．積（1969, 1971）は，「集団性や連帯性」を再評価し，「集団主義養護理論」を構築した．両者の共通点は，小規模化した「家庭的」な環境ではもたらしえない施設養護のメリットを提示することで，安易に家庭化を主張する論者に反論した点である．彼らの議論において，家庭は理想的なケアのモデルではなく，さまざまな問題を内包するものとして語られ，そうした家庭を超える施設養護のあり方が模索されたのである．

この2人の議論の背景には，当時隆盛していた「核家族論」の存在があると考えられる．松原治郎（1969）がいうように，1960年代末には，「核家族」という言葉は「完全に日常用語になってしまった」（松原 1969: 4）．このことは，「核家族」が普遍的なものであるという前提のもとで展開され，その普及はある種の家族の「純化」（松原 1969: 27）として捉えられていた．そこにおいて発見された子どもをめぐる問題は，松原（1969）や山根常男（1974）といった家族研究者にとっては，「核家族」それ自体の問題ではなく，社会が解決すべき問題であった．しかしながら他方で，山室周平（1987）が松原に論争を挑んだように，核家族を「よきもの」とする見方は，必ずしも全面的には支持されなかった．山室（1987）は，核家族を普遍的かつ正当な集団のあり方とすることを，画一化された理想を人びとに押しつけるイデオロギーとして批判したのであった．おそらく，石井（1961, 1963）や積（1969, 1971）の議論は，この山室（1987）のような視点から展開されたのであろう．「核家族」を理想とすることをイデオロギーとして批判的にみるなかで，施設の家庭化に留保をつけ，集団性を活かしたあり方が模索されてきたと考えられる．

5　家庭化論への疑義

以上，本章では，ホスピタリズム論争と，津崎論争とを概観した．重要な知見は，かつては家庭におけるケアや家庭化論に対する批判的視角が存在したということであろう．「「家庭に優るものはない」といった旧来的な施設観から，「家庭に優るとも劣るものではない」といった現代的な「施設観」を打ち立てるべき」という積の言葉に端的に示されているように（積 1971: 8, 傍点原文），ホスピタリズム論争時の施設養護支持派は，家庭と競合する姿勢をとり，家庭化論者を批判していた．他方，津崎論争において，長谷川，竹中ら施設養護支持派は，自身らが家庭的養護を対立するものとはみなしておらず，相互協力のもとに分厚い児童

養護のネットワークの構築を目指していることを主張していた．
　このように，両論争の比較から明らかになるのは，時とともに家庭化への批判が後退し，施設養護支持派にも家庭が説得力を持つモデルとして受容されるようになったということである．かつては家庭への批判が展開されたにもかかわらず，社会的養護をめぐる言説構造における家庭ロジックの支配力は揺るがなかった．こうした流れのなか，施設養護の目指すべき機能と「家庭的」な形態とを結びつける傾向が，現在まで通底してきたとみることができよう．すなわち，「家庭的」な環境ならばケアの質が担保されることを自明の前提とした，「家庭的養護拡充」の主張が続けられてきたのである．近年の政策的議論において，「家庭的な養育環境の形態に変えていくこと」の具体例として「小舎夫婦制の推進」が掲げられていたことや（第2節），ホスピタリズム論争時に，家庭化論者が小規模化を主張し，対して，積や石井が「核家族」の問題を指摘しながら家庭化を批判していたことなどから（第4節），それらの議論においては，「家庭」という語で近代的な核家族がイメージされていたと推測することが可能である．
　そのように近代的な核家族を「よい養育環境」として措定し，ケア環境のモデルとすることに対して，家族社会学の立場からは主に2つの点で批判がなされている．
　第1に，「あるべき家庭」からの「偏差」を測る見方をとることで，家庭での子育てを絶対視する規範を再生産することである（田渕 2012; 藤間 2013）．高齢者ケアを対象とした上野千鶴子（2011）がいうように，介護施設が「家族のような介護」や「家族のような関係」を標語とすることは，自身が「最善」である家族ケアに及ばない「二流の代替選択肢」であると認めることを意味してしまう（上野 2011: 131）．つまり，家族に代わって子育てを引き受ける現場の人間が「家庭的であること」を標榜することが，逆説的に「家庭はケアの最善の場である」とする規範を維持・強化し，自身をあくまでも残余的な存在に位置づけてしまうと考えられるのだ．こうした規範の再生産は，更なる問題を帰結しうる．たとえば，先述の児童養護施設入所経験者を対象とした研究（西田編著 2011; 田中 2009）が明らかにしたように，「家庭で育つこと」がモデルとされることで，施設入所者に与えられる「施設の子」というスティグマや，それがもたらす生きづらさが強化されるおそれがある．社会的養護，特に施設でのそれが「家庭的」であることを標榜することは，自身が「二流」であることを運命づけるものであり，当事者へのスティグマを再生産するリスクを孕んでいるのである．
　関連して第2に，家庭が「あたりまえ」に子どもの養育を担えるはずだという素朴な措定は，家庭における子育てが内包している限界を覆い隠してしまう．1980年代以降の日本の家族社会学では，家庭が独力で子育てのすべてを担うには

脆弱なシステムであり，それゆえに内部で子育てをめぐる困難が生起することが明らかにされた．それを踏まえ，「近代家族」という「小集団」のなかから，社会に子育てを開き，子育てに関わるエージェントを増員していくことが目指されたのである．核家族化や地域ネットワークや親族ネットワークの衰退という「家族の小規模化」が，「私秘化」やそれに関連する困難を引き起こしたならば，それらの問題が小規模化した施設のなかで起こらないと断言することは困難であるはずだ．そもそも近年において社会的養護の整備・発展が必要とされている背景には，児童虐待の認知件数や離婚件数の上昇など，家庭での個別的で一貫したケアの提供が自明視できなくなったことがあったのではなかったか．家族社会学が明らかにしてきたように，核家族化や地域社会からの孤立が進んだ家庭のみへのケア機能の集約は，何らかの形での無理を生じさせうる．家庭をある種のマジックワードとして利用する家庭化論は，こうした問題への認識を後景化させてしまう危険がある．

　司法福祉学の領域においても，家庭をモデルに小規模化を推し進めるとへの懸念が示されている．たとえば小木曽宏・梅山佐和（2012）の議論は非常に示唆的である．そこでは，小規模化が帰結しうる課題として，少ない職員数のなかで若い職員が子どもたちの要求に応えていかなければならないこと，子ども同士の相性や「支配─被支配」関係が固定化されうること，子どもの課題を職員が抱え込んでしまうこと，職員の考え方や力量によって施設間の養育にばらつきが出てしまうことなどが指摘されている．この指摘は，近代家族化と子育ての不安定化についての議論とも通底するものであろう．子どもの権利を担保すべく進められている家庭化は，皮肉なことに，養育環境の安定性を脅かす側面も持ちうるのである．

　以上のような視角に立つならば，家庭が個別性を必ずしも担保するとはいえないことになる．死別や離別で養育者との関係が断たれることもあるし，虐待や経済的困難などから親戚に引き取られたり，社会的養護の支援対象となることもある．さらに，第1章でみた子育ての社会化論の展開を振り返るならば，家族は単体で子育てのすべてを担うにはあまりにも脆弱なシステムであり，だからこそ子育てネットワークや子育て支援が必要とされていたはずだ．

　たとえば，虐待について考えてみよう．特に近年において家庭化が強くいわれる背景としては，1990年代以降に施設内虐待が社会問題化したことが関係している．たとえば，1995年に児童相談所への匿名の告発によって発覚したC県の児童養護施設O園での入所児童への虐待や，2000年にK県，2001年にO県で相次いで発覚した児童養護施設における入所児童間の性的非行や性的虐待などが挙げられる．1994年の子どもの権利条約への批准に伴い，子どもの人権への社会的関心が

高まるなかで発覚したこれらの事件は,「家庭ではない」施設でのケアへの信頼を大きく揺さぶるものであった.「非家庭」におけるケアでの「問題」が発覚し,その正当性,信頼性が揺さぶられたことで,家庭でのケアを信仰する機運が,逆説的に高まったとみることは可能であろう.しかしながら,虐待のリスクが存在することは,家庭においても同様である.

　以上に鑑みると,家庭は必ずしも盤石なケア環境とはいえない.では,なぜ施設内虐待などの「問題」が,直ちに家庭信仰への揺り戻しにつながるのであろうか.そこにおいて規範レベルで家庭への信頼を担保してきたものが,集団性への批判や忌避であったと考えられる.「集団主義批判」の文脈と結びつきながら,施設での集団生活の問題が数多く指摘された.すなわち,養育者が不確定で個別的なケア関係の一貫性が担保されにくいこと,子どもが個々に尊重されないことが,集団性に起因するものと位置づけられ,家庭化が主張されたのである.この個別的なケア関係と子ども個々の尊重という理念を,「個別性」という言葉でまとめるならば,個別性の確保には,集団性は「不適切」であり,家庭性が必要というのが,戦後に構成されてきたロジックであったということができるだろう.

　しかしながら,そもそも「集団主義養護」を「集団主義」の文脈で批判することの妥当性に疑問が残ることは,積 (1969, 1971) 自身が「集団主義」との関連を明確に否定していたことからも明らかである.以上の議論に鑑みると,個別性の確保という理念のもとで集団性を批判し,家庭性を称揚する見方は妥当とはいえない可能性がある.家庭性,個別性,集団性という概念の布置関係をより詳細に議論するためには,実際の現場での観察を通じ,いかなるケア環境でいかなるケア機能が遂行されているのかを,より分析的に見定めていく必要があろう.

6　小括
——子育ての社会化論と社会的養護の家庭化論——

　本章では,まず,社会的養護についての政策文書から,近年いわれている家庭化論の様相を確認した (第2節).続いて,社会的養護の運営形態論をめぐる2つの論争を分析することを説明し (第3節),それを通じて家庭化というロジックがどのように支配性を獲得してきたのかをみた (第4節).それらの知見を踏まえ,家庭性が集団性を批判することでその正統性を獲得してきたことを指摘するとともに,家庭化論のロジックへの疑問を論じた.そして,個別性を確保するという理念のもとで,現場レベルで家庭性や集団性がどのように浮かんでくるのかを検討することが必要であると結論づけた (第5節).

　本章までの第Ⅰ部を通して明らかになったのは,第1に,同じ子育てという営みをめぐっても,それが家族で行われるか社会的養護で行われるかによって,全

く異なる支援のあり方がいわれること，第2に，後者については，集団性を否定する形で，家庭化論が強まっていることである．すなわち，前者については家族のみがそれを行うことの限界や脆弱性が指摘され，子育て支援や子育てネットワークの必要性がいわれるのに対し，後者については，集団性が子育てに帰結する問題がいわれ，その環境を家族あるいは家庭に近づけることが主張されている．さらに換言すれば，家族の子育てについては，社会化によって複数のエージェントを関わらせるという意味で，ある種の集団性の導入が求められているのに対し，社会的養護環境については，集団性を退け，家庭性を高めることが求められているのだ．

　この相反する現象に，現代日本社会のどのような特性が照射されているのであろうか．この問いについての検討をさらに進めるべく，第Ⅱ部の実証編では，筆者が行った児童自立支援施設での参与観察やインタビュー調査の結果を分析していく．

注
1） 施設養護を社会に開く（＝社会化）というとき，そこには2つの目的がある．第1に，施設養護を拡充していくにあたり，社会に理解を得ることである．第2に，処遇内容の向上という目的にもとづくものであり，地域社会の一般的な生活内容に施設生活を可能な限り近づけるというものである．
2） 土屋敦によると，施設における生活を家庭でのそれに近づけるべきとする理念自体は，明治20年から30年代にも存在していた．戦後における議論の新しさは，それらが「ホスピタリズムという学術知識の裏付けを得る形で，またこのホスピタリズムの回避を企図してなされた点に求められる」（土屋敦 2014: 156）．
3） 「原家族」とは，入所以前に子どもが生活していた家族のことを指す．
4） もともとホスピタリズムという語は，施設に長期間置かれることで出るさまざまな身体的・精神的症状を指しており，年齢によって異なるものである．児童養護の文脈でのそれは，児童が施設や病院などで主たる養育者から分離され，集団で長期間養育されるときに生じるとされる，心理的・身体的な悪影響や，発達上の障害を指している．
5） 津崎（1994）が『子どもと家庭福祉をめぐるリーディングス』（山縣編 2010）に収録されていることからも，この論争の重要性が示されていよう．
6） 引用される議論の一部は，常用漢字・現代仮名遣いに修正してある．なお，ホスピタリズム論争については，北川清一（1981），野澤雅子（1996）など参照．
7） ここでいう「寄宿舎制」とは，今でいう大舎制のことを指す．
8） 上野加代子（2000）は，このような津崎論争をみて，「日本の養護施設の言説状況を風通しのよいものにしていこうという試みは，上記のような点（「発言者の資格」，「実態把握の不足」，「論証の不十分さ」，「素朴な発想」といった，津崎の議論の妥当性への疑義：筆者注）からの批判を招くだけで，関係者や社会福祉の学会から多様な議論をひきだすのに成功していない……このように，わが国で養護施設の問題を指摘すれば，論者の責任が激しく問われてくるのである」と評している（上野加代子 2000: 224）．この指摘に

はやや疑問が残る．少なくとも議論が重要かつ複雑だと認識されていたからこそ，発言の妥当性や立場性が問われるのであり，それは養護施設の問題に限らないのではないか．また，津崎論争を契機として施設内の子どもの権利への議論が発展したことに鑑みても，この論争が「多様な議論をひきだすのに成功していない」とはいえないのではないだろうか．

9) 集団主義教育論は，マカレンコ（Антон Семёнович Макаренко）の思想の影響を受けて発展したものである．マカレンコについては，熊谷忠泰（1971），藤井俊彦（1981），十枝修・白鳥仁志（1984）などを参照．

10) ここでホスピタリズムの真偽についての結論を出すことは，本書の目的から外れる．ただし，ホスピタリズムが強調する「母性愛」は，その後の社会学的研究で相対化されている（大日向 2000; 田間 2001）ことには触れておく必要があるだろう．今日でも，家庭化言説の根拠の1つに，子どもと特定のケアラーとの「愛着関係の形成」が挙げられる．もしこの「愛着関係」をめぐる議論がBowlby (1951)の流れを引き継ぐものであるならば，なぜいまだにその支配性が揺るがないのかを考える必要も出てくるからだ．この点は，終章で少し触れる．

第Ⅱ部　実証編

——集団性の機能と退所をめぐる困難——

第3章　施設養護のフィールド調査
―― 児童自立支援施設Zに着目して ――

　本章では，筆者が行った調査の内容について説明する．第Ⅰ部で示した目的に鑑み，児童自立支援施設Zに着目した．それは第1に，児童自立支援施設においては特に個別性が重要とされていること，第2に，対象とするZは，家庭的とも非家庭的ともいえない環境にあるため，特定の環境で個別性，集団性，家庭性のそれぞれが，支援の実践においてどのように立ち現れるのかを分析する対象として適していると考えたためである．

1　分析上の視角

　第Ⅰ部の議論を振り返ると，同じ子どものケアをめぐって2つの相対立する言説が存在することが明らかになる．すなわち，一方で，子育ての社会化を主張する議論では，小規模な家庭のみで子どものケアのすべてを担うことのリスクが指摘され，そこに関わるアクターを増やすことで，核となるケアラーが担うケア労働の負担を緩和することが目指されてきた（第1章）．他方で，社会的養護のあり方をめぐる議論においては，ケアの個別性が，施設での集団生活では担保されにくいとされ，施設養護の家庭化が主張されてきたのであった（第2章）．
　以上の言説上の対立は，家庭―非家庭という区分を軸として成立している．家庭化論は，「ケアの個別性が家庭では保障され，集団生活型の非家庭的な施設では保障されない」という前提に立っていた．それに対して家族社会学は，家庭におけるケアにも限界があることを指摘し，家庭をモデルとすることでその事実が隠蔽されることを批判してきた．すなわち，個別性保障の成否と家庭―非家庭の区分を結びつけることをめぐって，両者は対立していると捉えられる．
　これに対し本書は，「家庭か非家庭か」という軸に依拠せず，「あるケア環境のどのような特性のもとで，個別性のどの部分が，どのように保障されるのか」という観点から，施設における集団性のもとでどのような事態が観察されるのかを分析する．家庭化論が，施設でのケア環境の改善に目を向ける上で意義を認められてきことは先に述べた通りである．他方，それが家庭という特定のケア環境の絶対視につながるという家族社会学的からの批判も，多様なニーズに応える支援のあり方を考える上では看過できない．子どものニーズが多様であるならば，家

庭的とされない環境でこそ，個別性が保障されるケースもあり得るためである[1]．近年，わずかとはいえ，ケア単位を縮小することへの懸念（小木曽・梅山 2012）や，核となるケア関係を固定しつつ，多様なアクターが関わることが子ども本人にとってもメリットがあると主張する議論（林 2012）もなされ始めている．個別性保障をめぐる議論を発展させる上では，家庭—非家庭という議論の軸を外した上で，ケア環境の形態とそこで果たされる機能とを分析し，その連関を考察することが有効であろう．

以上を踏まえ，本章では，都市近郊に位置する児童自立支援施設Zでの調査で得たデータの分析を行う．

2　対象と方法

2.1　対象の特性

ここでは，対象と方法について説明しよう．まず，児童自立支援施設の概略を示す．児童自立支援施設は，児童福祉法第44条に依拠した施設である．非行性や養育環境上のニーズを持つ子どもに対して入園・通園による指導を行い，その自立を支援することを目的とする．また，近年では児童養護施設や里親家庭での生活に適応できなかった子どもが措置されるケースも少なくなく（全国児童自立支援施設協議会 2008），社会的養護のなかでも困難性の高い子どもを支援しているといえる．非行性を有する子どもを支援する施設には少年院もあるが，少年院が法務省管轄の矯正施設であるのに対し，児童自立支援施設は厚生労働省管轄であり，生活をともにするなかで子どもの「育て直し」を行うことを目指す福祉施設である点で違いがある[2]．

歴史的には，感化院と呼ばれた施設が児童自立支援施設のルーツであり，1933年5月に少年教護法が公布，翌年10月に施行された際に「少年教護院」へ，1948年1月の児童福祉法制時に「教護院」へと名称を変更し，最終的には1997年の児童福祉法改正をもって「児童自立支援施設」は誕生した．この際，名称だけでなく，施設の目的も「教護すること」から「自立を支援すること」へと改められた．それにより，単に入所児童を保護，教育するだけでなく，家族や子どもをとりまく環境の調整や，退所後のアフターケアなどを強化し，子どもの自立を総合的に支援することを目的とする施設となった（石原ほか 2014: 43-4）．前史を含めた児童自立支援施設のあゆみを，表3-1にまとめる[3]．

児童自立支援施設に特徴的な課題としては，(1) 本人の非行性，ぐ犯性や，他の施設，里親での不適応に加え，家庭環境の「問題」などから，社会的養護のなかでも最も「困難」なケースにある子どもが措置される点，(2) 定員充足率

表 3-1 児童自立支援施設の歴史

感化院時代	・旧刑法制定（1800年） ⇒この時期から，不良少年と成人囚人との混禁が問題化 ⇒感化院設置を求める運動の展開 ・池上感化院（1883年，大阪） ・私立予備感化院（1885年，東京） ・千葉感化院（1886年） ・岡山感化院（1888年） ・家庭学校（1899年，東京） ・感化法（1990年） ⇒感化院の制度化 ・感化院の特徴＝「家族舎制度」
少年教護院時代	・少年教護法（1933年5月制定，1934年10月施行） ⇒感化院の課題を解決するための要求を反映した法 （1）感化院から少年教護院へと名称変更 （2）少年教護委員および少年鑑別機関の新設，院長による尋常小学校の強化修了認定の許可 ・第2次世界大戦化で，「生産増強」を担う一翼へ（1943年頃～）
教護院時代	・児童福祉法制定（1948年1月） ⇒少年教護院から教護院へと名称変更，児童福祉法上の児童福祉施設へ ・『教護院運営要領』（基本編：1952年，技術編：1956年） ⇒成長法と修正法という2通りの実践を提示 ・「WITHの精神」や「小舎夫婦制」の強調（青木延春） ・『教護院運営指針』（1969年） ⇒「教育」がキーワード，全職員の協力体制下での実践を提案 ・『教護院運営ハンドブック』（1985年） ⇒教護の内容を（1）保護，（2）教育，（3）教護技術，（4）実践愛とする
児童自立支援時代 （～現在）	・児童福祉法一部改正（1997年） ⇒教護院から児童自立支援施設へと名称変更 （1）「不良行為をなす，またはなすおそれのある児童」に加え，「家庭環境その他の環境上の理由により生活指導などを要する児童」も支援対象に （2）「教護すること」から「自立を支援すること」へと目的を変更 ＝入所児童の保護，教育のみならず，家族や子どもをとりまく環境を調整し，退所後のアフターケアの強化などで子どもの自立を支援する施設へと位置づけられた

が4割程度にとどまっている点，（3）児童福祉法の規定上，入所に不安定な部分もある点，（4）開放施設であるため，非行性や家庭での「問題」が深刻な子どもを支援するには不安もある点，などが指摘されている（野田・梅山 2014）．

さらに，児童自立支援施設における個別性の確保が，政策上最も重要な課題の1つとされてきた点も重要である．「子どもの抱える問題の複雑さに対応し，個別支援や心理治療的なケアなど，生活を基盤にしたより高度で専門的なケアを提供する機能強化が課題となっている……効果的な個別支援を可能とする個別寮や個別対応室（タイムアウトルームなど），心理療法を効果的に行える心理療法室，リビングケア時の自活寮など，施設設備面の向上も必要である」と述べられるよう

に（厚生労働省 2011: 14-5），児童自立支援施設への子どもの入所背景は多様で複雑であり，個別的な支援が求められる．

2.2 児童自立支援施設Ｚの特性と対象としての妥当性

次に，本書の主たる対象となるＺの特性について詳述する．調査は，2012年5月から2013年6月にかけて行われた．訪問は月に1回から2回，日帰りもしくは1泊2日であり，子どもや職員とともに日課を過ごした．

筆者が調査を行っていた期間，入退所による増減はあったものの，概ね25人前後の児童が在所していた．これは，児童自立支援施設のなかでは少なくない数である．彼らの年齢層も幅広く，小学校中学年から高校2年生までにわたっていた．処遇が難しいとされる高齢児童の受け入れを積極的に行っていることは，Ｚの大きな特徴の1つである．敷地内には寮舎が3つあり，1つの寮舎あたり6～9名の子どもが生活していた．子どもたちは習熟度別に学科を受け，学科終了後はスポーツを行う．毎日の食事は，1つの食堂に会して全員でとる．職員数は非常勤の学科講師も含めると約20名である．固定の女性職員が寮舎でのケアを中心的に行い，男性職員が学科，スポーツ，ケースワークなどを担当する．常勤職員15名のうち，事務職以外のほぼ全員がＺの敷地内に住み込んで勤務をしていた．これも職員の労働条件が見直され，交替制へと機運が高まっているなかでは珍しいことかもしれない．

以上の特徴を持つＺを対象とする上で特に留意が必要であるのは，子どもの生活が原則として敷地内で完結する点である．施設養護の大半を占める児童養護施設においては，子どもたちは外の学校や職場に通っている．家庭化論は，そのように敷地外で社会生活を送る子どもが帰ってくる場を家庭化しようというものであり，施設敷地内で生活が完結するＺは，家庭化論を検討する対象としては，あまりに例外的だと思われるかもしれない．

しかしながら，敷地の外に出るかどうかや，教室内に施設以外の子どもが存在するか否かといった差はあれど，Ｚとそれ以外の施設とで，子どもの生活の区分が大きく異なるとはいえない．Ｚにおいて，寮舎での時間は「生活」，日課の時間は「公（おおやけ）」と呼ばれ，厳密に区別されていた．たとえば，生活の時間では年齢の上下に関係なくあだ名で呼び合い，くだけた口調で話すことが許されるが，公の時間は「さん付け」で敬語を使うことがルールとされていた．また，学課は外部から非常勤講師を招いて行われ，クラス編成も，寮で生活しているメンバーと同一ではない．さらに，中卒児が外の仕事や高校に通うケースも存在していた．その意味で，Ｚの子どもたちも，日中は寮とは異なる空間，人間関係のなかで過ごしているといえる．そのため，Ｚにおける生活区分が，他の施設を対

象にした場合と大きく異なる結果をもたらすとはいいがたい．

のみならず，Zは家庭―非家庭という従来型の区分の一方には収まらない環境であり，この点にZを対象とする積極的な理由が認められる．すなわち，一方で，小規模な寮のそれぞれにおいて特定の職員がケアを提供する点では家庭的とされる要件がみられるが，他方で，日課や食事はZ全体で動き，1日の流れが時間によって明確に枠づけられている点（表3-2），さらに，寮についても1人の職員が6～9名をみている点では，非家庭的ともいえる．つまり，これまで家庭的―非家庭的とされてきた特質の双方を備えており，その点で本書の目的に適していると考えられる．

以上を踏まえると，Zを対象とすることで，「どのようなケア環境で，個別性のどの部分がどのように保障されるのか」という問いを，具体的に検証することができると期待される．

表3-2　Zにおける日課

平日		土曜日		日曜日	
6:00	起床	6:00	起床	6:30	起床 家族舎掃除
6:30	ラジオ体操 敷地内掃除	6:30	ラジオ体操 敷地内掃除		
7:40	朝食	7:40	朝食	8:10	朝食 自由時間
9:00	授業	9:00	授業		
12:10	昼食	12:10	昼食 校舎掃除	10:00	聖歌練習
13:05	授業			12:10	昼食
14:30	校舎掃除	13:30	作業	13:30	作業
15:10	スポーツ				
17:00	休憩	17:00	休憩	17:00	休憩
18:00	夕食 家族舎での自由時間	18:00	夕食 家族舎での自由時間	18:00	夕食 家族舎での自由時間
21:00	就寝	21:00	就寝	21:00	就寝

2.3　インタビューの概要とデータの記載方法

調査開始から3カ月が経過した2012年9月より，常勤職員12名を対象に，半構造化されたフォーマル・インタビューをZの敷地内で実施した（表3-3）．[6] 11名については許可を得て録音し，筆者自身の手で逐語録を作成した．録音の許可を得られなかったHさんに関しては，本人の同意のもとで詳細なメモのみを作成した．語りの使用については，学術的目的に限ってインタビュー前に許可を得ている．フィールドノートについては，日課中常に持ち歩くことが困難であったため，

1日の終わりにその日の出来事を文章に起こした．読み返して曖昧なものについては，あとで職員に確認をとった．なお，Zや対象者が特定されそうな情報については，語りの意味や文脈が変わらない範囲で改変を加えている[7]．

このように，筆者はまず観察者としてフィールドに入り，ある程度協力者とのラポールが形成された後にインタビュー調査を開始することにした．すなわち，対象者たちの生活空間の一部で実際にともに活動することで，彼らの行為や語りの文脈をより深く理解することを試みたのである．そのため，参与観察は子どもや職員とひたすら時をともに過ごすという形で行った．

ただし，初めての参与の際に，筆者の立場性は，職員，子ども全員に説明した．すなわち，「社会的養護について勉強し，それをもとに将来論文を書くために来た大学院生」として，筆者は子どもや職員から認識されていた．そのため，筆者がフィールド内で「異質な他者」であったことは否めない．これは調査上の重要な限界であることは間違いないだろう．しかしながら，それでも彼らとともにいるなかで，筆者はフィールド内の「言語」や「慣習」についての知識を獲得し，職員，子どもそれぞれがどのような関係性をどのように紡ぎ，日々の生活を営んでいるのかについての理解を一定程度は得られた．実際，インタビュー調査を行うにあたっても，このことは語りに対する筆者の理解を大きく助けるものとなった．

さまざまな先行研究で指摘されている通り，インタビュー調査は，調査者と対象者とが当該社会の文化的な知識を利用しながら行われる，相互行為的な出来事である（松木 2013）．そのため，それを分析するにあたっては，語り手が自身の経験した出来事をどのように語りとして再構成しているのかを把握するため，「語り手自身の概念ないしカテゴリーの定義や語りのコンテクスト」を尊重することが求められる（桜井 2002: 28）．他方で，桜井厚（2004）がいうように，「語り手自身は事実やリアリティに信をおく本質主義の観点からライフストーリーを語る」面もあり，それらの分析には，過去から現在に至る対象者をとりまく「現実」がある程度反映されているとも考えられる（桜井 2004: 375）．このことに鑑みると，インタビュー調査から事実に関する確実な情報を引き出すとともに，それがどのように「語り」として構成されるのか，その文脈依存性にも目を向けることで，社会のありようが照射されると考えられる．本書では，支援を提供する施設職員の語りを分析することで，施設での支援実践や経験の実態に接近することを目指すとともに，それらの語りを支える文脈にも配慮することで，施設養護，さらには「子育て」をとりまく，現代日本社会の様相を考察することにしたい．

表3.3　対象者一覧（Z）

名前	性別	年齢	日時	録音	時間
Aさん	女性	20代	2012.9.22	有	1:02:35
Bさん	女性	20代	2012.9.22	有	1:17:48
Cさん	女性	30代	2012.9.22	有	1:16:35
Dさん	女性	20代	2012.9.23	有	1:00:53
Eさん	男性	30代	2012.10.21	有	1:26:02
Fさん	男性	20代	2012.12.5	有	1:30:08
Gさん	男性	20代	2012.12.6	有	1:13:22
Hさん	男性	20代	2012.12.17	無	約80分
Iさん	女性	40代	2013.2.20	有	0:32:07
Jさん	男性	40代	2013.3.16/ 2013.6.4	有	0:31:18 1:39:26
Kさん	女性	50代	2013.3.17	有	1:23:03
Lさん	女性	40代	2013.1.31	有	0:57:33

注

1) 児童養護施設出身者の手記には「大集団での生活が自分にとっては心地よかった」と記されているものもある（来家 2002）.
2) この用語は，何らかの子育てのモデルを設定した上で，措置された子どもがそれまでに受けた子育てを「失敗」と位置づけかねない点で，慎重な検討が必要な概念ではある.
3) 表の作成にあたっては，石原剛士ほか（2014）や野田正人・梅山佐和（2014）を参照した．戦前期の感化・教護実践については，佐々木光郎・藤原正範（2000），昭和戦前期の少年教護実践については佐々木光郎（2012a, b）が，詳細に整理している.
4) Zにおける「ケース担当」とは，子ども，寮担当の職員，児童相談所，保護者それぞれの意向や，退所した後の進路関係の調整などを行う仕事である．また，ここで述べた職員の役割は，完全な性別分業というわけではなく，あくまでも「主担当」であることを付言しておく．女性職員もスポーツに参加するし，授業を持つこともある．また反対に，女性職員が休みのときに，男性職員が寮舎で子どもをケアすることもある．この意味で，ケースワークは男性が主に担っているものの，グループワークも含めたソーシャルワークはZ全体で行っているとみることができる.
5) 特定を避けるため詳述はしないが，Zは子どもの性別比率の面で偏りがみられた施設である．この点については，今後の調査で知見を補っていくことにしたい．また，本来であれば非常勤の職員やボランティアなど，さまざまな立場の方にインタビューを実施すべきであったが，本研究ではそれが叶わなかったことも，データの限界として記しておく.
6) 本来であれば勤続年数や担当職務なども記すべきであろうが，職員間での特定を避けるため，ここでは必要最低限の情報のみ示す.
7) 本書では，子どもの語りは用いていない．研究者としての筆者の立場についてはすべての子どもに説明したが，自分の語りがデータとなることについて，子どもの理解を十分に得られたとの確信は得られなかった．そのため，倫理的配慮から，子どもから聞いた話を用いることは見送ることにした.

第4章　職員の集団性の効果

　個別性と家庭性が結びつき，集団性が否定されることは妥当なのだろうか．この点を問うには，棄却されている集団性が現場でいかように立ち現れ，どのように機能／逆機能するのかを検討する必要がある．本章では，職員の集団性に着目し，データを分析していきたい．分析からは，職員の集団性が，（1）職員間で日常的にサポートが提供されることによるケア環境の安定化，（2）子どもにとって生活環境に「風穴」があくこと，（3）複数の大人が複数の子どもをみることで可能になる個別性の担保といった効果を持っていることが明らかになる．

1　はじめに

　第Ⅰ部で確認したように，社会的養護をめぐる議論において家庭性が称揚され，集団性が否定される言説構造は，個別性の保障を目的として成立してきた．特に近年，子どもの権利への関心が高まるなかで，社会的養護に措置された子どもの個別性の確保はますます重要な論点となっている．この背景には，措置背景の変化などがある．かつては，親との離死別が社会的養護措置の主な理由だったが，最近では，児童虐待や親の精神疾患といった家庭の養育環境上の「問題」が増えている（野口 2011）．また，学習障害や発達障害などへの認知が高まるにつれ，子どもが抱える困難も多様化してきている．さまざまな事情で入所に至った子ども個々の自立を支援するには，画一的な処遇は好ましくない．このような考えから，個別性の保障と，それを実現するための施設養護の家庭化が喫緊の課題とされているのである．

　たしかに，個別性の保障が重要であることは疑いえない．しかしながら，家族社会学的な見方に立つと，家庭をモデルに議論を展開することには慎重である必要がある．はたして，「家庭的であること」は本当に個別性を担保するのか．家庭をモデルにすることで，家庭が経験してきた問題が施設のなかで再現されることはないのか．そもそも，「施設において集団で暮らすこと」は「家庭的」ではないため，個別性を侵害するという見方は妥当なのか．これらの点について，より丁寧に問う必要がある．

　もちろん，家庭のリスクが完全に看過されてきたわけではない．厚生労働省が

2012年に発行した『児童養護施設等の小規模化及び家庭的養護の推進のために』においても,「小規模化にあたっての課題」として,「ホーム内のできごとが周囲に伝わりにくく,閉鎖的あるいは独善的なかかわりになる危険性がある」,「人間関係が濃密となり,子どもと深くかかわれる分,やりがいもあるが,職員の心労も多い」といったことが挙げられている（厚生労働省 2012b: 6-7）．また,こうした問題への対応策としては,「本体施設による総合的な支援体制づくりが,小規模化・地域分散化の前提となる」と述べられる（厚生労働省 2012b: 7）．すなわち,核となるケア単位は家庭並に小規模化しつつも,さまざまな支援のネットワークをつなぐことで,ケア関係の「私秘化」を回避することが目指されている．この視点は,子育てについての社会学的研究とも重なるものといえる．[1]

にもかかわらず,家庭をモデルに施設養護のあり方を問うことそれ自体の妥当性が十分に検討されているとはいいがたい．家庭化論の妥当性を検討するには,「個別性を担保しえず,家庭性に劣るもの」として理念される施設の集団性について,実証的に検討することが不可欠であると考えられる．そこで以下では,児童自立支援施設Zでの質的調査の結果から,集団性が支援の現場でどのように機能,あるいは逆機能するのかを議論する．だが,一口に施設の集団性といっても,職員の集団性と子どもの集団性という2つの位相が考えられる．まず本章では,前者の集団性についてみていくことにしたい．

2　集団性がもたらす個別性の制限
―「取り合い」と支援の画一化―

これまで,集団性が個別性を制限する例としては,「職員との安定した愛着関係形成の困難」や,「支援計画やプログラムの画一化」といったことが挙げられてきたが,それらの問題は,Zにおいても確認された．たとえばBさんは,「すっごくめんどくさい（笑）」こととして,「人間関係の取り合い」を挙げる．

　　　Bさん：たとえば新入生が入ってきて問題起こして,職員がそっちにつきっきりになったりすると,「なんであの子ばっかり,あたしたちのこと見てくれない」とかってなって,問題起こしたりとか．そういう意味では,どうしても職員の人数の方が少ないから,取り合いにならないことはない．要は取り合いになるってことは,もっと見てほしいっていうこと．ほんとうに愛情を注いでも注いでもたまっていかないから．いくら話を聞いても聞いても．

新入生が入ってきたとき,他の子どもへの影響にどう対応するかということは,寮舎担当の職員のみならず,多くの人から語られたことである【Aさん,Cさん,Dさん,Eさん】．「どうしても職員の人数の方が少ないから取り合いにならない

ことはない」という問題の背景には，「（職員が）あたしたちのこと見てくれない」，「もっと見てほしい」という，子どもの欲求不満がある．実際，何度か訪問を繰り返し，子どもたちとの関係ができてきたころのフィールドノートには，「1人と話していると，他の子もどんどん話しかけてくる．『ねえ聞いて』がすごい」【fieldnotes 2012.7.8】と書かれている．また，Kさんは，だれか1人がほめられていると「じゃあ私は？」と聞いてくることなどを例に，女子児童は「自分個人を見てほしい」という思いが強いと述べていた．この「ねえ聞いて」や「じゃあ私は？」には，複数の子どもがいるなかで，周りにいる大人の注意を自分に向けたいという子どもの願望があらわれていると考えられる．

　この「取り合い」の問題は，異性の職員をめぐっても存在していた．以前，Zは男女1人ずつのペアが担当する形で寮運営を行っていた．後に体制変更の際，女性職員1人で行う現在の形になったが，それによる女子寮の変化の1つを，Cさんは次のように語る．

　　C：一番大きなことは，男の先生への嫉妬が減った．子ども同士の．
　　筆者：ああ，男の先生の取り合いみたいな．
　　C：うん，取り合い．素直に「好きなんだ，私がしゃべりたいんだよ」とか言えばかわいいものを，ネチネチネチネチいくから．女の子のそういうところあるじゃない．

　こうした女子児童による男性職員の「取り合い」の問題が，Zの体制変更の原因となったわけではもちろんない．しかしながら，性的虐待や性非行などで入所している子どももいるなかで，異性の職員との距離の取り方は，Zに限らず施設養護全体において重要な課題である．Zのように若い職員が多く，かつ思春期前後の子どもが複数暮らしているなかでは，子どもが異性職員に対して恋愛感情に近いものを持ったり，その結果として「取り合い」が生じてしまうこともある．寮担当を女性1人に任せたことで，結果として女子児童間での男性職員の「取り合い」が解消されたということを，Cさんは語っているのである．この点は，小舎夫婦制や小舎併立制の推進について考える際にも重要であろう．2人1組の男女が寮舎で子どもをケアする役割を固定的に担うことにはもちろん意義もあろうが，反面，異性児童との距離の取り方や，子どもの間での異性職員の「取り合い」といった問題が，より顕在化する可能性もあるためである．

　また，人間関係の「取り合い」だけでなく，カリキュラムや支援の個別性に関する課題も，職員の口から語られた．Eさんは，Zの処遇のなかでもかなりの力が入れられているスポーツを例に，Zにおける「強いる教育」についての葛藤やジレンマを，職員の人数の問題に結びつけて語っている．

Eさん：たとえばマラソンだったり，「声出せ」とか，集団行動をするとか，そういうことはいまZに薄く，漫然とあるわけじゃん．「この子はマラソンしなくていいよ」，「この子はいいよ」じゃなくて，全体の規則として緩く決まっていて．強いる教育っていうかさ，そういうのは薄くあってもいいとは思うんだよ．でも，スポーツだけじゃなくて，作業で評価をしてあげるとか，もっといろんな評価の場面があってもいいのかなって．もちろんスポーツもしなくちゃいけないんだよ．でも，もうちょっといろんなプログラムが出来ればさ．今って人的な配置が出来ないから，「嫌なことも人生にはつきものだから嫌なこともやろうよ」みたいな感じでさ．人がたくさんいていろんなプログラムが組めたらいいのかなって．発達特性によって「この子はスポーツは苦手だけど作業は得意」とか．集団処遇してるからどうしてもそういうことになるんだけど．普通の家庭だったら，親御さん2人に対して子どもが1人か2人だから，その子にとって一番いいこと考えていきやすいけど，ここはそうじゃないからさ．結局職員の人数によってプログラムが規定されるんだろうね．本当だったらもっといろんなプログラムがあって，もっといろんな評価が出来て，もっと子どもたちが自己肯定感をもって社会に出れるんじゃないかって．

　Zがスポーツに力を入れる理由は，「やればできる，うまくなれる」という「成功体験」を子どもに実感させることを狙いとしているためだ【Fさん，Hさん】．実際，最初はスポーツを嫌がっていた子どもが，次第に記録や成績を伸ばしていき，目標を達成したり，大会で入賞したりすることで自信をつけるケースは少なくない．
　しかしながら，「発達特性」という言葉でEさんが語っているように，スポーツが得意な子どももそうでない子どももいる以上，スポーツばかりが評価のなかで大きな比重を占めれば，苦手な子どもはなかなか自己肯定感を得にくくなってしまう．そのため，彼らそれぞれに合わせた個別的な評価基準が求められるが，職員の人数が足りずにそれができないことの悩ましさを，Eさんは語っているのである．
　とはいえ，以上にみた「取り合い」やカリキュラムの画一化といった限界を持つ他方で，Zにおける職員の集団性は，いくつかの点で重要な機能を果たしている．次節以下でそれをみていくことにしたい．

3 職員の集団性の効果

3.1 職員間のサポート

第1に，複数の職員がいることで生じる年齢や経験の階層性が，特に若手の職員とって大きな意味をもつ【Aさん，Cさん，Dさん，Eさん，Fさん，Hさん，Jさん】．たとえば，Cさんは，Zに就職してすぐの頃苦労した経験を，以下のように語る．

> 筆者：「（就職してすぐは）とにかく一生懸命だった」っておっしゃってましたけど，多少肩に力が入ってたという感じですか．
> C：うん．自分が「こうしたい」っていうことを，押しつけてたところもあるかもしれない．
> 筆者：「子どもの自立のためにこうしなきゃ」っていう感じですか．
> C：生活のなかでも，「そういうのは私好きじゃない」っていうのを，そういう方法しか知らないから，本当に言い合いするしかないみたいな．しょっちゅうだった．子どもと同じように．大人でしょ，一応（笑）．一応大人だけど，子どもに言われてカチンときて，ガーッて言い返しちゃったりとか．
> 筆者：言われてっていうのは，指導みたいなのに対しての反抗とか．
> C：うん．っていうのもあるし，あとは甘えだったんだろうなっていう部分もあるし．それが甘えだっていうことに全然気づけなくて，ただ反抗してるだけって捉えちゃったりとか．こっちもヒートアップしていった時に，パーッと，カーッとなってるから，にっちもさっちもいかなくなってたりとか．

こうした際に，助けられたのが，先輩職員によるフォローであったという．

> Cさん：1年目はフリー[2]だったから，私はお休みの女の先生の所（寮）に入るっていう役割だったの．その寮担当の先生が，「C先生の話をちゃんと聞けないとだめだ」って子どもに言ってくれたり，逆に子どもが「こういう風に怒られました」っていう話をしたときに，「C先生に反抗なんかして．だったら私が休む時に入ってもらえないからね」って言ってくれたりとかして，助けられたよね．寮持った時は，前は併立制でやってたから男の先生とペアだったのね．私はJ先生と最初組んでいたんだけど，J先生は仕事でほぼいないから，私が好き放題やらせてもらってたんだけど．でも，バックにJ先生がいるっていう強みが私にはあるし，子どもたちにも「何かやらかしすぎ

ちゃうとJ先生がいる」っていうのがあるし，私がなんかもう良く分からなくなってきたときにも「今こうなんです」っていうと，上手にそこに介入してくれる．怒るとかではないんだけど，目の前でやってくれることもあるし，知らないところでそっと手を差し伸べてくれたりとか．

Zに就職した当時の苦労は，「本当に1年目からの3年間はきつかったよ，やっぱり．とにかくうまくいかないことだらけっていうかさ」【Fさん】，「休みの日は一刻も早くZの敷地から出たかった」【Hさん】，「（常勤になって）1年目は『今までの延長ではどうにもならないんだ』って，最初の1年目は結構きつかったかな．子どもに声をかけても言葉が通じないというか」【Kさん】といった形で，多くの職員から異口同音に語られていた．上のCさんの語りで引き合いに出されたJさんも，自身が新人職員だったころの苦労や，それを乗り越えた経験を以下のように語った．

　　Jさん：俺入ってきたときには，まだ俺よりも古くからいる子どもがいっぱいいるじゃん．そいつになめられるわけさ．「チッキショー」と思いながら，「そいつらが出たらなんとかなるかな」って思うんだけど，そいつら退園したら，俺よりも後から入った奴らも俺をなめ始めるんだよ．個人だと別に悪くないけど，集団だとそういう心理が働いて．たとえば掃除を俺がみてる時には，もうびっくりするぐらいまったく言うこと聞かないんだよ（笑）．だからもうほんと，掃除が恐怖で（笑）．俺1人だったから，新人が．ずっと1年間「はぁー，掃除かあ，やだー」みたいな，学科掃除のたんびにそんな感じ．先輩の先生がいて，もう毎晩のように飲ませてもらって．「俺今日も負けましたよ」とか言って（笑）．「ダメだよ腰引けてるよ」とか言われて，「いやいや，やってんですけどねー」とか言って．「まあ飲めよ」って毎日ビール飲ませてもらって．そういうのもあって，「俺も乗り越えなきゃ」とか「こういう先生たちみたいになりたい」とか．つらい時期を乗り越えられたのはそういうのだったかな．

一般的な家庭での子育てと異なり，施設においては職員よりもそこでの生活歴が長く，そのため生活上の知識も多く有している子どもが存在している．そのため，特に新人職員の場合は，ケアの与え手／受け手，職員／子どもといった関係性の序列が容易に無効化されうる．その結果，「大人なのにそんなこともできない（知らない）のか」と子どもに「なめられる」こととなり，若い職員にとっては大きな精神的負担となる．こうしたことは，掃除の際などにZでの慣習がよく分からずに子どもに聞くと，「大学行ってもそんなこともわからないの？勉強ばっ

かりしてても駄目なんだよ」といった旨の「説教」を受けるなど，筆者自身も参与中に経験した【fieldnotes 2012.7.8】．

そのような子どもへの指導がうまくいかない体験は，大きな困難を新人職員に感じさせる．そうしたときに，ともに生活する先輩職員に相談したり，彼らから明示的・暗示的なフォローを受けたりすることで，新人職員が助けられていることが上のCさんやJさんの語りから示されている．こうした場面は，筆者が参加した職員たち有志の飲み会でもたびたびみられた【fieldnotes 2012.6.17/ 2012.12.5/ 2013.3.16】．その際，新人職員に限らず，職員がそのとき抱えている悩みをそれぞれの先輩に相談し，アドバイスをもらうことで，解決の糸口を探ったり葛藤が解消されたりする場面は，非常に多く観察された．この知見は，相談や援助のネットワークを豊富に有する母親の方が育児不安を感じにくいという先行研究での議論（落合 1989; 山根真理 1994; 山根真理ほか 1990; 前田尚子 2004）にも通ずるものだろう．

ここで強調しておくべきことは，Zにおいては，そうした階層性を有する職員たちが住み込みで働いているため，毎晩のようにでも相談に乗ってもらうことが可能になることである．社会福祉学の領域では，社会的養護に携わる職員のバーンアウトが重要な問題となっているが（神田ほか 2009; 山地・宮本 2012），Zにおいては，このような「24時間体制」のネットワークが【Eさん】，コーピング機能を果たし，若い職員が過剰な負担を抱え込むことを防いでいると考えられる．

さらに，職員同士のバックグラウンドの違いも重要である．それは，支援方針や生活上のマナーを決めていく場面に関する，次のような語りに示される．

> Dさん：Zの雰囲気もあるとはいえ，職員が何人もいれば，元々の家庭環境も全然違うじゃないですか．育った環境が．そうしたなかで話をして，色んないいとこ採っていったりする．ZもZで特徴的な部分ってたくさんあると思うんですけど，家庭ってなるともっと組織を作る人間も少ないし，もっと個性的になる．他の人の意見をうかがう機会がない．そうした意見が入って来ないわけだし．

ここでDさんが「個性的」という言葉で表現しているのは，生活のなかの慣習やルールに，養育者個人の価値観が非常に強く反映されることである．これに対して，子どもも含めて複数の人間が集まって暮らすZでは，生活上の明示的・暗示的な合意形成には，絶対的な1つのゴールは存在しない【Cさん，Dさん，Fさん】．多様なバックグラウンドを持つ人間同士が話を，「色んないいとこ採っていったりする」なかで，生活上の課題に対するフレキシブルな対応が可能になる．そうした対応のもとで，Zの生活上のルールや規則，慣習などが，繰り返し見直され，再構成されていくのである[3]．換言すれば，寮の運営のあり方や，規律，ルー

ルの作り方，それをどこまで徹底するのかといったことを決定する責任や負担を，寮担当の職員がすべて1人で抱え込むのではなく，他の職員と相談することにより，自身の価値観を相対化しながら遂行していくことが可能になるのである．

3.2 子どもへの重層的ケア

第2に，職員が複数いることで，子どもに対する重層的なケアが可能になる．具体的には，特定の職員との関係に葛藤が生じても，他の職員との関係性のなかでそれが解消されていくという緩衝機能が確認された．Jさんは，「みんながみんな同じように子どものことを知ってなきゃいけないわけではない」という．

> Jさん：たとえば，事務所の人が子どもと接する子どもの見方と，僕の見方と，寮担当と，みんなそれぞれ違ってよくて．情報を共有してるのは大事だけど．僕なんかもう子どもと年も離れてるし，自分の子どももいるし，職員が毎日こうぶつかり合って頑張ってるところをほほえましく見ていられるというか．距離があいてるなかで見てあげられる存在が，それぞれの立場で，ちょっとこう離れた形でも見てるっていうのがほんとはいいんだろうな．近くで見てるやつが常に一番正しいわけではないし，外で客観的に見てるやつが常に一番正しいわけでもないし，そのバランスだと思うんだけど．どっちかに振れすぎたときに，「いや，ちょっと今ギスギスし過ぎじゃね，根詰め過ぎじゃね」みたいなところを，自分みたいな立場の職員が指摘する．それで全部が変わるわけじゃないにしても，それで少しガスが抜けることがあるなら，そういう人たちは必要なのかなっていう気がする【2013.3.16】．

寮担当の女性職員，学科・スポーツ担当の男性職員，「フリー」の職員，管理職的な立ち位置の職員と，Zにおける職員の役割は多様に分担されている．そのため，日常的に子どもと関わり合う際の距離感もそれぞれ分散する．次のGさんの語りも，職員と子どもとの距離感の多様性を示す一例である．GさんはZに就職した当時，「教師っていう存在が嫌いだった」自身がどのような立ち位置で子どもと接すればいいのかについて考え，「いったん僕は怒らないでおこう」と考えた．

> Gさん：個々の立ち位置もあるとは思うんですけど，実習生がはじめどうしていいかわからないっていう状況で，僕結構「子どもと距離感近い」って言われたんですよ，他の先生に．「君ちょっと近すぎる」みたいに．でも「それもありなのかな」って思って．ここのなかにいる子どもたちって，自分たち子どもと先生しかいないわけじゃないですか．子ども同士で言えない悩み

もあるだろうし，かといってそれを先生に言えるわけでもないみたいな部分があると思ったので，その中間的な部分を作ってみようかなと思って．だから僕は先生っていわれない場合も多いですし，「○○（あだ名），○○～」って（笑）．そういう風に居てもいいのかなって．他の先生に「そうしていいですか」とは聞いてないんですけど，僕は先生ほどピッとしてなくて，でも子どもよりは上だよっていう位置で，いろいろ聞けたら面白いかなって．

　ここでの「距離感が近い」とは，子どもとの関係性が過度に濃密になっている状態を意味するものではない．そうではなく，養育者／子ども，あるいは先生／子どもという対の，「中間的な部分」に位置づくことを意味している．それにより，Jさんのいうところの「ガスを抜く存在」になることをGさんは積極的に選択した．それは，「子ども同士でいえない……かといってそれを先生にいえるわけでもない」悩みを聞いたりするものであり，「指導者」というよりは「相談相手」と表現出来るような立場である．その結果，「結構いろんなこと子どもから聞けている」という実感をGさんは得ていた．

　このGさんの語りから確認されるのは，職員が複数いることが，さまざまな役割をフレキシブルに分担することを可能にしているということである．もちろん，児童自立支援施設には子どもを社会化，教育することも求められており，そのため，厳しい存在であることや，何かを強制することが必要とされる場面も存在する．そのため，そうした厳しい存在と「中間的な部分」にいる存在との優劣をここで論じたいのではない．何より，さまざまなケースがある以上，そうした優劣を論じることは不可能に近い．実際，筆者が観察した限りでも，特定の職員が常に厳しいのでもないし，Gさんが常に中間的な位置にいるわけでもなかった．「Zとしてのルール，ここの枠は外しちゃいけないっていうのは分かっているから，それ以外の部分では『今日はちょっといいか』とか『疲れてるし今日はいっか』とか，匙加減」があるというように【Cさん】，職員の集団性は，相互連携のもとでのフレキシブルな役割分担や協働を可能にする．同時に，そのことが子どもとの距離の取り方や彼らへの働きかけの程度を，一定の枠づけを伴いながらもフレキシブルなものにし，状況に応じた支援を展開することが可能になっているのだ．

　それでは，職員と子どもとの間の重層的な関係のもとで「ガスが抜ける」とは，具体的にどのようなことを指すのか．Jさんは，寮担当ではない自身が子どもを指導することについて，以下のように語る．

　　Jさん：子どもの側も，一緒に生活する職員（＝寮担当職員）に相談する時よりも，僕に相談するときは，自分の悪いことはあまり言わずに，みたいな

のがあるじゃん．それもなんとなくその職員との情報の共有のなかで分かっていつつ，それを聞いてあげるということも必要だから．そういう意味では，子どもからしたら僕は攻撃してこない対象だから，僕にも攻撃してこないというか．やんわりと指摘してあげると「素直に聞こうかな」って思ったりするっていうこともある．それは時と場合によるし，そういう人たちの使い方っていうのを，組織として，「じゃあここはJさん行ってください」とか，そういうのがあってもいいのかな，という気はしますね【2013.3.16】．

　ここで語られているのは，子どもと職員との距離感の多様さが可能にする，子どもたちの「コンパートメント化」(Merton 1949＝1961) 戦略であるとみることができる．つまり，叱られる原因となった自身の「悪いこと」は開示せずに，その状況を知らないはずの他の職員（ここではJさん）に，叱られたことに対する不満をいうのである．相談された職員の側は，叱った職員との情報共有を通してそうした子どもたちの戦略に気づいていながらも，「聞いてあげ」，「やんわりと指摘してあげる」．そうすると，子どもたちの側も「素直に聞こうかな」と指導を受け入れる．類似したことを，同じく「少し離れた位置」から相談を聞くポジションにいるKさんも語っていた．Kさんは，「おばあちゃんの部屋」のような位置づけである面談室ができたことが非常に大きかったと語っていた．面談室は原則的に子どもの自己申告制で利用するものであり，1回につき1時間程度個別で面接を行い，その内容は他の職員には伝えられないことになっている[4]．その代わり，「先生を悪者にしない」ように，子どもが職員の意図を誤解して不満を抱いている場合は，「その先生は本当はこういう意図で言ったんじゃない？」と子どもに指摘することで，丁寧にフォローを行うようにしているという．先のJさんの「やんわりと指摘する」ことと同じ取り組みを，Kさんも行っているとみることができるだろう．

　関連して，Dさんは，里親を転々としてZに来た子どもをみるなかで「里親って難しい」と感じたというエピソードを語り，その理由を次のように説明する．

　　　　Dさん：相性とかもあると思うんですね．私たちは一人の職員と相性悪くたって，他の職員がいるから何とかやっていってる子もいたりするかもしれないけど，里親は人間関係を作る人数が少ないから，なおさら難しい．

　複数の職員が日常的に存在していること，そのそれぞれと関係性を結ぶなかで，距離感が多様に分散することが，たとえ1人の大人と合わなくても施設で生活していくことを子どもに可能にする．換言すれば，集団のなかで複数の大人と関係をとり結ぶことで支援の持続性が担保されているということである．先のGさん

のように「中間的な部分」を作ったりすることは，集団性において全体を優先すべき部分と支援の個別性を担保することとの両立を実現するための戦略と位置づけられる．前節で取り上げたEさんの語りにもあった「強いる教育」に対するジレンマは職員の間である程度共有されており，それぞれの子どもへの個別的な関わり方は常に模索されている．渡辺秀樹（1999）は，社会の流動化のなかで現代家族が「ショック・アブゾーバー（shock absorber）や，システムの遊びやゆとり（redundancy）」の機能を喪失しており，「ソーシャライザーがただ一人」という状況がもたらす危機への対応能力を低下させていると論じた（渡辺 1999: 181-2）．Zのなかでは，職員の集団性がもたらす子どもとの距離感の分散が，子どものコンパートメント化戦略をあえて受け入れることで指導を円滑なものにしたり，1人の職員とうまくいかなくても生活していけるよう葛藤を和らげたりする機能を果たしているとみることが可能であろう．

3.3 集団性が可能にする個別性の保障

第3に，集団性が可能にする個別性がZには存在しており，このことは集団性と個別性についての従来の見方の再考を促している．Jさんは，社会的養護における個別性の希求が集団性の否定に結びつけられることへの疑問を，「集団処遇と個別化って逆の意味では全くなくて，その中の個別化って絶対ある」といい，以下のように述べる．

> Jさん：お家だって3人きょうだい4人きょうだいいても，やっぱり親は個別に，「あ，なんか今日こいつ元気ないな」って思って「どうしたの」って聞くし．やっぱり俺たちの中でも，そこは気をつけなきゃ俺たちはいけないところで．「目立たないから，こいつはいいんだ」とか，そいつが俺になついてくるから「問題ないんだ」って問題ある子の方にいっちゃうとか，どうしても見落とす奴っているんだよ．だけど実はそいつはニーズを出せないだけだったり，なついてくる奴はそれがSOSだったりするんだよ．もちろん全部がわかるわけじゃないよ．でも，そういうのを俺たちは意識してなきゃいけないというか．個別で担当がいて，ドップリその子とずーっとっていうわけじゃないから，そういう意味では，そこはすごく気をつけなきゃいけないというか．俺たちの専門性があるとすればそういうところなのかもしれないよね【2013.6.4】．

この語りにおいては，集団性のなかで個別性を拾い出し，対応していくことこそが，生活を共にする職員の専門性だと位置づけられている．施設の子どもが，職員の気を引くためにわざと「問題行動」をとることはしばしばいわれることで

あり，職員の語りにも示されてきた．たとえば，Bさんが語った，新入生が来たときに前からいた子どもが問題行動を起こすことや，Cさんが語った「甘えとしての反抗」がそれにあたるだろう．Jさんの語りは，そのようにはっきり「問題」を起こす子どものみならず，「問題ない」と思える子どもの存在も常に意識しておくことの重要性についてのものである．このような個別性をすくいだす専門性の1つとして，Eさんは「感情的な専門性」を挙げていた．それは，子どもがどんな問題を起こしたとしても，「『それでもあきらめない』っていう，感情だったり思いみたいなものを，どうやったら常に維持できるのか」を考えることであるという．「個別で担当がいて，ドップリその子とずーっとっていうわけじゃないから」こそ，個々の子どもそれぞれに，より一層の配慮をすることが，Zの職員たちのなかで重視されていると考えられる．

では，そのように集団性のなかの個別性をすくい上げていく「専門性」は，何によって担保されているのか．Eさんは，Zの強みとして，「住み込んでいること」を挙げ，近年において施設養護が交替制化の風潮を強めていることを，以下のように問題視する．

> Eさん：「何で住み込んでるのか」，「何で一緒にいるんだろう」って考えた時に，「ここが好きだからでしょ」，「ここが今あなたの家でしょ．僕らもここが家なんだよ」っていえることが強みかな．もうね，ドロドロなんだよここ．でね，ドロドロでいいんだよ（笑）．ドロドロのなかで，ドロドロの人間が汗水たらしながら働いたり，泣いたり笑ったりしながらただ生活してるだけなんだよ．その中にスパイス的に，Zの特徴とか専門性とかを活かした処遇っていうのはあるのかもしれないけど．でも本当は，そうやって悲しんだり苦しんだりっていう土台の上に専門性が立たなきゃいけないんだけど，交替制化のなかで施設から抜けちゃったんだよ，ドロドロの所が．だから切り離される．やっぱり子どもが脱走したら「悲しい！」ってなる．「勤務外は悲しくない」なんてありえないんだよ．ずっと残るんだよ，「熱出した」とか，「こういうことがあった」とか．切り離されてみてるんじゃないっていうのが必要．「虐待を受けてきた子どもたちにとって，必要なのは切り貼りされた大人との関係なんですか」って聞きたいよね．

この語りで強調されているのは，ともに暮らすなかで職員が子どもと経験や感情を共有することであるといえる．Zに措置される子どもは，入所以前の生活のなかでさまざまな困難を抱えている．特に年長児にとっては，仮にそれが要保護とされるものであっても，それまで慣れ親しんだ生活習慣と大きく異なる場所に順応することは容易ではない．そのため，支援の過程で，さまざまな葛藤や反抗

心が子どもに生じることは少なくない．そうしたときに，住み込みの職員が子どもとともに暮らすなかで苦労や困難を分かち合っていることが支援の「土台」であると，Eさんは認識している．おそらくこの知見は，先のJさんの語りにみた，共感性の醸成という点とも関連していよう．つまり，職員―子どもの分かち合いだけでなく，子ども同士の分かち合いが共同生活のなかで醸成されることも，支援の上では重要であると考えられる．このような「住み込んでいること」の強みは，「私たち実際ここに住んでますもんね．やっぱり住んでいるのは大きい．家庭っていえるかどうかは分からないけど，私たちにとってここは家だし，子どもたちにとっても家だし，だからツーカーになれるし」【Bさん】，「一緒にいないと，お互い自信を持ってかかわれないじゃん．お互い見てるからこそ，ちゃんと言える」【Fさん】といった言葉で，他の職員からも語られた．

　以上から，複数の職員が1つの敷地に住み込んで支援を行っていることが，集団性のなかの個別性をすくい上げたり，「（感情の）専門性」を醸成したりする「土台」である可能性が示唆された．であるならば，支援の個別性をめぐる議論は，単に社会的養護の運営形態論にとどまるものではなく，いかなる要因がそれらの機能を担保していくかという点に開かれてくるのではないだろうか．

4　考察
――集団性，個別性，家庭性の再編可能性

　本章の分析からの知見をまとめよう．Zにおいては，「取り合い」や支援プログラムの制限など，たしかに集団性が個別性を制限しているとみられる部分も存在していた（第2節）．しかしながら他方で，集団性は，支援の上でさまざまな機能を果たしていた．具体的には，第1に，集団性のなかでの職員の階層性が，職員自身にも子どもにも，葛藤緩和の効果をもたらしていた（第3節第1項，第2項）．第2に，集団性と個別性とは必ずしも対立しえず，むしろ集団性のなかの個別性を拾い上げていくことの重要性が職員からは語られた．そして，集団性のなかの個別性に目を向けて対応していく「専門性」の「土台」になるものは，職員が子どもとともに住み込んで生活していることであることが示唆された（第3節第3項）．

　以上の本節の知見を子育てについての先行研究に接合すると，第1に，職員同士の相談によって彼らの葛藤や困難が緩和されることが明らかになり，従来の育児不安や育児ネットワークについての研究の知見が追認されたといえる．特に，Zにおいては相談や援助のネットワークが「24時間体制」であることの強みが特徴的であった（第3節第2項）．第2に，渡辺秀樹（1999）が述べた，「ショック・アブゾーバーやシステムの遊びやゆとり」の機能が，職員の複数性とそれがもた

らす子どもとの距離感の分散によって果たされることで，養育，あるいは処遇のシステムとしてのZの安定性が担保されていた．そして，それらを担保するものが，「住み込んでいること」であると職員たちが語っていたという事実は，家族に限らずとも，久保田（2010）のいう〈生活圏〉を共有することが，安定した〈ケア圏〉の形成に対して何らかの形で機能していることが示唆されたといえる（第3節第3項）．

　以上のことは，施設養護，さらには社会的養護のあり方を考える上で，生活規模ではなく，関係の持続性にこそ最も焦点が置かれるべきことをあらわしている．もちろん，従来の議論でもパーマネンシーが重要視されており，このことが全く看過されてきたわけではない．しかしながら，家庭におけるケアが必ずしも持続的なものとはいえないことが明るみに出ているにもかかわらず，そうした議論では家庭性こそ持続した関係性を担保するものと措定されていた．集団性によって可能になる職員のコーピングや子どものコンパートメント化といった本章の知見からは，集団性の機能が〈ケア圏〉を安定させていることが示されたといえる．そして，そうした安定した〈ケア圏〉のもとで，子どもそれぞれの個別性に目が向けられていた．このことは，「大規模＝非家庭的」，「小規模＝家庭的」という形態面にのみ焦点化して議論を展開してきたことに対して，再考を迫るものだといえるだろう．

　この点について考察を深めるべく，「普通の家庭」，あるいは「お家」を引き合いに出して語った，Eさん（第2節）とJさん（第3節第3項）の語りとを対比してみよう．Eさんは，「普通の家庭だったらその子に応じたさ，1人か2人だから，親御さん2人に対して．その子にとって一番いいこと考えていきやすいけど，ここはそうじゃないからさ．結局職員の人数によってプログラムが規定されるんだろうね」と語っていた．この語りは，親2人子ども1，2人という近代家族的な家庭を想定したものであると考えられる．すなわち，Zの現状での職員─子どもの人数比が，1：1を下回っていることの限界について，Eさんは語ったのであった．他方で，Jさんの「お家だって3人きょうだい4人きょうだいいても，親は個別に，「あ，なんか今日こいつ元気ないな」って思って聞くし．やっぱり俺たちのなかでも，そこは気をつけなきゃいけないところで」という語りに立ち返ると，また異なる家庭性がみえてくる．従来の家庭的養護推進派は，家庭性と個別性とを結びつけて集団性を否定し，小規模化推進を主張してきた．他方で，このJさんの語りは，家庭性・個別性・集団性を結びつけることによって成立しているともいえる．すなわち，Jさんの語りに示される家庭性は「最低2名以上の複数の大人が，3，4人以上の複数の子どもそれぞれに個別に気を配る関係」と表現できるものである．ここからは，集団性と個別性のみならず，集団性と家庭性

さえも両立する可能性が示されているだろう[5]．

　同時に，この語りは後期近代における公／私区分の再編成の一端をも示しており，社会学的な含意もある．すなわち，「私的なもの」と捉えられがちな子育てが公的に担われるなかで，「私的なもの」をめぐる論理，すなわち家庭性それ自体が再編成されていくことの一例として，この語りは位置づけられるだろう．これまでの子育てについての社会学的研究では，子育てへの公的な関わりの場面が，家庭性の論理へと規範的に回収されていく様子が論じられてきた（相馬 2004; 松木 2009, 2013; 藤間 2013）．他方で，Jさんの語りは，家庭性が，支援実践を通して変容していく可能性を提示している．つまり，集団性での支援のもとで，家庭性が集団性と対立しないものという，新たな意味を付与されているのだ．とするならば，現場への実践のなかにケアを通じた公的な論理と私的な論理のせめぎ合いを見出し，その意味内実がどのように支援者や当事者によって捉えられているのかについて不断に検討していくことが，今後ますます重要となるだろう[6]．

5　小括
―― 職員の集団性からの示唆 ――

　以上，本章では，Zでの調査データにもとづき，すなわち職員の集団性に着目しながら議論を行ってきた．たしかに，職員が子どもより少ないことで，「取り合い」や支援プログラムの画一化といった事態が，Zにおいても発生していた（第2節）．しかしながら，もしもそれがあくまで人数比の問題であるならば，従来いわれたような家庭性を導入することでそれが解消されるとは考えにくい．というのも，従来の家庭性が近代家族的なあり方を想定しているならば，原則としてそこに介在するケアラーは2名以内ということになり，子どもも2名以内と限定しない以上，人数比の問題は常に生じうるからである．そのため，「取り合い」やプログラムの制限を集団性が帰結する問題であり，家庭化によって解消されるものであると結論づけるのは，あまりにも性急であるといわざるをえない．

　他方で，これまで十分に行われてこなかった集団性の検討からは，それが支援においてさまざまな機能を果たすことが明らかにされた．それは第1に，職員，特に新人職員に対するコーピング効果であり，第2に，職員の集団性が子どもとの距離感を多様に分散させることで，子どもが「ショック・アブゾーバー」を調達しやすくなること，第3に，集団性のなかでこそ可能になる個別性があり，それを担保しているのが〈生活圏〉の共有であるということである．

　以上を踏まえると，家庭を望ましい子育ての環境のモデルとし，集団性が支援の上で果たす機能を直ちに捨象するのは現実的ではない．いかにして個別性を担保していくかという議論は，「ケア空間の形態が家庭的か否か」という基準だけ

で評価できるほど単純なものではないのではないか．実際，職員の語りからは，家庭性が近代家族的なものとは異なる形で意味づけられ，それによって集団性，個別性，家庭性といった概念の布置関係も揺るがされうることが示された（第4節）．このことからは，実際の現場で集団性や家庭性のどの部分がどのように機能しているのかを丁寧に見定めた上で，議論を展開していく必要性が示されている．

ところで，家族の子育てについて論じてきた先行研究は，ケアラーの集団性の喪失のみを問題化してきたわけではない．それらは，子どもの数それ自体が減ったことの問題も論じてきていた．そこで次章では，子どもの集団性について分析することで，集団性，個別性，家庭性の論理的布置関係を問い直すための議論を，一歩先に進めることを試みよう．

注

1) 「子育てに複数の大人が関わること」についての議論には，（重なり合いつつも）いくつかの位相がある．第1に，文化人類学者の青柳まちこ（1987）の「マルティプル・ペアレンティング（multiple parenting）」論に代表される，コミュニティレベルで「親役割」を専業で担う大人の複数性を論じるものである．第2に，この人類学的議論に影響を受け，子育ての「資源」の複数性を論じるものである（渡辺 1999; 松田 2008）．第3に，「脱ジェンダー家族」という視点から，居住のなかで，「複数の大人がケアを専業としてではなく，ともに担えるしくみ」（牟田 2009: 73）を論ずる立場である．
2) 特定の役職には就いていないが，たとえば寮担当職員が休みの日は寮に入り，学科担当の職員が不在の時は学科に入るなど，オールラウンドに役割を担う職員をZではこう呼ぶ．
3) このことには，入所や処遇終了に伴う，子ども集団の入れ替わりも関係している．本章では，主に職員の集団性に着目しているが，子どもの集団性については次章で論じる．
4) ただし，面談の中で解決できないような「難しい」内容の場合は，子どもに許可をとった上で他の職員とも情報を共有することになっている．
5) むろん，これまでの社会学で述べられてきたように，特定の性質を「家庭的なもの」とみなすことには，それが「家庭」をめぐる規範を再生産しうる点で慎重であるべきである．とはいえ，このJさんの語りからは，現場で用いられる「家庭」の語の意味内実が，必ずしも規範的に想定される「家庭」の絶対視を示すとは限らないという可能性も窺える．阪井（2014）は，J. P. Butler（1999=1990）の「攪乱」概念を用いながら，家族というカテゴリーの意味内実を拡張していくことが，今後の家族社会学にとって重要だと指摘している．ここでみたJさんの語りも，「家庭」の攪乱とみなすことが可能かもしれない．
6) そうした試みの重要な先例として，松木（2013）．

第5章　子どもの集団性の効果

　本章では，子どもの集団性に目を転じて議論を展開する．教育社会学の領域で伝統的に論じられてきたように，子ども集団における関係性は，彼らの社会化や教育にとって非常に重要な意味を持つ．そのため，施設における子どもの集団性の検討を行うことで，集団性，個別性，家庭性をめぐる議論を，もう一歩進めることが可能になると考えられる．検討からは，子どもの集団性が（1）施設内での役割取得や退所後の生活に向けた予期的社会化，（2）人間関係について学ぶ機会の担保，（3）話し合いを通した「民主主義の小学校」といった機能を果たしており，それらは職員の配慮や工夫によって支えられていることが明らかになる．

1　はじめに

　第4章では，職員の集団性について検討した．そこからは，「取り合い」や支援プログラムの制限といった課題はみられたものの，集団性が支援の上でさまざまな機能を果たしていることが明らかになった．すなわち，（1）職員同士の連帯によるストレス緩和，（2）さまざまな立場の大人が日常的に関わることでの子どものコンパートメント化やショック・アブゾービングの実現，（3）集団性のなかで担保される個別性や家庭性，といった知見が得られたのであった．
　そうした職員の集団性のみならず，子どもの集団性が持つ効果を検討することも重要であると考えられる．子育てや子どもの社会化についての教育社会学の議論においては，子どもの間に生起する関係性が持つ意味が小さくないことが，伝統的に論じられてきた．社会的養護は，さまざまな事情から「要保護」となった子どもに，将来的に市民として社会生活を送るための支援を行うことを目的としている．そうした支援実践のなかで，子どもの集団性が何らかの機能を果たしている可能性も少なくない．
　そこで本章では，子どもの集団性がどのようにZでの支援の現場に立ち現れ，活かされているのかを議論する．まず，子ども集団についての教育社会学分野での先行研究と，社会的養護施設における人間関係についての議論を概観する（第2節）．次に，データを分析し（第3節），きょうだい関係についての議論とも接合

しながら，子どもの集団性についての議論を展開することにしたい（第4節）．

2 先行研究

2.1 子ども／青少年集団についての研究

　教育社会学において，子ども集団は伝統的に重要な研究領域であった．子ども集団というとき，子どもたち自身によって自然に形成される「自然発生的集団」と，大人の管理，統制が一定程度はたらく「組織的集団」との2つの位相が考えられる（Bossard 1948; Brown 1950）．前者については，地方漁村における子どものあそび集団を論じた江馬成也（1960），後者については，各区の人口，面積，青少年犯罪不良行為件数と関連づけて東京都の青少年団体を検討した大浦猛（1951）の研究が嚆矢といえる．そのほか，自然発生的集団と組織的集団との両者を体系的に検討した竹之下休藏（1953）も，この領域の先駆的業績と位置づけられるだろう．
　このように子どもや青少年の集団が注目されたのは，それが教育や子どもの社会化に一定の機能を果たしていると考えられていたためである．そのため，学校における集団教育のあり方を論じる研究（青井 1955, 1958; 永田 1963）や，逸脱を例としてパーソナリティ形成と集団との関連づけを主張するもの（河合 1967），ガキ大将の社会化機能を論じるもの（山村 1982）などが登場してきた．このように，子ども集団と社会化や教育の関連を問う視角は近年まで通底している．たとえば，大人によるカテゴリーの使用が子どもの社会化にどのように働きかけたかについての研究や（結城 1994, 1998; 清矢 1994; 阿部耕也 2011），「学校的社会化」についての一連の研究群などが（森一平 2009; 北澤 2010a, b; 鶴田真紀 2010a, b; 山田鋭生 2010），この例にあたるだろう．また，数は多くないが，子どもの集団形成とその内部における相互作用そのものについての研究も存在している（住田 1995; 大滝 2006）．これらの先行研究の議論からは，子どもや青少年の集団内部における相互作用，あるいは集団カテゴリーを用いた養育者や教師の働きかけが，彼らの社会化や教育において重要な意味を持っていることが明らかにされてきた．
　以上のように，子ども，あるいは青少年の集団は，彼らの育ちや社会化，教育にとって非常に重要な機能を果たしていると考えられる．であるならば，子どもの集団性が施設養護実践において持つ意味も看過されるべきではない．そこで次に，施設内の人間関係が先行研究でどのように描かれてきたのかを概観しよう．

2.2 社会的養護施設における人間関係についての研究

　社会的養護施設に関する研究蓄積において，施設における人間関係は非常に重要な論点であり，なかでもよくいわれるのが，集団性がもたらす子ども同士の連

帯である．児童養護施設の入所者，退所者にインタビューを行った田中理絵は，施設外での憐みやいじめに対抗したり，また施設内の安定性に寄与するために，子どもたち同士が「団結すること」が暗黙のルールとして存在していると述べている（田中 2009: 102）．同様に，児童養護施設入所児童10名にインタビュー調査を行った伊藤嘉余子も，「子どもにとって「自分と同じような境遇の子どもが複数いる」という連帯感や安心感が施設生活の満足につながること」や，「自分より年下の子どもに対する愛情・成長への関心」が非常に強いことを明らかにしている．伊藤は，子ども同士が離れ離れになることを不安に思っていることを取り上げた上で，施設職員には子ども同士の良好な関係構築を助ける役割も求められていると述べる（伊藤 2010: 93）[2]．

　他方で，この田中（2009）や伊藤（2010）の研究においては，集団性がときに抑圧に転じうることも指摘されている．すなわち，「団結すること」というルールによって，「悪いことと知っていることであっても，自分だけそれをしないことは孤立につながるため，みんなと一緒に行動するか，あるいは，少なくともそういう行為を黙認することが普通である」という側面があることや（田中 2009: 103），子ども間の上下関係が帰結する暴力や権威性が，施設生活に対する子どもの不満をもたらす事実についても（伊藤 2010），明らかにされているのだ．

　ここに挙げた暴力や権威性がもたらす抑圧の問題は，社会的養護施設を対象とした他の研究でも論じられるところである．谷口由希子は，2年10か月間に及ぶ児童養護施設でのフィールドワークからの知見を踏まえ，（1）新入生に対するいじめが発生することがあり，自身の「居場所」を形成するために，集団での生活のなかで「その子らしさ」が消えていくことがあること，（2）「年上」・「年下」という縦の関係が，リーダーシップやその継承につながることもある反面，「年上」という事実そのものに，「年齢的な序列以上に，権威であり，権力であり，暴力としての「年上」という象徴的な付加価値がついてしまうというネガティブな側面も持つこと，（3）子どもたちの横の関係が「派閥化」を生み，彼らのストレスになりうるものの，明示的なトラブルがないため職員も介入しづらいことという，3つの問題を指摘している（谷口由希子 2011: 147-55）．こうした施設内における子ども間の暴力の背後に，彼／彼女らの仲間文化の存在があることを指摘したのが山口季音である．山口は，児童養護施設で子ども同士が互いを「注意」する際に暴力が生起する場面に着目し，そのような暴力が「他者に対する優越を志向する仲間文化のもとで『手っ取り早い』優越の手段となっていること，さらにそうした仲間文化の中での暴力の被害を受けた年少の児童が，優越するための手段として暴力を学習することを通して，児童間暴力が再生産される」ことを明らかにした（山口 2013: 87）．その上で，「児童は暴力を促すような仲間文化であって

も適応する以外の選択肢がほとんどなく，職員が児童の仲間文化を変えるよう働きかけを行うことは難しい」ばかりか，「職員側の規範が児童たちの『注意』としての暴力の根拠になってしまっている」可能性を指摘し，彼／彼女らの仲間文化を踏まえ，多角的に児童間暴力を理解することが必要であると述べる（山口 2013: 87-8）．

　以上の先行研究で描かれるのは，施設における子どもの集団性がもつ複雑さである．長瀬正子が，（1）接近し，強く意識しあう関係性，（2）暴力をともなう威圧的な上下関係，（3）大勢の特別な友達，という施設入所児童同士の関係性の3つの位相を指摘したように（長瀬 2011: 49-62），集団性は連帯と抑圧の双方をもたらしうるのである．このことは，現象学の手法を用い，子どもたちが施設内における他者との共同生活のもとで連帯を築き，より豊かな他者関係を営めるようになる反面，「自分は大勢のなかの1人に過ぎないのではないか」という不安も抱いていることを明らかにした，大塚類（2009）の知見とも通じるものである．これらの知見の意義は，集団性の影響の複雑さを明らかにし，それを調整することも重要な支援の位相であることを示唆したことであろう．伊藤がいうように，子どもは「施設内の良好な人間関係を求めており，あらゆる満足／不満足のベースに「子どもが人間関係をどう評価しているか」が影響している」（伊藤 2010: 92）．そのため，集団性内部の愛着関係，序列，暴力，権威性，仲間文化といったさまざまな要因が，子どもの施設生活への評価や，彼らがそこでどのような生活を送るのかを大きく左右するのである．

　このように施設における人間関係に対する子どもの認識が論じられる他方で，複数の子どもが1つの施設内に暮らしていることや，そこにおいて子ども同士の関係性が生まれることそれ自体が施設における支援でどのような機能を果たすのかについては，直接的には論じられていない．つまり，施設生活において人間関係が重要であることは示されていても，そもそも集団生活をすることが，施設での支援にどのような機能／逆機能をもたらすのかについては十分踏み込まれていないのである．施設養護における集団性，個別性，家庭性について考察を深めるには，子どもの集団性が支援においてどのような機能を果たしているのかも見定める必要があるだろう．そこで以下では，子どもの集団性が支援の上でどのような効果を持つのかに着目しながら，調査結果の分析を進めていきたい．

3　子どもの集団性の効果

3.1　子どもの「上下関係」と「上の子」の役割

　Zにおいては，先輩―後輩のような緩やかな序列が，子どもの集団性のなかに

存在していた．先輩にあたる子どもは，「年上」や「上の子」と職員から呼ばれる．ここで注意すべきは，Zにおけるこの呼称は，必ずしも年齢だけによるものではないことである．年齢の上下ではなく，Zに入所した時期が早い者が，「上の子」とされる．筆者が参与していた時期にも，新たにZにやってきた高校生に対して，中学1年生がZでの生活のルールや掃除，洗濯の仕方などを教える場面がみられた【fieldnotes 2012.12.5】．とはいえ，これも画一的に決められているわけではない．Jさんによれば，「その子がどれだけできるか」【2013.3.16】，つまり身体能力や日常の雑務遂行能力，また処遇段階などによって，こうした序列は左右される．

そのようにして生まれる緩やかな序列は，さまざまなやり方で支援に活用されている．特に「上の子」は，Zにおけるさまざまな場面で役割を果たすことを期待されていた．まず，日常的なロールモデルとしての役割である．

> Fさん：何が一番正しいっていうのはないのかもしれないけど，年上は自分が一番大変なことやって，その上で「みんなちゃんとやろうよ」って言う．周りもその子が頑張ってるのは知ってるから，「あ，それは聞かなきゃいけないな」って思う．それが年上．

Zにおいて，「上の子」は，生活のルールや慣習を細部まで知っており，修得している存在として位置づけられる【Eさん；Jさん】．そのため，全体で行動するときに，進んで「大変なこと」をやり，またそれをもって周りの子どもに対して説得力のあるリーダーシップを示すことが期待されているのである．

また，「下の子」に対する指導的役割のみならず，寮舎内で職員と子どもの間に葛藤が生じたときに，間に入ってそれをおさめる役割を「上の子」が果たすことがある．

> Aさん：子どもとぶつかった時に，全然言ってることが入っていかないというか，なかなか話してもダメだっていうことがあって．その時は，その一番上の子呼んで「ちょっといま誰々と話して，全然埒が明かない状況になってるのは知っていると思うけど，手伝ってほしいんだ」っていうのを投げかけて．その子はちゃんとわかってくれる子だから「いいよ」って．それで私とぶつかった子の間に入ってくれて，話をしてくれて，解決したんですけど．

特に施設に入所して日が浅い子どもの場合，職員の指導がすぐに受け入れられるとは限らない．「子どもの側でも大人を信用してない」【Aさん】ことに加えて，入所によって子どもの生活状況が大きく変わることも関係していよう．子どもは当然来た当初からZ内のルールや慣習をすべて知っているわけではない．また，それまでその子どもが暮らしていた環境で身に着けた習慣や立ち居振る舞いと，

Zでのそれとは，多くの場合一致しない．そのため，なぜ自身が注意されたのかがわからずに戸惑ったり，強く反発したりすることがあるのだ．さらに，「ワル自慢」【Bさん】や「ワルぶりたい感じ」【Gさん】と表現されたように，ある種のパフォーマンスとして職員に反抗する子どもも一定数いる．これは，「非行児」や「問題性」がある子どもが入所するケースが多い児童自立支援施設の特徴という部分もあるだろうが，先の山口（2013）の仲間文化についての議論と通底するものとも考えられる．

以上の理由から，入所してすぐの子どもへの指導が「入っていかない」ときに，職員よりも近い立場の子どもが間に入ることでコンフリクトが解消されることを，Aさんの語りは示している．このように仲裁役として「上の子」を頼ることは複数の職員から語られ【Bさん；Cさん；Fさん】，また実際に彼らが仲裁役を果たす場面もしばしば観察された．たとえば，外部の講師による音楽の授業の際，ある年少の子どもが集中力を切らせ，騒ぎだしてしまったことがあった．講師が注意をしたが，子どもの側は意固地になって謝らない．やや険悪な雰囲気が教室に立ち込めたとき，当時中学生だった別の子どもが言って聞かせることで，騒いでいた子どもも納得して教師に謝罪し，無事に授業が再開されたのであった．職員よりも近い立場の「上の子」が間に入って仲裁役を果たした一例であろう【fieldnotes 2012.7.8】．

このように「上の子」が仲裁役としての役割を果たすには，職員とその子どもとの間に信頼関係が必要であることは想像に難くない．しかしながら，それだけではなく，「上の子」と叱られている子どもとの間にも関係性が構築されていることが重要である．Dさんは，情緒に問題を抱えたある年少の子どもに関するエピソードを，以下のように語った．

　　　Dさん：入ってきた子で情緒が安定してないっていう子は多いので，最近のケースで．その辺がすごく難しかったり．周りの子もその子をつかめてないと，いまいちどうやって入っていいかわからなくて，私が叱ってその子もワーッてなってるところに．最近だとやっと上の子がその子に「いや，その言い方はないんじゃない」とか，「あなたは今自分が叱られてるんだからそうやって反抗するのはよくないんじゃない」っていうように言ってくれるようになったんですけど，入ってきた最初のころはみんながどうしていいかわからなくて，無関心じゃないんだけど，その場にいても見てるだけみたいな感じで．

ここでいわれるように，介入する「上の子」自身，叱られている子どもの性格や問題を把握していないと，介入役，仲裁役になることができない．ということ

は，介入役としての「上の子」の役割は，Zという施設のなかでともに暮らし，日常的に生活の空間や時間を共有するなかで，職員や他の子どもと相互行為し，相互理解を深めることができてこそ可能になっているとみるべきなのかもしれない．第4章の議論とも関連づければ，〈生活圏〉を共有するなかで互いのバックグラウンドや性格への理解を深め，共感性が養われることで，子ども同士の間に〈ケア圏〉に類するものが生起してくると考えられる．すなわち，「上の子」の役割は，共同生活の上に成立するものであるといえるだろう．

3.2　入れ替わりと役割取得

では，そのような「上の子」としての役割は，Zに入所してからどのようなプロセスで子どもに取得されていくのだろうか．また，そのような役割取得は，当の本人たちにとってどのような意味を持つのだろうか．

ここで着目したいのが，こうした子どもたちの上下関係を象徴する仕組みとしての「係」や「指導生徒」，「全体日直」といったシステムである．「係」には「配膳係」，「おやつ係」などがあり，たとえば「おやつ係」は，寮舎でおやつを食べる際に人数分の皿とコップを用意し，とり分けをする係である．「指導生徒」は，新入生に対して，Zでの生活に慣れるまでの間の世話や，ルールの教示を担当するものである．こうした役割の最上位にあたるのが，「全体日直」であり，これは，寮ごとではなくZ全体で動く際，たとえば食事の際に，「いただきます」「ごちそうさま」の号令をかけたり，全員で掃除をする際に点呼をとったりするものである．また，この1つ前の段階として，寮舎内で類似した役割を担う「寮舎日直」というものもある．

基本的に，これらの役割に就くのは，入所してからある程度の期間がたち，処遇段階も一定程度進んだ子どもである．Bさんは，子どもが新入生としてZにやってきてからこうした役割などに就くまでのプロセスを，以下のように語る．

> Bさん：「半人前でいいんだよ」っていうところから始めて，そうすると大体の子が赤ちゃん返りをして．初めはそれでよかったけど，だんだん次の子が入ってくるときとかに，「新入生が入ってくるね，どうする」って．それまではむしろ甘やかす．問題あったらもちろん叱ることは叱るけど，「じゃあ一緒にやろうね」とかってやってあげる．次の子が来る時に「どうしようか」って，自分の身の回りの整理とかが課題になってきますね．もちろんその前も悪いところは言いますよ．言うんですけど，次の子来る時に，「そういうのはもう絶対出来なきゃだめだよね」っていう風にして，結構ちゃんと叱るようになって．もう1人ぐらい新入生が入ってくると，「じゃあ寮のな

かで係やってみよう」って，係やらせたり，指導生徒をやらせたり．指導生徒になると，自分のこととかより人のことを優先させてあげるとか，指導するというよりはどちらかというと同じ気持ちになってあげることを学んでほしいから．一斉に，学校みたいに4月にみんな入って横並びでここで，っていうんじゃなくて，常に入れ替わっていることで，子どもはそれまで末っ子でも嫌でも送りだされますし．それで役割を持って，ある程度自信も持って，責任感もついて．それが本当に，入れ替わりがあることによってできる．ばらばらの時期に入ることでそれぞれの役割があるから．同じ時期に入っちゃうと，どうしても知的に低い子とかがずっと同じ役割で，何も学ばないまま終わっちゃう．

　ここで興味深いのは，子どもの役割取得を可能にするものとして「常に入れ替わっていること」が挙げられていることである．Zをはじめとする社会的養護施設は，学校のように4月にみんな入ってくるものではないし，またある年齢の3月に一斉に出ていくわけでもない．本人や家族の状況，ほかの施設，あるいは里親や自立援助ホームなどの受け入れのキャパシティなどを勘案しながら，状況に応じて入所や退所は決定される．そのため，新しい「下の子」がやってくることや，「上の子」が処遇を終えて退所していくことが常に起こりうる．そうしたなかで，「末っ子」のようなポジションとして「半人前」で許されていた子どもも，次の「新入生」が入ってくることで上の立場に送り出され，それ相応の対応を受けるようになる．そうした過程で，次第に，子どもは身の回りのことやZでの日課を独力でこなせるようになる．その段階に来ると子どもは役割を付与されるが，それは子どもにとって，自身の前進を「評価」されることでもある．この過程を通して子どもは自信を持ち，責任感もついてくるというのだ．

　また，新入生の存在だけでなく，「上の子」の退所も，それまでの子ども関係の序列や役割に変化を及ぼす．「上の子が抜けると，『じゃあ次私だ』とか，上の子が外で仕事始めたら，『そろそろ（退園）かな．次誰がやるの』」という雰囲気が生起するとBさんが語るように，退所する子どもの1つ下のポジションにいた子どもが新しいリーダーになる過程が，「上の子」の退所によって生起するのだ．調査期間にも，在所期間が非常に長く，寮舎のみならずZ全体のリーダーのような存在であった，とある子どもが退所を迎える時期に来ていた．「私より長くずっと寮舎にいた子がいま自立支援室使っているので，今度は寮舎に新しいボスが出てきて」とAさんが語っていたように，それまでリーダーであった子どもが抜けることで，1つ下の位置にいた子どもが代わってリーダーとしての役割を獲得していく渦中にあったのである．こうした流れは，谷口由希子（2011）が指摘し

ていた．リーダーの退所とその継承とも共通する知見である．ただし，このケースでは，2人の児童がそのポジションをめぐってしばしば衝突していた．この時期のフィールドノートには，「バトル」という言葉を用いてそのことがたびたび記されている【fieldnotes 2012.9.22, 2012.9.23, 2012.10.21】．その2人の子ども（aとbとする）は年齢は同じであったが，入所時期はaの方がだいぶ早かった．そのため，a本人は当然次のリーダーは自分だと考えていたのだが，aが「こうしよう」と提案したことに対し，年齢が同じbは物怖じせずに「それはおかしい」と不満を申し立てる．aとしては「後から来た人間に何でそんなこと言われなければいけないんだ」と不愉快になり，「バトル」が起こるのである．このような「ザワザワしている」【Gさん】状況は職員たちにも認識されており，あまり「バトル」が激しくならないように注意が払われていた．

　ここで注意すべきことは，こうした役割やその取得のプロセスは，画一的なカリキュラムのようなものでは決してないということである．たとえば，ある日の職員会議で，全体日直に就くことを強く希望しているある子どもを役割に就けるか否かという話し合いが行われた．当該の子どもは，処遇段階としてはすでに十分役に就ける位置にあったが，そのときの職員たちの結論は，「今は就けられない」というものであった．その理由は，「全体日直というステータスが欲しくてなりたいと言っている節がある」というものであった【fieldnotes 2013.1.31】．このように，全体日直をはじめとする役割は，Zにおける「ステータス」という画一的な位置づけは与えられていない．このことは，係や指導生徒といった役割を置くことが，「なってからどう仕事をしようか，どういう全体日直になろうか，寮舎日直になろうか」【Jさん 2013.3.16】ということを，子ども自身に考えさせることを目的としているという点にも明確に表れている．子どもたちそれぞれの支援上の目標および退所後の生活を踏まえ，Z内の役割は活用されているのである．

3.3　人間関係の学習と民主的な合議

　さらに，このような役割のシステムのみならず，子どもが複数おり，関係性がさまざまに形成されることそれ自体にも，積極的な意義が認められた．まず，次のJさんの語りをみてみよう．

　　Jさん：ぶつかり合ったり，気を遣いあったりするなかで，感性というか，優しい気持ちだったり，そういうのができてくる．やっぱり距離も近いし，学校終わって「バイバイ」じゃなく，そのあとスポーツ一緒にやる，お風呂一緒に入る，ごはん食べる，寝る，朝起きたらそいつが隣に寝てるというなかで，「どうしても合わない」って奴が絶対いるんだよね．それが実は大事

で,「もうその子無視」とか「私関係ない」とか「眼中にない」とかっていうんじゃなくて, その人とも上手につき合う努力をする. それがすごく大事で.

Jさんが語るように, Zの子どもは基本的に外部の学校に通わないため, 24時間ともに過ごすことになる. そのなかでは,「合わない相手」とのぶつかり合いもしばしば起きる. そのような「合わない相手」とのつき合い方を学んでいくことが, 集団生活によって可能になっているということである. 同様にKさんも, 集団で暮らしているからこそ「問題の起き方」や「解決の仕方」,「喧嘩を収める方法」を学べるのであり, Zでの生活は「解決に向けて努力する練習」であると述べていた.

こうした人間関係を学習するのプロセスは, 筆者の参与中にも観察された. たとえば, 前出のaという子どもは, 入所当初は他人の気に入らないところばかり目につき, 不愉快なことがあると相手を完全に無視してしまう部分があった【fieldnotes 2012.7.8】. しかしながら, Zで暮らすなかでそうしたこともなくなっていき, 他者との関わりにおいて,「表情にバリエーションが出てきた」【Gさん】といわれるようになっていった. 上でJさんが語っている, 24時間ともに暮らすなかでのぶつかり合いなどを経験したことが, aに変化をもたらしたとみることができるだろう. このようなことが可能になるからこそ, Kさんは「喧嘩はおおいにした方がいい」と述べる. すなわち, 他の子どもとぶつかることが子どもの成長の契機になると, Zでは考えられているのだ.

このように子ども同士の人間関係の重要さに触れるなかで, Jさんは個別性のみに支援の焦点が置かれることのリスクを次のように語った.

> Jさん:「その人なり, その人なり」っていう, 個別化っていうことを意識しすぎちゃうと, 子どもみんなのベクトルが, 対職員とか, 自分の目標とかいう方向にだけしか向かなくなっちゃうんだよ. 子どもお互いの方に向かなくなって, 集団のなかがギスギスするというか. 例えば他の子どもから相談されることを, 自分の目標の時間なり何かを阻害されるものだと認識してちゃんと聞いてあげないし,「でも私はこれしたいんだもん」,「自分はこれしなきゃいけないんだもん」っていう風になっちゃうんだよね.

この語りは, 個別性のみに焦点化されることで, 施設養護における支援の重要な部分のいくつかが捨象されうることを示唆している. 子どもが安定して社会生活を送れるまで支援することのなかには, 他者への共感や, 対人関係のスキルを養成することも含まれる. しかしながら, 子どもそれぞれの個別性を強調しすぎ

ることで，ある種のミーイズムを子どものなかに生起させてしまうことをJさんは語っているのだ．

　くわえて，集団で暮らす上でのルールや慣習が形成されて行く場面も，子どもにとって重要である．Zでは，各寮舎によって細かな決まりに違いがある．生活しているメンバーが変わる以上，当たり前といえば当たり前なのであるが，こうしたルールや慣習は，子どもの入退所により生活メンバーが変更されるときに再構築される．Dさんは，前任者に代わって自身が寮担当になった際，以下のような取り組みを行ったという．

> 　Dさん：ルール変えるときに，子どもが「今までの先生はこうだったのに」ってなったりして．「私はこういう風に考えて，こういう理由で」っていうのは伝えるんだけど．だからもう最初の時は上の子下の子とか関係なく，毎日1人ずつ呼んで，30分から1時間ぐらい「どういう寮にしたい？」っていうのから始めて，「私はこういうルールはこういう風に変えていきたいんだけど」っていうのを話して，賛成か反対か，何で賛成か反対かっていうのも聞いて．で，「私はこういう風に思うよ」っていうのを伝えて．最後にみんなに「多数決でこうだった」とか「賛成の子が多くて」とか，「私はこういう風に思うから」って決めていった．やっぱりそうやって話すと，私が勝手に「こうだからこうです」って決めちゃうよりも，1対1である程度自分の考えを理解してもらえたり，子どもたちも本人の意見を言ってるので，「自分たちはないがしろにされてない」っていうか，「先生が勝手にこうやって決めたんだ」っていう認識はなかったのかなっていう風に思う．

　このように，メンバー変更に伴う寮でのルールや取り決めの変更は，職員からの一方的なトップ・ダウンではなく，子どもそれぞれの意見を個別にくみ取りながら，民主的に決められる．久保田（2009）は，シェアハウスにおける他人との共同生活に「民主主義の小学校」（Tocqueville 1835=2005）をみたが，Zでの寮舎におけるルール形成も，これに通ずるものがある．そしてそのことが，集団生活において個々に生じうる不満を，納得できる形で解消することにもつながっていると考えられる．

3.4　集団性を支える職員の工夫

　以上のように，子どもの集団性はさまざまな機能を有しているが，それを支えるためのさまざまな工夫が職員によって行われていることも見逃してはならない．たとえば，先にみた寮舎でのルール作りについてのDさんの語りも，その一例であろう．ルール決めの例にとどまらず，集団性のなかに生起しうる問題やリ

スクを低減させるため，職員はさまざまな工夫を行っている．たとえば，先行研究でいわれていた権威性や暴力の問題についても，多くの職員が懸念を示していた．先の語りに続き，Dさんは，「上の子」が指導的な役割を果たすことで派生しうる問題にどのように対処するかを，次のように語る．

> Dさん：下の子が逆なでするような言い方をしたからってその挑発に乗ってすごい悪口，暴言はくとか，言い方きつくなるとか，手を出すとかってなっちゃえば，そこできちんと上の子も下の子の目の前で叱る．「その子が良くないけど，その言い方は違うよ」って．元は下の子が悪いからって，「手を出したかどうかじゃなくて下の子が悪いんだよ」っていう風に叱ると，だんだんすごい理不尽さが出てきて，私たちが力関係を作っちゃう．子どもたちのなかだけでも力関係が出来ちゃうのに，そこを止めてあげないと，たぶん私たちもその力関係を肯定することになっちゃう．下の子が上の子に余計に気を遣ったりご機嫌伺ったりしちゃうと，本当に下の子がパシリみたいな感じになっちゃう．「何して」とか上の子が言って，私たちが「それは違うでしょ，自分でやりなさい」とか言っても，下の子が「いや，いいんです，いつもの恩返しですから」，「私が好きで○○さんの持って行ってあげるんで」みたいになっちゃうので．「上の子は上の子でもそれは違うし，下の子は下の子でそれは違う」っていう風に，「誰彼関係なくそれはいけないこと，人としてそれはいけないこと」っていうように言ってあげると，割と下の子も「なんで私だけ」っていう風にはならないし．

このように，「上の子」の指導的役割が，ときに子ども間の権威性につながったり，そのことが下の子を抑圧してしまいかねないことは，多くの職員が語ったところであった【Aさん；Bさん；Cさん；Dさん；Fさん】．山口（2013）がいうように，施設生活においては一定のルールや秩序が求められる．そして，それは職員の教示によって子どもに伝えられる．山口のいう「優越性を求める仲間文化」がZでも生起していたと本研究の知見からいうことはできないが，少なくとも，そうした施設内の規範を内面化することが，権威や抑圧を正当化する論理として子どもの間で機能している可能性はある．そうした子どものなかの論理的正当化を是正し，指導と権威や抑圧とを分節化することが，重要な職員の役割としてこのDさんの語りでは位置づけられている．このことは，「年下がえらそう，年下がやんちゃな」寮がいい寮であり，「下の子がちゃんと落ち着いてゆっくりできている」ようにすることが自身の役割であるとしたAさんの語りにも共通している．

Ａさん：上の子がどうしても力があるんで，それで押さえつけて下の子ばっかり動いてるような家族舎はちょっと良くないかなと．
　筆者：家族舎のなかでのまとめ役っていう感じもあるんでしょうか，家族舎内での先生の役割っていうのは．
　Ａ：家族舎で，私が一番上にいなきゃいけない，色々にぎってないといけないっていうのがあるんです．子どもが自分から動くんだけど，一番自分が力を持っていなければって．やっぱり子どもに力を与えちゃうと，上の子が自分より下の子に言いつけちゃうみたいなこともあって．そこは上の子とぶつかって．

　ここで語られているのは，「上の子」が権威的にふるまうことで「下の子」が押さえつけられないよう，職員が盾となり，「上の子」とぶつかっていくケースもあるということだ．子どもが複数存在していることは，権力関係につながるリスクを常に内包している．それが顕在化することで「下の子」のニーズが不当に捨象されないように，職員の介入が重要になってくるのだ．換言すれば，集団性のなかで子どもそれぞれの個別性を保障するため，職員の工夫や支援，介入が大きな意味を持っているということである．
　その一方で，「下の子」だけではなく，「上の子」への配慮も重要だと職員たちは捉えている．Ｄさんは「上の子」という存在が寮のなかで重要であるからこそ，そこに対するケアも重要であると語る．

　Ｄさん：上の子が崩れちゃうと下の子も崩れちゃうというか，神経質になり過ぎちゃったりとか，ストレスがかなりかかったりする．だから上の子に対しても，自分たちが引っ張っていかなきゃいけないっていうんじゃなくて，全部が全部負担をかけるっていうんじゃなくて，責任は私がとるから，気付いたところがあれば言ってほしいっていうスタンスで接している．

　このように「上の子」に過度の負担がかからないよう配慮することは，他の職員も語っていた【Ａさん；Ｃさん】．「上の子」の役割が，彼らへの支援，あるいは彼らの社会化においてさまざまな機能を果たすことは，本節を通じてみてきたことである．しかしながら，こうした機能の陰で，役割を担うことはしばしば「上の子」への負担にも転化しうる．「上の子」として職員と子どもとの仲裁役を買って出たり，子ども集団のなかでリーダーシップをとることは，ケアされる側，教育される側から，ケアする側，教育する側の存在へと移行することでもある．施設入所以前の生活においてそのような役割を持ったことのない子どもにとって，そうした経験は貴重なものでもある反面，負担を感じるものでもあるのかもしれ

ない．特に，学校や部活，習い事での先輩—後輩関係とは異なり，Zにおいては1日中ともにいるため，「上の子」が常にその役割から離れられない状況に陥りやすい．そうした状況から生じる負担を緩和するのにもまた職員の工夫が必要であることが，このDさんの語りに示されているだろう．

4 考察
―― 擬制的きょうだいとしての施設内の子ども関係 ――

　以上，子どもの集団性が，さまざまな形で個々の支援に活かされていること，職員の工夫がそれを支えていたことを明らかにした．具体的には，「年上」として職員と「下の子」との関係のコンフリクトを緩和したり，あるいは生活の中のロールモデルとなる経験，「係」や「指導生徒」，「全体日直」といった役割の獲得などが，子どもの集団性の機能として示唆された．また，その活用は，子どもそれぞれの処遇段階やニーズ，退所後の目標を踏まえて行われる，非常に個別的なものであった．このような経験は，退所後に学校における先輩—後輩関係や，職場における中間管理職といった役割に備えた「予期的社会化」（Merton 1949=1961）の1つとして捉えられる．施設の生活における子どもの集団性，特にそこに出現する階層性が彼らの養育の上で果たす機能の一端が，本章の分析から明らかになったといえる．

　これらの本章の知見は，きょうだい関係と子どもの養育についての海外の議論に通ずる部分がある．たとえばR. Edwardsら（2005）は，きょうだいの序列性や関係カテゴリー（兄，弟，姉，妹）が，必ずしも生物学的な出生順にもとづくものではなく，彼らの主観的な実践によるものだと述べている．すなわち，年下のきょうだいをケアし，守り，ときには支配することで，兄や姉は立場が上の存在として「構築」されていくのだという（Edwards et al 2005: 59）．また，Edwardsら（2006）は，きょうだい関係は個人のアイデンティティに多様で複雑な形で影響しており，それは彼らの社会化や帰属意識の醸成にとって非常に重要であることを明らかにしている．本章でみたZでの役割取得のプロセスも，これらの知見と共通する部分がある．すなわち，子どもが複数いること，そのなかで関係に序列性，階層性ができること，「上の子」のポジションや役割を獲得していくこと，その立場で「下の子」を指導したり面倒を見たりすることが，彼らの育ちにとって大きな意味を持つのである．これをみると，Zでの子ども集団性を，1つの擬制的きょうだい関係として位置づけることができるかもしれない．

　他方で，きょうだい関係における序列は大きく揺らぐことはなかったり，また別居してもある程度続くものであるのに対し，Zにおける子どもの序列はより流動性が高い点で，両者は異なる．特に，新たな「末っ子」が持続的に出現するこ

とは，後者の大きな特徴であろう．こうした流動性が，新入時から退所までのプロセスにおいて，子どもの育ちに大きな意味を持っていたことは重要である．理由は第1に，固定的なメンバーで長期間生活するなかでの支援を想定した里親やファミリーホームの場合，こうした入れ替わりの機会が少なくなることの帰結について検討する必要性を，社会的養護政策に対して示唆するためである．第2に，同じく入れ替わりの機会が施設に比べて少ない家族で育つ子どもに対し，子どもの集団性がもたらす機能をどのように社会の側が用意するかという論点を，この知見は子育ての社会化論に提供するためである．

このようにZでの子どもの集団性を擬制的きょうだい関係と位置づけることは，家族社会学や教育社会学におけるきょうだい関係についての議論にも示唆をもたらす．それらの領域では，計量的手法を用い，きょうだい構造と地位達成との関係（藤原 2012; 苫米地 2012; 苫米地ほか 2012）や，出産や子育てに関する意識にきょうだいがいることが与える影響（吉原 2010）などは検討されてきている．しかしながら，方法上の制約からか，実際に子どもの養育の場面できょうだい関係がどのような機能を持つのかに接近した研究は，展開されてきたとはいいがたい．きょうだい関係が家族の動態に大きな影響を与えているという指摘（McHale et al. 2012）に鑑みても，今後はきょうだいについての質的研究の蓄積が必要であろう．子どもの集団性が施設養護において果たす機能をみた上で，そこでの関係性を擬制的きょうだいと位置づけた本章の議論は，これらの理論的空隙を埋める1つの試みとして位置づけられるだろう．[3]

5　小括
―集団性の機能―

以上，本章では子どもの集団性に着目して議論を展開した．「上の子」―「下の子」という序列関係は，ときに権力性につながるリスクもある．しかしながら，（1）「上の子」はZにおいて重要な役割を担っており，それは共同生活に支えられる形で機能していること，（2）子どもの入退所による入れ替わりが，子どもの役割取得や成長を促す契機になっていること，（3）集団生活を送るなかで，「合わない人間との距離の取り方」を学習でき，さらに寮舎内のルールなどを話し合いで決めることで，民主的な合議を経験できること，といった点で，子どもの集団性も支援の上で大きな意味を有していた．そして，それらの機能は職員の細やかな配慮や工夫によって支えられていた．

前章と本章との2つの章で試みた集団性の機能／逆機能の同定からは，運営形態面のみから施設養護，さらには社会的養護を論じることの不十分さが示唆される．少なくともZで得られた知見からは，施設の家庭化というスローガンのもと

で小規模化を推進し，集団性の機能を捨象することには慎重であるべきだと考えられる．むしろ集団性の下で〈生活圏〉を共有することによってZの〈ケア圏〉が安定化し，個別性が保証される面もあったこと（第4章），子どもが役割取得や人間関係学習の機会を得ていたことからは（本章），集団性が果たす機能を組み込みつつ，プライバシーの確保や支援プログラムの画一性といった課題を乗り越える方策や，いかなるニーズを持つ子どもにいかなる支援機能で対応していくかを議論する必要性が示される．換言すれば，形態ではなく機能の面から，社会的養護をめぐる議論を再構成することが重要なのだ．

ところで，第2章でみたように，施設養護の支援は，施設入所期間のみで完結するものではない．それは子どもの退所後も組み込んだ，長期的な取り組みである．そこで次章では，Zにおいて退所前後の支援がどのように行われ，そこにどのような困難が存在しているのかを確認したい．

注

1) ここでいうカテゴリーとは，年少，年中，年長といったクラス名や，幼い子どもを名指す，「赤ちゃん」や「おちびちゃん」といった呼称のことを指す．大人が「もう赤ちゃんじゃないんだからしっかりしなさい」といった風に働きかけることで，子どもが自身がもう「幼い」とはみなされていないことを理解するケースなどが，それらのカテゴリーが子どもの社会化に用いられる例として挙げられるだろう．
2) くわえて，施設での生活の質が向上されたとしても，子どもたちの「家・親への思慕」が非常に強いことを明らかにした上で，そうした子どもたちの葛藤に向き合う職員の役割の重要性を伊藤（2010）は指摘している．
3) とはいえ，本章では，きょうだい関係論を含む，家族研究との突き合わせを十分に行えていない．そのため，関係の持続性が低いことが，家族におけるきょうだい関係といかなる差異をもたらしているのかについて，踏み込んだ議論をできなかった．先述のとおり，日本においてきょうだい関係についての質的研究が手薄であったことに鑑みても，今後はきょうだいについての実証研究を行い，知見を蓄積することが必要となる．また，里親，あるいは養子と実子との関係や，ステップファミリーにおける子ども同士の関係性についての研究の知見との比較も重要であろう．さらに，これまでの日本の教育社会学で，子ども同士の相互作用が彼らの養育や社会化に与える影響について論じた研究は相対的に手薄であったといえるが，本章もその点については直接的に論じられていない．先の区分でいえば，何らかの形で大人の管理，統制が介入する「組織的集団」としての子どもの集団性に偏って議論をしたということである．海外においては子どものピア・グループが彼らの育ちに及ぼす影響そのものについて，体系的に議論が蓄積されている（Ladd 1992; Nicolson et al 2006; Corsaro 2014）．日本においても「自然発生的集団」についての研究が蓄積される必要があるだろう．これらは今後の課題としたい．

第6章　退所をめぐる困難
——家族再統合の諸相と自立規範の逆機能——

　本章では，Zにおける家族再統合支援の実践と，子どもが退所前後に直面する困難について検討する．そこからは，親子を「距離化」するための支援という，家族再統合支援の第3の位相が提示される．さらに，「退園したから甘えちゃいけない」と，子どもの側が退所後にZを頼ることを自制してしまうケースが存在することも明らかになる．これらを踏まえ，親子を「距離化」した上で，どのような支援が退所後に必要なのかを考察する．

1　はじめに

　第2章でみたように，社会的養護の支援は施設内にとどまらない．特に近年では，退所後のアフターケアを含むリービングケアの重要性が強調されているが，なかでも注目を集めているのが，「家族再統合（family reunification）[1]」である．政策動向としては，1995年に厚生省が「施設機能強化推進費実施要項」の一部を改正し，「養護施設入所児童早期家庭復帰促進事業」を打ち出したのが画期であった．これに続いて，1997年の児童福祉法改正にもとづき社会的養護施設最低基準が変更され，子どもの家庭状況に応じて調整を行うことが社会的養護施設の義務として規定された．さらに，2011年に厚生労働省が公表した『社会的養護の課題と将来像』においても，社会的養護の役割として「家族関係の再構築」がたびたびうたわれている．こうした動向の背景には，親子不分離の原則を示した「児童の権利に関する条約」への批准や，「保護者が虐待の事実と真摯に向き合い，再び子どもとともに生活できるようになる（「親子の再統合」）のであれば，それは子どもの福祉にとって最も望ましい」（厚生労働省 2007）という思想がある．

　これまでの日本の家族社会学においては，里親からみた実親の存在（安藤 2011）や，実親をめぐる養子のアイデンティティ管理については議論がある（野辺 2011）一方，施設養護における家族再統合が主題となることは多くなかった．本書の「はじめに」で述べたように，家族に代わって子どもを養育する社会的養護は，子育ての社会化の〈代替〉の位相と位置づけられるものである．であるならば，家族再統合は一度社会化された子育てに再び家族が関わる場面であり，子育ての社会化の全体像を考える上でも重要なトピックであろう．

以上を踏まえ，本章ではZにおける家族再統合の諸相に接近するとともに，退所後に子どもが直面する困難とその社会的背景についても考察していく．次節では，先行する議論を整理し，家族再統合をめぐる問題系のなかで，同居を要件としない「家族維持」が「家庭復帰」と同様に重要であることを示す．

2　先行研究

 表6-1は，2011年度における措置変更以外の退所人数を示したものである．これを見ると，家族再統合の要件とされる「家庭環境改善」と「児童の状況改善」の総計がどの施設でも多数となっており，家族再統合措置になる子どもが多いと予想される．措置背景となった「家族問題」にはさまざまあると考えられるが，それらが解消され，子どもの権利が保障された上での再統合が多いのであれば，退所後の生活基盤の確保という点からも，歓迎されるべき状況かもしれない．

表6-1　2011年度の退所児童数と内訳

(単位：人)

	児童養護施設	乳児院	情緒障害児短期治療施設	児童自立支援施設	里親委託	計
家庭環境改善	3,234	1,141	82	87	427	4,971
児童の状況改善	-	-	177	712	-	889
養子縁組	21	47	1	0	235	304
自立就職	1,271	-	-	-	-	1,271
自立自活	-	-	16	68	150	234
無断外出	43	-	5	30	10	88
死亡	4	7	-	-	0	11
その他	409	40	53	107	110	719
計	4,982	1,235	334	1,004	932	8,487

出典）厚生労働省『社会的養護の現状について（平成26年3月版）』をもとに作成．

 しかしながら，社会福祉学の領域では，家族再統合には多くの課題があることも指摘されている．西澤哲 (2007) は，現状の家族再統合を，「『どのような親であっても子どもは親によって養育されるのが最も幸福なのだ』という，科学的な検討を経ない『伝統的家族養育観』などの価値観」や「社会的養護施設の慢性的満床状態」によってもたらされている，「未熟な再統合」だと批判する．その上で，適切な支援による「家族の養育機能の回復」を経た「援助の結果としての再統合」という視点が重要であると述べる（西澤 2007: 19-21）．この「援助の結果としての

再統合」という視点に立つ議論は，社会福祉学の領域でさまざまに蓄積されている．たとえば，児童記録をもとに1999年から2002年までにある乳児院で保護された被虐待児57名の入所背景を調べた若井和子（2005）は，虐待歴のある家族で生活を再開する場合には，再発のリスクを予測した上でその防止に向けた支援計画を立案することが必要であり，家族をシステムと捉え，多角的に構造，発達，機能のアセスメントを行っていくことが有用だと論じている．同様に，東京都の児童相談所による「家族合同グループ心理療法」の事例を取り上げた犬塚峰子（2004）も，虐待の要因の複雑性を指摘した上で，家族再統合にあたっては親に対する複合的な支援が必要だと主張している．さらに，「家庭復帰」を経験した当事者10名への生活史の聞き取り調査を行った伊部恭子（2013）は，消極的な理由からの家庭復帰が少なくないことや，家庭復帰後に再措置となった者の大半が家庭生活の理想と現実の乖離を感じていたことを明らかにしている．これを踏まえ，家庭復帰は社会的養護の支援の終結を意味するのではなく，当事者それぞれの事情に応じ，退所後も視野に入れた長いスパンでの支援が求められると伊部は述べる．これらの研究は，「家庭至上主義」（積 1971）的な見方を相対化し，実証的知見にもとづく議論を展開している点で意義を有する[2]．

　ところで，R. Warshら（1994）がいうように，家族再統合は「家庭復帰」と必ずしも同義ではなく，広義には，「同居はせずとも子どもと家族の関係が適切なレベルに回復し，維持されること」という「家族維持」を含んでいる．しかしながら，日本における従来の議論では，「家族維持」は「施設からの自立支援」など，家族再統合とは異なる文脈に置かれることが多かった（たとえば，野口 2011; 金井 2013）．つまり，これまでの家族再統合論では，社会化された養育を「再家族化」[3]するための支援（「家庭復帰前提型支援」と呼ぶ）に焦点化されてきたのである．そのため，「家庭復帰」以外の家族再統合の様相は，この文脈では十分明らかになっていない．また，当事者（保護者／子ども），家族再統合についての希望（望む／望まない）および可能性（できる／できない）の組み合わせは複数存在しうるが，「家庭復帰」のみを取り上げることで，そのいくつかが後景化している可能性もある．

　このように「家族維持」を家族再統合の文脈に位置づけるにあたり，家族による子どもへの私的ケアの根拠の揺らぎを，制度レベルと規範レベルとで確認しておこう．まず，前者の制度レベルについてだが，「要保護児童」を発見した者には通告義務がある（児童福祉法第25条）．措置を委託された社会的養護施設の長はそれを拒否できず（同第46条第2項），委託後にはその長が「親権者」を代理する者と位置づけられる（同第47条）．さらに，近年では民法の「親権制限制度」，「未成年後見人制度」が改正され（2012年4月1日施行），「子どもの権利を害するとき」，従来の「親権喪失」に加え，最長2年間の「親権停止」が規定された．以上を踏

まえれば,「子どもの権利を害するとき」, 保護者による私的ケアについての法的根拠は揺らぐとみてよいだろう. 後者の規範的根拠についても, さまざまな「家族問題」が発見されるなかで, 家族を子育ての担い手として絶対視する機運は弱まりつつあり, それは子育て支援への関心の高まりなどにもあらわれている. このように, 制度レベルでも規範レベルでも, 家族による子どもへの私的なケアの根拠は絶対的なものとはいえない.

にもかかわらず, 先の厚生労働省 (2007) のように,「可能であれば保護者と再び暮らすことが子どもにとって望ましい」と安易に措定することは, 家族の支配的地位を再生産し, 社会的養護をそれよりも「劣位」の「次善, 三次の策」(上野 2011: 122) におとしめる点で問題含みである. 社会が生活基盤や権利を保障して「家族維持」をめざす支援(「分離型支援」と呼ぶ)も,「家庭復帰」のための支援とひとしく重要であるはずだ[4].

以上を踏まえ本章では, Zでの調査から得られた知見を通じて, 家族再統合の諸相に接近していく. ここまでの整理を踏まえ, 以下では,「家庭復帰前提型支援」を家族再統合の位相A,「分離型支援」を位相Bとし, 検討していくことにする. その上で, 子どもの前に現出する退所をめぐる困難とその背景について論じていくことにしたい.

3 家族再統合支援の実践と困難

3.1 「家庭復帰」の困難――「変わらない」親と揺り戻し

まず, Zにおける家族再統合支援の流れを確認しておこう. Zでは, 措置後一定期間が経過した子どもについて, 月に1回保護者との面会が設定される. そこで近況報告をしたり, 職員から保護者に対しての説明が行われたりするなかで, 子どもと保護者が互いの状況を理解することが促される. 子どもへの支援が順調に進み, 家庭復帰をするという選択肢が浮上した場合は,「帰宅訓練」と呼ばれる支援が行われる. 期間は子どもによって異なるが, 退所の半年あるいは3～4か月前から, 最初は1泊2日, 慣れてきたら2泊3日, 最後は週末だけZに帰ってくる通所スタイルでの支援に移行するというように, 徐々に保護者の元で過ごす期間を延ばしていく形で行う[5]. その上で, 保護者との安定した生活が見込まれれば, 家庭復帰をする.

とはいえ, 子どもの支援と家族調整との進行がうまく合致するケースはそう多くない. 特に家族調整には多くの困難がある. 施設にいる子どもに対し, 親への支援は, 児童福祉機関側の呼びかけに彼らが応じるかどうかに大きく左右される. 先行研究でいわれるように, 保護者は自身の「問題」を認識しておらず, そのた

め，自らに支援が必要であると理解していないケースも少なくない（西澤 2007; 野口 2011）．Zにおいても，保護者が子どもや職員との面会に現れなかったケースがあった【fieldnote 2012.7.8】．

こうした状況を反映してか，多くの職員は「親は変わらない」と語り，そうした親の元に子どもを帰すことへの不安を口にしていた【Aさん; Bさん; Cさん; Dさん; Fさん; Kさん; Jさん 2013.3.16& 6.4】．その不安の背景には，「面倒を見てもらってないから問題行動を起こすわけじゃん．そうすると，帰した時に結局また面倒見てもらえなかったりするから，繰り返す．寂しい思いをして，繰り返すんじゃないかな」【Fさん】と語られるように，不安定な保護者の元に帰すことで，Zでの生活を通して「変わった」【Bさん; Dさん; Jさん 2013.3.6】子どもたちが揺り戻しを起こすリスクへの危惧がある[6]．たとえば女児の場合，揺り戻しを起こす子どもの多くは性風俗産業に従事してしまうことが挙げられた【Fさん; Gさん; Hさん; Jさん】．

> Gさん：半数近くが性関係の方に落ちていくみたいなのを聞くと「え，じゃあZってじゃあなんだったの」って僕は思っちゃうんですよね．「風俗に行くためにマラソンしたのか」ってなるじゃないですか．性非行で入って，出て行ってまた性非行っていうのは，そいつからしたら昔やってたことだしやりやすいんでしょうけど，「まあそれで金も稼げるし」ってなっちゃうんでしょうけど，「いや，それをしないために入ってきたんじゃないの」って．結局中学でやって問題になって，Zで過ごして，18になって出てって「やりました」ってなったら，「お前その期間やらなかったってだけの話なっちゃうじゃないか」って．

もちろん，ここでGさんが語っているような事態が，Zでの支援が効果を持たなかったことの証左であると考えるのは性急である．後述するように，児童自立支援施設退所者の生活基盤は非常に不安定で脆弱なものであり，また，学歴や職歴，資格などの問題から，経済的に安定した職を得ることも容易ではない．くわえて，そうした退所者の生活上の不安につけこむかのように，退所した女子に対して性風俗産業のスカウトが接触してくるケースもあるという．さらに，退所者同士のネットワークが作用し，1人が従事するとそこを媒介として働きだす者が増えることもある【Jさん 2013.6.14】．上のGさんの言葉からは，これらの要因が帰結する揺り戻しをきっかけとして，職員たちが，それまで生活をともにしながら働きかけてきたことが「無効化」されるような感覚を持つことが窺える．そのような事情を背景に，家庭復帰に対して慎重な見方をする職員が存在するのだと考えられる．

3.2　分離型支援の障壁——受け皿不足，スティグマ，共依存

　他方で位相B，すなわち分離型支援については，学歴が大きな問題となってくる．「変わらない親」や揺り戻しのリスクといった事情から，家庭復帰が「最善」と判断されない場合，退所する子どもの選択肢としては，他の種別の施設に措置変更をするか，一人暮らしをするかということになる．しかしながら，Zが位置する自治体に，自立援助ホームなどの受け皿はそう多くない．児童養護施設についても，措置変更には大きな困難があるようだ．

　　Jさん：やっぱ学校にいってないとまず100％無理ですよね．養護施設では，アルバイトだとなかなか受け入れられない．学校行ってないと「じゃあ昼間どうするの」って．なかなか仕事も口がないし．養護施設は基本昼間みんないないからね，子どもは学校行ってるでしょ．昔はほんと養護施設って，学校を退学になっちゃうと施設を出て行かないといけないところもあって．今でもそうやって，学校行かないなら施設に入られないっていう風にしているところは結構あるよね．
　　筆者：それは何でなんですか．
　　Jさん：うーん何だろう，その施設のなかでのルールなのかなあ．ルールだったり，その子を見ていけるだけの，施設としてのカリキュラムがないというか．大体職員も昼は休憩時間になったりしてるから．朝晩あるからね【2013.6.4】．

　このように児童養護施設への措置変更に進学が要件となっていることは，特に中学卒業を控えた子どもにとって大きな問題となる．Zのなかで高等学校に進学する子どもは少なく，近年では1年に1人いるかいないかであるという【Eさん；Jさん；Kさん】．発達障害や学習障害を抱えている子どもが多いことに加え，学費と家庭の経済力の問題があるという．

　　Jさん：Zにいる間は基本的に公費負担で，親の負担って基本的にはなくていいのね．一切，入学金とかも全部．親にもちゃんと行かせてるっていう感覚を持ってもらうためにも，たとえば修学旅行の積立金とかは，お父さんお母さんにお願いしたりとかすることもあるけど，基本的には公費で負担できちゃうのね．だけど，たとえば1年生終わって2年生のときとかに，お家に帰すっていうことになったときに，それはもう措置解除になっちゃったら，お家の人に負担してもらわなきゃならない．たとえば「1年生のときには，Zのなかで生活しながら学校通って，学校の生活にも慣れ，その間に帰宅訓練とかもしてお家での生活にも慣れたら，2年生ぐらいのときからお家に帰

してあげたいんです」っていう，大人同士の間でそのぐらいのレールは考えていくんだけど，親が「どうしてもうちはそんな学費払えないし無理だ」とかいうことになっちゃうと，やっぱり高校行かせられない．だから子どもには「本当に，学力と，いろんな誘惑があるなかで『自分は続けていくよ』っていうやめないでいける生活する力，あとは親御さんの経済力と，この3つがそろわないと高校受験ってないんだよ」っていうことは言ってるので【2013.6.4】．

　ここで語られているように，Zに入所している子どもにとって，高等学校への進学にはいくつもの障壁がある．Zに在籍している間，あるいは措置変更で他の施設へ入所したり，里親委託を受けている間は，進学，通学にかかる費用は行政の負担となる．しかしながら，もし在学途中で家庭復帰をした場合，今度はそのコストを保護者に負ってもらう必要がある．Jさんは，「最悪だった」ケースとして，当初は負担を受けることを了承していたにもかかわらず，いざ家庭復帰の段階になると支払いを拒否しだした保護者のケースを挙げていた【Jさん2013.6.4】．こうしたなか，子どもには将来家庭の経済的事情で退学する可能性も見据えて高校受験するか否かを判断することが求められており，なかなか受験に踏み切れない子どもも多い[7]．結果的に，このことが中卒児童の児童養護施設への措置変更の困難につながる．さらに，こうした学歴達成の困難が就労状況を不安定なものにし，仮に自立援助ホームに空きがあったとしても，入所することを難しくしているとも予想される[8]．そのため，「問題」や「課題」をZでの生活のなかで乗り越えた子どもであっても，なかなか受け手が見つからず，退所が先延ばしになってしまうことも少なくない【Cさん】．

　措置変更が困難な子どもには，一人暮らしをして自立をするという選択肢が残されるが，それも容易なことではない．Zの在所上限年齢は18歳，措置延長申請をした場合は20歳である．18歳から20歳の年齢で一人暮らしと聞くと，一般的にも珍しくないように思えるかもしれない．しかしながら，先行研究で指摘されている通り，児童自立支援施設退所者の生活基盤は必ずしも安定したものではなく，生活の困難に直面したとき，自力でうまく対処できない子どもは少なくない（鈴木崇之 2004; 河尻 2014）．河尻恵（2014）は，この背景として，一定の枠組みにのっとった児童自立支援施設での生活は社会との接点が少なく，施設退所後の社会生活とのギャップが大きいこと，くわえて，入所児童の多くは自己肯定感や自尊心が低く，孤独で生きづらさを抱えていることを指摘している（河尻 2014: 237）．Zを退所する児童も，同様の事情から，一人暮らしへの不安を抱えている【Bさん，Cさん，Eさん，Gさん】．「18歳で高校卒業してひとり暮らしするっていうのは『ま

あ自分もやったしできなくもないだろう』って思うけど，でもそれはお家っていうベースがあるからできることでもあったりするじゃない．でもここを出てひとり暮らしをしなきゃいけない子ってベースが何もない．何かあった時に帰れるところがない．Ｚは相談には乗れるけど，帰って来れないから」と語られるように，退所後の子どもの生活基盤は非常に脆弱である【Ｃさん】．また，児童自立支援施設は「不良の施設」というイメージが根強く，子どもへのスティグマの問題も非常に深刻である【Ｃさん；fieldnotes 2013.1.31】．

　さらに，仮に自立して一人暮らしを始めたとしても，不安定な家族との関わりが再び問題となる．多くの職員が語ったのは，「子どもは親を求める」ことである【Ｂさん；Ｃさん；Ｄさん；Ｇさん；Ｊさん】．そうした場合，自立を強行することはあまり有効ではない．

　　　Ｊさん：共依存みたいな形というかな．お互い寄っかかりあっちゃって，
　　　傷なめ合っちゃってる親子って結構多いから．そういうところは，離してみ
　　　ても子どもがＺを出たら絶対また元に戻るから【2013.6.4】．

　以上のように，Ｚでの調査からは，本書で示した家族再統合支援の２つの位相のうち，位相Ａには「親が変わらない」ことや「揺り戻し」のリスク，位相Ｂには保護者以外の受け皿不足，一人暮らしの困難，保護者との共依存という問題がそれぞれにあることが示された．家庭復帰前提型支援にも分離型支援にも，多くの障壁が存在するのである．[9]

3.3　第３の位相としての「距離化」戦略

　退所をめぐってさまざまな困難があるなかで，特に就労が困難な年齢の子どもの場合，保護者や家族の状況に不安がありながらも，「帰せないケース」でもないならば，当面の生活拠点を確保するために家庭復帰するケースが存在する．Ｊさんは，１回目のインタビューの際に，次のように語っていた．

　　　Ｊさん：親子関係なんてのは絶対に変わらないし，そういう意味では，厳し
　　　いところだってわかってて帰すっていうのはつらいところだよね【2013.3.16】．

　ここで示されているのは，家庭復帰以外に選択肢がない状況のもとで職員が感じるジレンマである．前にみたように，Ｚの職員の多くは，子どもの家族への介入，支援や，それによる「問題」の解決が現実には多くの困難を内包していることを語っていた．また，そうした「変わらない」親の元に帰すことで，Ｚでの生活を通じて自身の「課題」を乗り越えた子どもが揺り戻しを起こすリスクへの懸念も表明されていた．それにもかかわらず，受け皿不足や一人暮らしの困難といった

事情から，厳しい状況にあるとわかっていても帰さざるをえないケースがあることが，このJさんの語りには示されている．

とはいえ，「わかってて帰す」というとき，それは単にZ側が困難を伴う家庭復帰を甘んじて受け入れることを意味しない．そこでは，これまで家族再統合支援としていわれてきたような，親子が再びともに暮らすための相互理解や「感情的交流」（大澤 2012）を促すためのものとは異なる支援が行われる．

> Cさん：きちんと「親はこうだよ」って言うのを見せてあげるのが大切なのかなって．「お家に帰って，出来そう？出来なさそう？」っていうことをきちんと考えさえてあげるっていうのは大切だと思うし，家しか帰るところがないっていうところで，「じゃあこの親とどう関係とっていく？こういうことは起こりえるよね」っていうことを考えてもらうとか．

ここでCさんが語っているのは，帰宅訓練を通して親を相対化する試みである．Zにおいて，退所に先立って帰宅訓練が行われることは本節冒頭で述べた．帰宅訓練には，離れて暮らしていた子どもと保護者が再びともに暮らす上で，交流を深めたり生活習慣をすり合わせたりするという目的もたしかに存在する．他方で，ここまでに挙げた職員たちの語りからは，「親は変わらない」にもかかわらず，「共依存みたいな形」で子どもが保護者を求めたり，「家しか帰るところがない」といった問題が現実には存在していることが明らかになった．そうした問題に対処する必要から，「親は変わっていない」ことを子ども自身に認識させ，その上でどのような関係をとっていくかを考えさせるきっかけ作りとして，帰宅訓練は定位されているのだ【Aさん；Bさん；Cさん；Dさん；Jさん】．

くわえて，そもそもZでの生活における枠組みそのものが，入所以前の生活を相対化することを目的としている．ある会議では，「ゴミ屋敷だったり，食事時間が滅茶苦茶だったり，そういう，ここに来る前のあの子たちのお家が『おかしかったんだ』，『これが普通の生活なんだ』っていうことを実感させるのがそもそもここでの生活の目的」という職員の発言があった【fieldnotes 2012.8.6】．この点について，Jさんは次のように語る．

> Jさん：親子関係というか，親はなかなか変われないですよね．それを，年齢もあるけど，子どもになんとなく分からせる．「親は変わらないんだよ」っていうことを分からせるためにZにいるというか．それは小学校4年とかで入ってきて6年生で出ていく子に分からせられるかって言ったらなかなか難しいけど，実習科（中卒児童）とかになるような子には，「そのなかであなたはどうする」っていうことを分からせる．それで「親と距離を取って一人暮

らししして生活しよう」とか．俺はそれも家族再統合じゃないかなと思っているんだけど．家族が，みんなが一緒にいることではなくて，みんなが，そういう意味では足を引っ張り合わないというか，支え合える距離みたいなのが．そういうのが本当の意味で，その家の一番いい形なんだろうから，それは別に一緒に生活するっていうことがすべてではないよね【2013.3.16】．

このような親の相対化の実践は，N. Elias（1983=1991）の言葉を借りれば，親子関係の「距離化」のための支援と捉えることができる．この解釈は，Jさんの語りに「距離をとって」とあることのみによるものではない．Eliasは，「主体」と「対象」の関係を論じるにあたり，諸個人間の相互依存関係のネットワーク構造（「関係構造Figurazition」）に埋没した視角を「参加」，距離をおいて価値中立的にそれを知覚し，制御するあり方を距離化と呼んだ．換言すれば，自身が織り込まれた関係にからめとられている状態が「参加」であり，そこから距離化することで，その関係の客観視が可能になるということである．このような支援が必要となる背景には，虐待被害やネグレクトなどを受けて入所に至ったにもかかわらず，親を求める子どもが少なくないことも関係している．

　　　Gさん：ここの話だけじゃないんですけど，結構不思議なのが，ネグレクトとか虐待受けてる子たちのほうが，「お母さん，お母さん」っていうんですよね．なんか，それこそDV彼氏から離れられない人とかも同じなのかもしれないって思ったりするんですけど．それしか知らないっていうのと．母親とかになるともう一番近い愛情のはずの場所だから，それを維持するためにはどんだけでも頑張っちゃうみたいになっちゃう．実際には愛情を与えてくれないにしても，「お母さん以上に愛情を向けてくれる人っていないだろうな」みたいなことを勝手に思っちゃってるというか．

このように，施設に来てもなお，意識面で自身の家族との関係に「参加」している子どもは少なくない．特定を避けるためその後の経過は記述しないが，ある日，虐待を受けてもなお親を望むある子どもについて，Zでの生活のなかでいかに親の問題性を認識させていくかという話し合いが行われた．

　　　「『ここ出たらママと住む』ってすぐ言うけど，今帰ったら，結局また前みたいに，お母さんとかお姉ちゃんにいいように使われて，殴られて，虐げられるっていうことが本人はあまり理解できていない．自分とあの人たちとの関係が良く分かっていないというか」という職員の発話．ここから，虐待されても親を求める子どもにどう対応し，「関係を分からせるか」が議題に【fieldnotes 2012.7.9】．

現代社会と家族の変容を論じた渡辺秀樹（1999）がいうように，子育て役割が保護者のみに集約された状況では，保護者の子どもへの影響を相対化するシステムが家族の内外に十分にない．ネグレクトや虐待などで「虐げられ」てZに入所した子どもたちにも，入所以前にその保護者との関係を相対化する機会はあまりなかったのではないか．すなわち，社会構造的な制約から，彼らは保護者との関係にからめとられ，「参加」し，「関係が良く分かっていない」状態にあったと考えられる．そうした子どもたちに，Zでの生活の枠や帰宅訓練を通じて保護者を相対化させ，その関係性を客観視できるようにしていくプロセスは，埋め込まれた構造から彼ら切り離し，自立した個人たらしめることを目指している点で，まさに距離化の実践だといえるだろう．

ここまでにみた距離化支援は，家族再統合支援の第3の位相と位置づけられる．ここで，退所後の生活空間を縦軸（「家庭復帰」か「分離」か），原家族への子どものスタンスを横軸（「参加」か「距離化」か）に，いま一度家族再統合の諸相を整理してみよう（図6-1）．各象限に，これに対応する支援を示す．第Ⅰ象限は，家庭復帰―距離化という位相であり，家族の元に帰っても，子どもは親とある程度の距離を保ち，その影響を受け過ぎないというものである．ここには本章でみた「距離化」支援（位相Cとする）が対応するだろう．第Ⅱ象限は，家庭復帰―参加というものである．これは，家庭復帰はするが，子ども自身が親との関係を十分客観的に見られていない状況である．そのため，もし親の「問題状況」が改善していなければ，揺り戻しを起こすリスクもある．ここに対応する支援としては，先の分類でいう「家庭復帰前提型支援」，すなわち位相Aが入るだろう．次に，分離―参加という第3象限は，同居はさせずに引き離しても，子どもが親のことを客観視できていない状況である．この場合，Jさんが「絶対戻る」というように，子どもと親当人たちの意志で接触して同居を始め，揺り戻しに至る可能性がある．その意味で，この第3象限は第2象限に移行する可能性を内包している．ここには，別居はしても「感情的交流」を促すという位相Bの支援が対応していよう．最後に，第4象限の分離―距離化であるが，これは別居をし，なおかつ子どもが親の影響を相対化できる状況になる．場合によっては，子どもの意志で完全に親と距離をとって生活するような状況もここに含まれうる．ここに対応する支援も，本章の知見である位相Cであろう．というのも，先のJさん【2013.3.16】の語りにあったように，「親と距離を取って一人暮らしして生活しよう」と子どもが判断することも，「距離化」支援の結果として起こりうるためである．ただし，支援が不十分な場合，孤立（位相D）に陥るリスクもこの位相は内包していることも認識しておく必要がある．

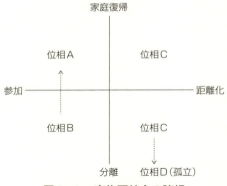

図6-1 家族再統合の諸相

　以上の整理から，本章での知見が家族再統合支援の第3の位相を明らかにしたということができるだろう．従来の議論では，家庭復帰をするにしろ，同居はせずに関係を維持するにしろ，施設入所によって一度「分断」された保護者との関係を再構築することが，家族再統合支援として位置づけられてきた．すなわち，図6-1の左側の位相に焦点化して議論が展開されてきたのである．他方で，本章に示したZでの支援は，物理的には離れていてもなお意識レベルで保護者との関係にからめとられている子どもに，その関係性から距離を取らせるためのものである．位相Aにも位相Bにも困難があるなかで，そのように距離を取らせることが，退所後の子どもが生活を安定させ，親との関係下での揺り戻しに至ることを防ぐための現実的な戦略として，Zでは認識されているのである．
　ここで重要なことは，本節冒頭のJさんの語りにあるように，距離化の試みが家庭復帰を伴うか否かによらないことである．家庭しか帰る先がないからそこに帰らざるをえない子どもに対しては，変わらない保護者の影響を最小限にすることが揺り戻しを防ぐ上で重要となる．また，共依存のような形で保護者の元に戻ってしまう子どもに対しては，その依存対象が抱える「問題」を適切に認識させることが必要となる．いずれの場合においても，保護者との関係を距離化することが，子どもたちの退所後の生活にとって重要な意味を持つのである．
　くわえて，子育ての社会化として施設養護を考える場合，この位相Cとしてどのような支援を展開していくかを議論する必要がある．第1象限にあたる場合，〈生活圏〉としての機能は原家族から調達しつつも，〈ケア圏〉にかかるそれは社会が用意する必要がある．たとえば，相談援助や，生活保護や奨学金などの経済的支援などが，それにあたるだろう．第4象限の場合は，それに加えて〈生活圏〉をも社会が用意することが求められる．措置変更先となる施設や里親の拡充に加え，住居手当や公的住宅の優先的割り当てなども必要になるだろう．そうした整

備を進める上では,「原家族のところに戻れば生活基盤が提供されるはず」という前提を相対化することが重要だと考えられる.

3.4 退所後の困難

以上のような支援を受け退所したとしても,現実にたくさんの困難が待ち受けていることは想像できよう.第2章でもみたように,退所後の生活で困難に直面した時,「実家」のように子どもから頼られるような関係を作ることは,施設養護の重要な課題として議論されている.

Zにおいても,児童福祉法やキャパシティの問題上,敷地内に住まわせることは容易ではないが,何かあった時に頼って相談して来られるような存在になることは,支援上の大きな目標の1つである.Eさんは,調査実施期の退所に向けた自立訓練を行っていたある子どもについて,次のように語る.

> Eさん:頼ることが苦手な子で,「ここを出たらもう頼りません,来ません,電話もしません.もう甘えちゃいけないんです」みたいなことをずっと言ってて.だから,自立支援室に「お帰り,疲れたか」って毎晩行くんだよ.毎晩行くことで,その子のことを心配している人がちゃんといるんだっていうのを伝えてあげないといけないんだよね.そういう子って自分のことを心配してくれる人がいるなんて思えないんだよね.ここに長くいても,そもそも思えない.だからここで嫌というほどそれを思い知らせてあげないと,分からないんだよね.

一般的に,虐待を受けた子どもの自己肯定感や他者への信頼感が低いことはよくいわれているが,Zにおいても,そうした認識は共有されていた【Bさん;Cさん;Fさん;Hさん】.Eさんの「特にうちの子たちは」という言葉からは,退所に向けた支援のなかで,他人を信頼し,ときには依存することの必要性を子どもに教えることが課題となっていたことが読み取れよう.

にもかかわらず,特に良好に退園した児童であっても,退所後Zを頼ることができないケースがある.

> Cさん:こっちとしては相談に乗れるぐらい関係を作ってるつもりでも,なかなか「こういう失敗自分はしちゃったんだ」って言えることと言えないこととが本人にはあったりもするし.

このように言えないことがあるということは,子どもの側が職員を信頼していないということではない.Eさんは,別の「頼るのが苦手な子ども」の,あるエピソードを語る.

Eさん：いつでも頼ってきていいと伝えていても，案の定電話が来ないんだよね．手紙来たりしても，「もうこれで最後にしたいと思います」とか書いてあってさ．「もう退所したから甘えちゃいけない」とか，「頼っちゃいけないし，電話しちゃいけない」って．だから「バカ！」って書いたんだよ(笑)．「何言ってるんだよ．そんなにうまくきちんと1人で出来るわけないだろ」って．そしたら次の手紙に愚痴がいっぱい書いてあってさ．「これでいいんだよ，そうなんだよ」って．そうやって逆に，手紙や電話で「聞いてよ」って言えるぐらいじゃないとさ．

このEさんの語りで示されているのは，「頼りたくない」と思ってZに連絡をしてこないのではなく，「頼りたくても頼れない」子どもが存在していることである．前節まででみたように，退所後の子どもたちの生活基盤にはさまざまな面で不安要素があり，さらに受け皿となる第三者の存在も多くない．にもかかわらず，困難に直面した際，Zを頼ることを子どもが自制する場合もあることが，この語りから示唆されている．この背景として，退所後に自立した生活を送ることを目指してZ内で努力してきた子どもにとって，Zを出た後に職員を頼ることが，ある種のタブーと化している可能性がある．このケースでは，Eさんの働きかけによって当該児童は再びZを頼るようになったが，類似したケースは暗数としてそれなりに存在しているのかもしれない．そうした子どもにどのように働きかけるかは，施設養護における重要な課題であろう．

4　考察
―――家族再統合の諸相と日本社会の不可逆性―――

本章では，家族再統合についての先行する議論を整理し，家庭復帰前提型支援と分離型支援とに支援の位相を分類した（第2節）．次に，Zでの調査結果を分析した[10]．そこでは，家庭復帰前提型支援とも分離型支援とも異なる，距離化という家族再統合支援の第3の位相が提示された[11]．それは，Zへの入所から帰宅訓練までの一連のプロセスを通じて，自身の保護者との関係性を，子どもの側に相対化させるプロセスであった．さらに，「退園したから甘えちゃいけない」と，子どもの側が退所後にZを頼ることを自制してしまうケースの存在があることも明らかになった（第3節）．子育ての私事化が進み，子どもが保護者の影響を相対化する機会が少なくなっている現代日本において，公的介入によるその取り組みの一端を明らかにしたものとして，本章の知見は位置づけられるだろう．この知見を踏まえ，3つの点を指摘したい．

第1に，家族再統合を，社会的養護措置によって「分離」された親子の相互理

解や「感情的交流」の「再構築」としてのみ捉えることの不十分さである．そうした捉え方においては，子どもと保護者双方が家族再統合を望んでおり，またそれが可能かつ子どもの福祉に有効である場合のみが前提とされている．それでは，変わらない保護者と関わることでの揺り戻しや，共依存的な関係がもたらす分離の不可能性といった，現場で実感されている家族再統合をめぐる困難が後景化してしまう．現実には，当事者，その再統合への希望，実現可能性には複数の組み合わせがある．たとえば本章での距離化という知見は，当事者の希望にかかわらず，再統合以外の選択が困難な場合の対応とみることができる．ニーズとそれに応じた支援の多元化が必要であることが，距離化という知見から示唆されているだろう．

　もちろん，先行する社会福祉学の議論が，家族再統合と家庭復帰を一律に同一視してきたわけではない．家族再統合が「子どもと家族の関係が適切なレベルに回復し，維持すること」という，「家族維持」を含んだ広い意味を持ちうること自体は，従来の議論でも認識されていた（犬塚 2004; 西澤 2007; 野口 2008）．

　では，なぜ家族再統合という問題系のなかでは家庭復帰に焦点化されることが多く，本章のいう分離型支援や距離化は異なる文脈に位置づけられてきたのか．その背景には，そもそも「家族であること」のもとに複数の機能を束ねる社会の規範的合意が，従来の議論に反映されていたことがあると考えられる．再び久保田（2010）の概念に依拠すれば，家庭復帰以外の位相が家族再統合の問題系のもとであまり語られなかったのは，再統合する家族は必然的に〈生活圏〉を共有（＝同居）し，その内部での保護者との情緒的な関係のもとでの〈ケア圏〉が子どもに提供されるはずだという想定を反映してのことだと考えられる．

　しかしながら，本章で明らかにしたように，子どもの施設退所をめぐっては非常にさまざまな困難があり，また家族再統合を左右する要因にも複数の組み合わせが存在する．子どもや保護者それぞれの事情に即した支援の必要性は，すでに多くのところで議論されている．それを理想論で終わらせないためにも，家族再統合の内実の複雑さやその諸相について，精緻に検討していくことが求められるだろう．たとえば，今回の調査データではみられなかったが，子どもへの虐待はなくとも，経済的困難から社会的養護に子どもを委託した保護者も，現実には存在するだろう．そのため，家族再統合についてより広く議論を展開するには，他の種別の社会的養護機関との比較に加え，入所背景，入所以前の養育環境，退所時の児童や保護者の状態などを組み合わせた，継時的な調査が必要となるだろう[12]．

　第2に，家族再統合についての家族社会学的研究が持ちうるインプリケーションである．Zでの調査から明らかになったニーズや支援の複数性は，同時に保護者と子どもとの関係に対する社会の関わり方の複数性を照射する．こうした多様

なニーズの交錯のなかで，再統合されるべきとされる家族はいかなるものとして定位されているのか．また，そこに社会はどのように関わり，どのように支援しうるのか．これらは，個人と家族と社会の関係を問うてきた家族社会学にとって，看過できない重要な問いであろう．本章で示したように，施設を退所する子どもがアクセス可能な資源の選択肢は十分でない．こうしたなか，「家族再統合推進」という目的だけが独り歩きすれば，それがますます家族以外の児童の受け皿の拡充を阻み，家族再統合という名目での家族依存をさらに強めるという悪循環が生まれる可能性も想定される．この点を踏まえると，家族再統合も含みつつ，子どもそれぞれにとって「理想的な」家族関係を築けるように社会が支援する必要がある（Esping-Andersen 2008=2008: vi）．さらに，家族社会学的な視角からいえば，家族再統合の可否を判断する枠組み自体も問われる必要があるだろう．家族再統合支援は，何らかの基準で「あるべき家族」というモデルを設定して子どもと保護者の状態を判別しており，その意味で彼らを「偏差」（鈴木智道 1996）でみる見方をとっている．「標準家族」や「規範的家族像」を「神話」として解体してきた家族社会学からすれば，その判断枠組みも問い直される必要があるだろう．

　第3に，子どもが施設を頼ることを自制するケースがあるという事実は，日本社会における「自立」をめぐる規範の様相を明らかにしていると考えられる．「頼ることが苦手」な子どもたちは，必ずしもZの職員を信頼していなかったり，彼らとの関係の継続を望んでいないわけではない．そうではなく，「自立」が支援の最終目標である以上，もといた施設に頼ることは，その目標が達せられなかったことを意味してしまうため，彼らはその行動を自制すると考えられる．特に支援や処遇上の目標を強く内面化し，「良好に」退所した子どもほどその傾向が強いことが，職員の語りからは示唆された．

　「自立」が「孤立」を招く危険を内包しているというこの知見は，自立が規範性を帯びた際に生じる問題を指摘した，寄せ場（青木 1989）やホームレス（渡辺芳 2010; 丸山 2013）についての社会学的研究の知見と通底するだろう．たとえば，渡辺芳は，ホームレス支援の研究から，「ポスト産業社会（脱工業化社会）」以降の自己責任論の影響を受けた，「自立」イデオロギーの問題を明らかにしている．それによると，「自立」は，本来「社会集団と帰属との関係のうえで成り立つ」ものであり，「その基盤となる社会集団への包摂・参加のされ方によってある程度決定される．そして，依存する範囲の拡大は，自立基盤の拡大と連続的な意味を持っている．したがって……支援されること（つまり，依存関係を形成すること）が権利として認められる」はずである（渡辺芳 2010: 15）．しかしながら，ホームレスのように社会的に排除された人間は，脆弱な連帯しか有していない．にもかかわらず，このイデオロギーは彼／彼女らにもひとしく降りかかる．そのため，連

帯の格差を埋める方策として，支援が必要になると渡辺芳はいう．Z を退所した子どもにも，脆弱な連帯しか有していないなかで自立イデオロギーに従うことを求められる事態が起きていると考えられる．もちろん，個人化は血縁，地縁を超えた新たな連帯を創出する可能性も持っているが（Giddens 1991=2005, 1992=1995），生活基盤が脆弱な退所児童に関しては，そうした連帯を創出する基盤を社会的に整備することが必要であると考えられる．また，一度自立したら「出戻り」は許されないと認識する子どもが存在するという事実には，日本社会の不可逆性も反映されているのではないか．すなわち，生の選択の多様化がいわれる今日においても，誕生→学卒→就職→結婚→出産・育児→定年退職→死亡という「標準的ライフコース」の規範性はいまだ根強く，そこからの一時退出や逆行に対して負のサンクションを与えるような作用があると考えられるのだ．

5　小括
――家族再統合の困難と自立規範――

　本章では，Z における家族再統合支援に着目し，施設で支援を受けた子どもが退所して社会生活を送る際にどのような困難があるかに着目した．そこでは，第 1 に「親が変わらない」という家庭復帰の不安要素が，第 2 に脆弱な生活基盤，支援の受け皿の少なさといった，一人暮らしの不安要素が存在することが明らかになった．そのため，Z においては親を距離化する支援を行うこと，退所後も子どもが頼ってこられる関係を形成することで，子どもの退所後の生活の安定を図っていた．本章では，これを距離化支援という第 3 の位相と位置づけた．しかしながら第 3 に，退所後の生活で困難が生じても，子どもの側が Z を再び頼ることを自制することも明らかになった．そこから，「自立」をめぐる日本社会の規範の問題を論じた．

　本章の議論は，従来の家族社会学であまり論じられなかった施設養護における家族再統合を取り上げるとともに，それを後期近代日本社会における依存や「自立」という論点につなげた点で意義があろう．先の渡辺芳（2010）の議論にもあったように，本来「自立」とは他者との連帯や相互承認のもとに成り立つものである．また，M. A. Fineman（2004=2009）が述べるように，「独立とは孤立ではない」（Fineman 2004=2009: 23）．このことを念頭にリービングケアのあり方を構想していくことが，今後ますます重要になるだろう．

　終章では，これまでの議論を振り返った上で，本書での知見がどのような学術的・政策的インプリケーションを持つのかを論じる．だがその前に，ここまでの議論をより広い文脈に位置づけるべく，Z での調査終了後に行った 2 つの小舎夫婦制児童自立支援施設でのインタビュー調査結果を補論として取り上げることに

したい．

注

1) 「家族再構築」ともいわれるが，この語が「家族危機」やライフステージの変化に伴う家族関係の変化（reconstruction）を示すものとして用いられる場合（たとえば，松本 2004）と区別するため，ここでは家族再統合という表現に統一する．
2) このほか，実践的な提言を志向し，科学的見地から家族再統合支援のプログラムを研究するものもある（鈴木浩之 2007; 野口 2008）．
3) 藤崎宏子（2009）は，ケアをする家族への支援のみが焦点化されることで，逆説的に家族責任を強調する規範が再生産される事態を指してこの語を用いている．ここでは，家庭復帰促進の背後にある「家庭至上主義」的通念も，藤崎（2009）の議論の枠内にあると捉え，この語を用いている．
4) 「保護者との交流を恒久的に断つ」という選択もありうるが，はたしてそれが家族再統合の範疇に入るかどうかは検討の余地があるため，ここでは対象から除外する．
5) このように，退所に向けた処遇の最終段階で通所指導を行うことがあるが，基本的にZでは最初から通所を前提とした措置は行われていない．調査終了後，電話で確認したところ，児童相談所からの依頼がないことに加え，職員も住み込み，生活を共有するなかで子どもへ処遇を行うという理念を大切にしていることと，入所の子どもに「不公平感」が出ないための配慮が，その理由であるという．
6) 小此木啓吾（1971）が子どもへのカウンセリングの困難として論じたことも，この知見は類似している（小此木 1971: 209-11）．「問題」がある家族の元で生活している子どもを支援することの限界が，ここには示されているだろう．他方，小此木が論じた問題が，家族と離れて暮らしているZにおいてもみられるということは非常に興味深い．子ども本人にとって家族の存在がそれだけ大きなものなのか，あるいは家族に限らず〈生活圏〉が個人に与える影響が大きいということなのか．それとも，家族あるいは〈生活圏〉の個人への影響が大きくなる社会構造上の仕組みがあるのか．本章のデータからこの答えを出すことはできないが，社会的な受け皿の不足が，結果として1つの〈生活圏〉にさまざまな機能を集約し，それが個人への〈生活圏〉の影響力を増大化させていると，仮説的にいうことはできるかもしれない．
7) Zが在所する自治体において，高校生向けの奨学金のようなものはあまり手厚くないという．ただ，Zから外部の高校に通えた子どもは，その高校では成績優秀で素行も良いことが多く，特待生扱いを高校側から持ちかけられることもあるという．そうした場合には，Z退所後，家庭復帰をする時にも該当するようならば，退所後に給付してもらう形にしてもらっているという．先述の通り，Zから通っている間は公費で負担できるためだ．また，専門学校や大学に進学する場合では，財団や企業の奨学金を得るケースもあるという【Jさん 2013.3.16】．
8) 他方で，Jさんは「仕事はあるにはある」ともいう．しかしながら，Zを退所する児童が就職することが多い仲居や介護ヘルパーの場合，なかなかそれが長続きしないという．その背景として，先に述べた揺り戻しの問題のみならず，それらの業界ではそもそも仕事がきついことに加え，より良い条件を求めて職場，場合によっては職種そのものを「渡り歩く」土壌があることが影響しているという【Jさん 2013.3.16】．
9) このように退所後の生活拠点が確保できない場合，しばらくはZで生活することもでき

なくはないが，退所が可能な段階に来ている子どもの入所を引き延ばすことは，あまり好ましいことだとは思われていなかった．子ども自身がいつ退所できるのか不安に感じ，「調子を崩す」ことがあるためだという【fieldnotes 2013.1.31】．
10) 今回取り上げた家族再統合というテーマについては，職員の属性による語りの違いがあまり明確にならなかったことを付言しておきたい．退所や再統合については，寮担当，ケースワーク，事務といった，あらゆる立場の職員も関わる場面であること，この問題をめぐっては特にZ内でも十全な打ち合わせがなされ，キャリア間での認識の違いが埋められやすいことなどが，その理由として考えられる．唯一挙げるとすれば，「親が変わらない」ことについて，キャリアが長い職員の方がより強い口調で語っていたということはいえる．長年の実感が，そこに現れていたとみることは可能かもしれない．
11) 措置の結果だけみれば「距離化」は家庭復帰や家族維持のための支援をより有効にするためのものであり，第3の位相とはいえないという批判があるかもしれない．しかし，前二者が一度「分断」した家族関係や感情的融合を「再構築」するものとされてきたのに対し，本書での知見は，意識レベルで子どもを保護者から「距離化」する点で明らかに異なる位相にあると判断し，第3極と位置づけた．
12) すでに欧米ではこうした観点からの計量的分析がなされており（Brook et al 2012; Khoo et al 2012），日本においてもそうした検証の蓄積が求められるであろう．

補章 「住み込んでいること」の強み
――小舎夫婦制施設でのインタビューから――

　本章では，2つの小舎夫婦制施設で行ったインタビュー調査の結果を分析することで，第6章までの分析結果をより広い文脈から検討することを試みたい．結論としては，いくつかの点で差異は見られたものの，集団性が一定の機能を果たしているということや，家族再統合の難しさという点は，この章で取り上げる職員たちの語りからも支持された．くわえて，本章で着目するのは，「夫婦であること」の大切さに加えて，「住み込んでいること」の重要性も，職員たちが強調していた点である．このことから，施設養護における支援のなかでは，固定のメンバーで〈生活圏〉を共有することが重要であることが示唆される．

1　はじめに

　ここまで，小規模グループケア型の児童自立支援施設Zでの調査データをもとに，議論を展開してきた．その知見の総括は終章にゆずることにし，本章では，Zでの調査終了後に行った，小舎夫婦制で運営している2つの児童自立支援施設でのインタビュー調査の結果を分析することで，Zから得た知見をより広い文脈に位置づけることを試みたい．
　第3章で述べたように，児童自立支援施設は「職員である実夫婦とその家族が小舎に住み込み，家庭的な生活の中で入所児童に一貫性・継続性のある支援を行うという伝統的な小舎夫婦制や，小舎交代制という支援形態で展開してきた施設であり，小規模による家庭的なケアを一世紀以上にわたって実践してきた」（厚生労働省 2011: 14）．その意味で，小舎夫婦制は児童自立支援施設の原点といえる．しかしながら，近年では人的配置や労働条件の問題から，夫婦制から交替制へ転換する施設が多く（相澤ほか 2014; 小木曽 2014），夫婦制で運営を行っている児童自立支援施設は約3割である．そのため，小木曽が「本当に『家庭的養護』と『個別化』の堅持が可能であるか検証しなければならない」と述べているように（小木曽 2014: 245-6），「家庭的な形態の小舎夫婦制や小舎交替制の維持発展」が課題とされている（厚生労働省 2011: 14）．
　そのように「維持発展」が目指されている小舎夫婦制の施設において，ここまで本書が検討してきたような論点はどのように浮かび上がるのであろうか．以下

では，調査の概要を示し（第2節），集団性が支援上どのような機能を果たしているのか（第3節）と，退所をめぐる問題について検討する（第4節）．その上で，第6章まででみてきたZの調査からの知見といかなる異同があるのかを論じ，その含意を考察することにしたい（第5節）．

2　インタビュー調査の概要

　地方都市に位置し，小舎夫婦制で運営を行っている2つの児童自立支援施設で，単発の聞き取り調査を行った．両施設とも，明治時代からの非常に長い歴史を持ち，開設以来夫婦制を続けている点に大きな特徴がある．対象者は各施設3名であり，寮長，寮母，管理職者それぞれ1名ずつである．対象者の一覧を表補.1に示す．以下では，各施設の概要について述べる．[1]

　第1の聞き取り先は施設Xである．聞き取りを行った2013年10月時点において，30名の子どもが在籍していた．年齢層は9歳から19歳までであり，最も多いのは13歳から15歳までの年齢層であった．学別でいえば，小学生児童2名，中学生児童17名，中卒児童11名である．うち6割以上が被虐待経験を有しており，また，同程度の割合の子どもが発達障害を有していた（疑いを含む）．寮舎は，小学生，中学生向けのものが3つ，高校生向けのものが1つあるのに加え，寮担当職員が休みの際に別の職員が子どもをケアするための寮が2つある．1つの寮舎に，夫婦である職員と5～7名の子どもが生活している．全職員数は嘱託医を含めて27名である．このXは非常に広大な土地と豊かな自然を有しているのが特徴であり，敷地内では そ菜，林業，園芸，酪農なども行われていた．

　第2の聞き取り先は施設Yである．訪問した2014年5月時点において，62名の児童が入所していた．具体的な年齢は資料で開示されていないが，内訳は，小学生児童14名，中学生児童46名，中卒児童2名であった．主訴だけでみれば，非行要因で入所した子どもよりも，被虐待や他種別施設不適応などで入所した子どもの方がわずかに多い．また，すべての子どものうち，虐待経験がある者が8割超，発達障害を有する者は6割超であった．寮舎は男子寮が4つ，女子寮2つ，多目的のものが1つの計7舎である．夫婦職員と子ども9～13名に加え，1名あるいは2名の職員が副寮長として住み込んでいる．先のXが夫婦2名のみで寮を担当していたのに対し，Yでは3名の職員が寮に常駐していることが1つの特徴といえるだろう．この施設の敷地も非常に広大で豊かな自然があり，Xと同様に農場も有している．[2]

　なお，XのNさんとOさんは夫婦であり同じ寮を担当しているが，YのQさんとRさんは夫婦ではなく別々の寮を担当している．また，先述の通り，Yでは夫

婦の他に副寮長が寮に住み込むが，Pさんは副寮長職ではなく，Qさん，Rさんのいずれの寮にも入っていない．

　この2つの施設のデータを，本論ではなく補章で取り上げるのはなぜか．佐藤郁哉（2006）の言葉を借りれば，Zで行った調査が関与型フィールドワークであったのに対し，XおよびYでのそれは非関与型フィールドワークであったためである．すなわち，3か月ほど参与観察を行ってからインタビューを開始したZに対し，XとYにおける聞き取りは1度のみの訪問時に行われたものであることが，XとYのデータを補章とした理由である．序章でも述べたように，質的研究とは「具体的な事例を重視し，それを文化・社会・時間的文脈の中でとらえようとし，人々自身の行為や語りを，その人々が生きているフィールドの中で理解しようとする」ものである（やまだ 2004: 8）．継時的な参与を通して施設内の文化や言葉遣いなどの慣習，職員間や職員―子ども間，子ども間の人間関係や相互行為，役割分担などを理解した上で行う聞き取りと，そうではない聞き取りとでは，「人びと自身の行為や語りを，その人々が生きているフィールドの中で理解」する試みの成否の度合いは大きく異なると考えられる．そのため，Zにおける調査データとX，Y両施設でのそれとを同列に扱うことには慎重であるべきと考え，後二者はこの補章でのみ取り上げることとした．

　調査目的については，事前に書面，Eメールで説明し，学術的目的に限ったデータの使用に対する許可を得ている．すべての対象者の語りを，承諾を得た上で録音した．ただし，この2つの施設のデータについては，トランスクリプトの作成は専門業者に依頼した．この点についても，事前に対象者の許可を得ている．要望があった対象者には，書き起こしとこの補章の草稿を送り，確認をとっている．業者が起こしたものを，テープを聞きながら筆者が確認し，訂正を加えたものがデータである．ここまでと同様に，理解を容易にするため，本章で提示するにあたっては，意味を損なわない範囲で筆者による省略や補足を加えている．さらに，方言を標準語に改めるなど，施設や対象者が特定されそうな情報については，意味が変わらない範囲で改変を加えている．なお，比較を容易にするため，必要に

表補.1　対象者一覧（X, Y）

名前	施設名	性別	年齢	日時	録音	時間	
Mさん	X	男性	40代	2013.10.22	○	1:21:58	
Nさん	X	男性	30代	2013.10.22	○	1:17:15	夫婦
Oさん	X	女性	40代	2013.10.22	○	1:08:40	
Pさん	Y	男性	50代	2014.5.24	○	0:32:19	
Qさん	Y	女性	30代	2014.5.24	○	1:36:49	
Rさん	Y	男性	50代	2014.5.24	○	1:10:20	

応じてZの職員たちの語りも本章のなかで参照する.

3　夫婦制施設の特徴と集団性

3.1　人材確保の困難

いうまでもなく, 寮の担当が夫婦であることが, Zと比してのX, Yの最大の特徴である. それでは, 夫婦制で運営していること特有の困難やメリットは何なのか. まずは困難の方から確認していくことにしよう.

第1に, 夫婦で施設に勤務する職員の確保という問題がある. 第1節でも述べた通り, 現在, 小舎夫婦制の施設は全児童自立支援施設のなかで3割程度にとどまっているが, その背景には人的配置や労働条件の問題がある. Mさんは, 前年度にベテラン職員が3組辞めてしまったなか, その穴を埋める夫婦での人材を確保することの困難を語っていた. ここで問題視されるのは, 職員が確保できないことが, 保護の依頼があっても子どもを引き受けられないことにつながることである.

> Mさん:いま, 高校生用の寮が1つと, 普通寮といわれるのが3つしか開いていなくて, 空き寮が3つあるんですね. だから職員が得られてそれぞれの寮を運営するとなれば, 全部で7つ寮舎があります. 昔はこれに今では使っていないところも含めて8つあったんですね. で, いつぐらいからかな, 平成10年代後半, 15年ぐらいから, 職員の埋まらない寮が出始めて. 職員が休みのときに子どもたちをそういう空き寮に移して, フリーの職員が見るっていう形で今は使っています. 今の普通寮3寮, 高校生寮1寮の4寮体制だと, なかなか子どもを受け入れようと思っても足りない状況で. 常に, (人材を) 求めている状態です.

職員の人手が足りないため, 現在その7つの寮のうち3つが「職員が休みのときに子どもたちをそこに移してフリーの職員が見る」ための「輪休寮」となっており, 本来の定員に対する充足率も低い水準となってしまっている.「子どもを受け入れようと思っても, 足りない状況」にある職員の確保が喫緊の課題となっているが,「ここでは自分たちが生活をしているわけだから, 就業規則だとかそういうのはいらないんだ」というところがXには伝統的にあり,「労働時間だけ見るとブラック企業と見分けがつかないぐらい」の状況にあるため, それが満たされない状況にあるとMさんはいう.

夫婦そろって児童自立支援施設への勤務を志願する者を見つけることの困難は, Yの職員の語りからも窺える. Rさんは, 知的障害者・児向けの施設で1年

間働いた後，住み込みでの勤務形態に惹かれて希望を出し，まずは非常勤講師としてYにやってきた．その後，夫婦寮に空きができるということでそちらへの異動希望を出したが，その際，人事課に「珍しい」といわれた．単身でYへの就職希望を出す人はいるものの，夫婦そろって希望するケースはあまりないためだ．実際，Rさんのパートナー（以下，Rpさん）も，当初はYへの就職を望んでいなかった．Rpさんの両親も児童自立支援施設に夫婦で勤務しており，それをみて育ったため，「しんどいの分かっているから」，自身が同じ職に就くことを忌避していたのである．そのためRさんは，自分は副寮長という立場でもいいからYで働きたいと説明し，Rpさんが望まないのであればYの外で就職してもらうことも考えていたが，最終的にはRpさんの方から「夫婦でやろうか」と提案してくれたことで，夫婦でのYへの就職が実現した．Qさんも，最初にパートナーから夫婦でYではない別の児童自立支援施設に勤めることを提案されたとき，「知らないから嫌だ」と答えた．しかしながら，ひとまず実習という形でその施設で働いてみたとき，先輩職員からさまざまな話を聞くなかで，「何もやらずに辞めてしまうよりは，主人とやってみようかな」と思い，その児童自立支援施設に就職した．

他方で，Nさん，Oさん夫妻は，はじめから両者の間で意見が一致した上でXへの勤務を始めた．その背景には，2011年の東日本大震災を受け，実子の養育環境について考えたことがある．

　　　Nさん：環境的にも，子どもが育つ環境的にはほんとにこっちの方がいいのかなって．

　　　Oさん：子どもがちょうど小学校に上がるところで，「どこの小学校にしようかしら」みたいな感じで探していたんですね．で，震災もあって放射能から遠ざけたいというのもあって．で，ちょうどこちらの話をいただいたので，「ほうほう」っていう感じで．子どももちょっと温室育ちっていうか，田舎に免疫がない感じになってきていたので，「もうちょっと自然のなかで育てたいな」って．

このように，2人は実子の養育環境を考え，実子が小学校に入学するタイミングでXに就職した．実子の存在によって2人の合意がスムーズに形成された結果，夫婦での就職が実現したとみることができるだろう．

以上のように，夫婦制の施設は職員の確保という点に難しさがある．もちろん，職員の確保の問題は夫婦制の施設にとどまらない．ZのEさんが人手不足の問題を語っていたように（第4章参照），児童自立支援施設，さらには児童福祉業界全体において，働き手の確保は非常に大きな問題となっている．しかしながら，夫

婦制においてこの問題が顕著になるのは，夫婦間の合意が形成されない限り，施設への就職が実現困難である点にあろう．仮定の話ではあるが，もしRpさんやQさんが最後まで児童自立支援施設への就職を拒んでいれば，RさんやQさんのパートナーは副寮長という立場であり，彼／彼女らは夫婦での寮担当にはなりえなかったかもしれない．労働条件の問題に加え，当該夫婦間での合意形成というハードルが，夫婦制施設の人材確保においては存在しているのである．

3.2 夫婦制であることの意味

　このように人材確保の面での難しさはあるものの，夫婦制ならではの特徴は支援の上で有効性を持つ．たとえば，Rさんは，夫婦制で融通がきく点として，寮舎内での役割分担をいちいち話し合わなくても自然に決めていけることを挙げた．Zでの調査においても，職員も住み込みで働くことで，職員間，職員―子ども間に「ツーカーな関係」が生起しうることが語られていたが【Bさん】，カップルとしてある程度お互いのことを理解し，生活上の価値観や慣習を共有している夫婦による寮運営は，最初から「阿吽の呼吸」が備わりやすい環境にあるとみることができる．

　また，おそらくは多くの夫婦制の施設に共通することであるが，Yにおいては，細かい支援の方針の多くは各寮の寮長・寮母夫妻に委任されている．たとえば，Zにおいて，ケースワークは男性職員が担当していたが，Yではそのように決められてはいない．Qさんによると，ケース記録を寮担当夫婦のどちらが書くかは，基本的に各寮担当夫妻たちの合意に委ねられているという．また，ケース記録に限らず，他にもさまざまな部分が各寮の職員の裁量によって異なっている．たとえば，Yの外の高等学校に通っている子どもや，放課後にアルバイトをしている子どもの門限，新入児童が来たときに指導役の子どもをつける期間，何を常備品として備えるかの決定，さらには起床時間なども，寮ごとであるという【Qさん】．同様に，施設XのNさん，Oさん夫妻の語りでも，「うちの寮では」や「私たちは」といった言葉で，寮ごとに運営方針が違うことがたびたび語られていた．

　このようなそれぞれの寮担当者に与えられた裁量の大きさ，特に起床時間などのタイムスケジュールが寮によって異なる点は，夫婦制施設における家庭性の1つのあらわれと位置づけることが可能である．Zにおいても，寮舎内の細かいルールなどは寮によって異なっていたが（第5章参照），日々の起床時間や就寝時間をはじめ，寮舎における生活の大まかな流れは，Z全体として定められていた．また，自分たちの営みはいわゆる家庭とは違うという語りを発したZの職員たちは，共通してその根拠を時間によって行動が明確に定められていることに求めていた【Bさん；Cさん；Gさん】．たとえばGさんは，以下のようにこの点を語った．

Gさん：家庭，家庭って言ってるけど，結局寮に帰ってもずっと日課で動いてるじゃないですか．日課で，同じ時間でこうしてこうしてって．家に帰ったっていう印象があるのかなって思ってて，子どもたちの方に．朝起きて，着替えたりして，学校に行って，学校で時間通り過ごして，で帰ってきても時間通り過ごしてて，「家でのんびりっていう感じはあるのかな」って僕すごい思って．

　このように，家庭代わりと位置づけられる寮において，施設全体の日課や時間が強く介在していることが，Zの職員たちに自身の生活と家庭での生活との差異を感じさせる根拠となっていた．これに対して，分校での授業や作業のときは施設全体の日課として時間を過ごし，寮では時間の縛りが緩やかな生活を送る点で，夫婦制施設における生活は，「家庭生活」により近いものであるとみることができるかもしれない．

　くわえて，職員の実子と施設入所児童が日常的に交流を持つことも，夫婦制の特徴といえる．Zにおいても，敷地内に家族で住み，そこで子どもを育てている職員は存在する．しかしながら，彼らは寮のなかで自身の家族生活を送るのではなく，Zの敷地内に自宅を建てて暮らしていた．もちろん，敷地内で入所児童と職員の実子が会うことはあるが，職員の子どもが外部の学校に通うようになると，意図的に会おうとしなければ全く会わない状況も生じる【Eさん】．これに対し，X，Yにおいては，職員の家族と入所児童とが同じ寮舎内で生活する．そのため，入所児童は職員が新生児から実子を育てているのを間近にみることができ【Qさん】，場合によっては職員の実子の世話をすることで，「子育て体験」を日常的にできる．このことも，夫婦制ならではの特徴とみることができるだろう[3]．

3.3　夫婦制施設における集団性
3.3.1　職員の集団性

　このように夫婦の職員が寮舎の主担当であるために融通がきいたり，職員の実子と入所児童との関わりが生じるといった点に，Zとは異なる小舎夫婦制施設の特徴があり，それは支援を行う上でも意味を有している．とはいえ，支援が寮の内部のみで完結するわけではなく，寮担当者以外の職員や分校の教師なども日常的に子どもに関わる点で，小舎夫婦制の施設は里親家庭とも異なっている．第4章，第5章で，いくつかの限界を孕みつつも，集団性が支援上さまざまな機能を果たしていることを，Zでの調査データから描いてきたが，X，Y両施設での聞き取りにおいても，同様のことが数多く語られた．

　まず，第4章で論じた職員の集団性からみていこう．X，Y両施設においても，

敷地内にさまざまな立場の複数の職員が存在しており、そのことが一定の効果を持つことが語られた。特に多く語られたのは、Zでもいわれていた、複数の職員それぞれの間で生じる子どもとの距離感の分散である【Mさん；Nさん；Qさん；Rさん】。Mさんは、寮担当から「スーパーバイザー」のようなポジションに移行したことで、違った角度から物事をみられるようになったと語る。

　　Mさん：本人と一緒に暮らしている時間は短いんですけれども、逆に今の立場から見えるものはあると思っています。
　　筆者：少し離れた位置から見れるということですか。
　　Mさん：そうですね。それを寮長なんかと話をすり合わせて、「最近、私の方からはこんな風に見えるけど、どんな具合だろうか」と。
　　筆者：なるほど。情報共有するときに、ちょっと違った角度からの情報が出せるっていう感じですね。
　　Mさん：そうですね。特に夫婦制の運営形態だと、やっぱり寮長に比重がかかりますよね。そうすると、なかなか他の意見も入ってこない。うち、フリーの職員は、まあ今は少し人数増えましたけど、少ないんで。特に夫婦制の寮長なんかは、自分からいろいろ周りに意見を求めたりしていかないと、独善的になる傾向は強いと思います。

　このように第三者的な立場の職員がいることは、寮担当の夫婦が自身の実践を相対化する契機となる。先にも述べたように、夫婦制の施設においては、寮担当の夫婦職員の裁量が非常に大きくなる。このことは支援上一定の意義を持つが、裏を返せば、本人たちが自身の取り組みについて他の職員からの意見を積極的に求めなければ、寮はある種の密室となり、Mさんのいう「独善的」な状況が生じてしまう。さまざまな立場の職員が存在することは、そうした事態を防ぐ機能を果たしているとみることができる。施設Yの寮担当の2人の職員たちも、「困ったことがあればほかの職員が助けてくれたりした」【Rさん】、「自分たちだけでは足りないところは周りの人にもカバーしてもらうし、Y全体で子どものことを考えてる」、「『あの寮の先生の、ああいうところがいいな』って思って、やってみようとしたり。それを自分の寮に活かしてっていうことはする」【Qさん】と、職員の集団性がサポート効果や、自身の取り組みを相対化する契機になることを語っていた。
　それでは、そうした職員の集団性は、子どもを支援する上ではどのような意味を持つのであろうか。Mさんは、分校が入ったことが重要であったという[4]。

　　Mさん：単純にいうと職員が2倍になったのと同じですよ。ですから、

たとえば寮でいじめを受けて，分校の担任の先生に相談したりとか，そういうのはありますね．「なんで寮長に言わないんだ」，「なんで寮母に言ってこないんだ」っていう，ちょっとやっかみ的なこともあったんですけど，クールに考えたら，本人が出しやすいところで相談できる人がいるんであればそれがいいのかなと．トータルに支援するって考えたときには．

　ここでMさんが語っている分校職員の存在は，第4章でZのGさんが語っていた，「中間的な部分」に近いものかもしれない．これは夫婦制に限ったことではなく，固定の寮担当職員が存在する場合，子どもの相談役は基本的にその職員が担うことが多い．しかしながら，もしその職員にいえないような悩みを子どもが抱えていた場合，他の職員の存在がなければ子どもはそれを外に出すことができない．もちろん，他の職員に相談することで，「やっかみ的なこと」が生じる場合や，子どもがそれを予想して誰にも相談しない場合もあるかもしれないが，寮担当以外の日常的に関わる職員が相談の受け皿となって，子どものストレスや悩みをケアする役割を果たすケースも存在しているということである．

　それでは，逆に寮担当の職員からみたら，職員の集団性が困難をもたらすこともあるのだろうか．Mさんのいう「やっかみ的なこと」とは違うが，次のNさんの語りがこの点を考える上で参考となる．Nさんは，自身が休みの時にフリーの職員が子どもの面倒をみる場合，規則などをめぐる「自由度」が変わってしまうことについて，以下のように語る．

　　Nさん：フリーの先生の基準に変わった時に，付け入る隙ができるんですね．自分達の状況を良くするために子どもはせっせと頭を使いますから．でも子どもはそんなもんですよね．通用しない先生には言いませんから．
　　筆者：子ども達なりにそれぞれの先生との距離のとり方みたいなのがあって．やっぱりそういうところを子どもも見てるんですね．
　　Nさん：見てますね．「この先生だったらいいなあ」，「今回の輪休の先生は誰ですかね」なんてことを聞いてくる．ほんと，あわよくばが好きな子達ですから．まあ，風穴あいたりする部分もあったりはすると思うんですけれど．現状私もそこまでベテランというわけでもないですから，代理の先生にして欲しくないことは正直あります．でも，それはそれで寮に戻ってから修正をしていくしかないので．

　このように，「付け入る隙」を持った職員がフリーで入ってくることを子どもの側が望んでいる部分はある．たとえば，本当は普段はもっと厳しい規則が存在していても，「いつもこれは許可されている」というように装うことで，その日

だけでも寮舎内の規則やルールを自分たちに都合がいいものにすることを狙っているのである．そのような事態は，場合によっては普段の支援の働きかけを無に帰してしまうようなケースもあるため，寮担当の職員として「してほしくないこと」が存在する．これは，第5章でもみた子どものコンパートメン化戦略が逆機能する場合といえるだろう．

とはいえ，Zのケースからも示されたたように，このような子どものコンパートメント化戦略が，新たな支援や指導の契機となることもある．

　　　Nさん：きちんと輪休の後には，「こんなことがありました」とか申し送りしていただけるので．寮長の前ではしないような行動をしていたら，それは指導のきっかけになったりしますから．「人を選んでやるのでは問題だよね」って．「ここ出たら，寮長先生いないからやるってことだよね．人のためにやってるんじゃないでしょう？自分のためにやっているんだから，人によって左右されるのは間違ってるよね」っていう風に話をします．逆に隠れてコソコソいろいろやらかされて，ずっと気づかないという状況が一番困ります．いろんな他の先生が入ることによってわかったりすることもありますし．「どうも良からぬことをたくらんでいるようです」みたいな話は，輪休をきっかけにしてぽろっと出てくる．

このように，他の職員との密接な連携のもとで子どもたちの戦略が「ぽろっと出てくる」ことで，彼らに支援の意味を伝達する契機が生まれる．すなわち，寮の規則やルールを守ることは，寮長や寮母に叱られないためではなく，自身の退所後の生活のために行われるものであることが，改めて伝えられるのである．この働きかけを可能にするものが，第三者的な立場にいるフリー職員が代わりに寮に入ることであることが，上の語りには示されている．1人の職員のみがずっと子どもをみていては気がつかないことが，他の職員が寮に入ることによって明るみに出ることがあるのである．

さらに，職員側にとっても，職員の集団性は重要なサポート効果を持つ．このことは，特にYの寮担当職員2人の語りに象徴される．彼らは，Yを「1つの村」と共通して表現していた．このことは，いわゆるムラ社会的な抑圧を意味しているのではない．「かつてあったもの」としてしばしば表象される，連帯や共助の機能を持った地域共同体のようなものがイメージされている．たとえばQさんは，「きょうだいがいない子どもも年下の子を世話してあげたり，職員も自分の子どもを先輩にお世話してもらったりっていうのがYの中でできる」と，Yの「村」性を語った．同様にRさんも，「自分らの子ども見てくれたり．ちょっと用事があったり，寮ゴタゴタしてるときは，『子ども預かって』とか」頼んだりできると，

Y内部における連帯や共助のシステムを語っていた．このことは，特に実子が小さいとき，その面倒をみながら入所している子どものケアにもあたるなかで，非常に大きな助けとなったと，2人は共通して語っていた．このような「村」的な側面が，職員のバーンアウトを防ぐ1つの要因となっていると考えられよう．

3.3.2 子どもの集団性

子どもの集団性についても，X，Y両施設の職員から語られたが【Nさん；Oさん；Qさん；Rさん】，やはりそれは入れ替わりや子ども集団の階層性による指導─被指導関係と関連づけられていた．

まず，Xにおいては，「親子制度」と呼ばれるシステムが存在する．新入生徒に対して3か月間以上入所している子どもをつけるものであり，Xのルールや寮則，日課や作業の手順などを教えるものである．運用の仕方は寮によってさまざまであり，「『うちの寮には教えられるのがいないから，先生がやってます』っていうケースもありますし，まあ，『教育係をやらせてみたんだけど，教える側の生活態度が悪くてクビにしました』とか，そういうことは結構ある」とのことである【Nさん】．

Yにおいても同様のシステムは存在している．Qさんの寮では，1か月から2か月，Rさんの寮ではおおむね2か月間，新入児童に対する「お世話役」，「世話係」をつけるという．これらの運用も一律には決まっていない．たとえば，寮舎内に指導役割を独力で担える子どもがいない場合は，職員が積極的にサポート，介入することもあるという【Qさん】．また，「お世話役」をつける期間も，新入児童の状況や性格に合わせてフレキシブルに設定されるという【Rさん】．

そのように子どもが入れ替わることや，それにともない指導的役割を取得していくことは，子どもにとって非常に大きな刺激になると職員たちは語る．「教えようと思っても，自分がおろそかになっているとうまく教えられませんから．完璧に熟知してないと教えられませんから．ぼろがでるとかっこ悪いですからね」【Nさん】．「教える側になって，お兄さんらしくなったりね．偉そうなこと言ってみたり，『あんた，そんだけ偉そうなこと言って，分かってるんじゃない．分かってるってことは，ちゃんとしなきゃいけないよね』って言うと，子どもも『はい』って，うれしそうだったりするんですけどね」【Qさん】と語られたように，このプロセスは，ただ「世話役」になることを意味しない．のみならず，自身がそれまでの支援のなかで何を修得し，何を修得できていないかを，改めて見直すきっかけにもなるのだ．Nさんは，そうした子どもの振り返りを支援することも重要であるという．

　　Nさん：指導係なしで生活することを，「親離れ」っていうんですけど，

指導される子の方が親離れをする際には，私が一応判断をしています．まず全部の指導された作業がきっちり頭に入っているか，それを教えられるだけの技量とコミュニケーション能力がしっかり出来ているか，ただ怒鳴って伝えるんじゃなくて，しっかり相手に伝える教える気持ちがあるかどうかっていうことを含めてみています．親離れをした際には，「今後求められてくる一人前ということはそういうことだから，きちんと考えたうえで，自分に子どもがつくまではやっていかないといけないよ」って話していますね．実際に新入児童が来たときにおろおろする子もいますから．「思ったよりうまくいかない」って．やっぱり，ここに来る子はいろいろ問題を抱えているので，そう簡単にはうまく教えられたりはしないんですね．でも，その子なりの関わり方という部分が大切で．要は寮生のなかではその新入生に対して一番近しいポジションにつきますので，新入生ができないときに周りと一緒に責める側に入るのか，それとも守って「こうやっていけばいいね」っていうふうになるのか，その子のコミュニケーションにかかってきますから．

　このように，ある新入生との指導関係は，指導役に就いた子どものコミュニケーションの取り方に大きく左右される．そのため，Nさんは「親離れ」をする子どもに，次に「一人前の親」になるとはどのようなことなのか，どのような点に注意して「子」に接しなければならないのかを伝えているのである．同様に，注意する際の言い方に気をつけるように常に言い聞かせているというRさんの語りや，先輩児童の側が独力で担える状況にないときには積極的に職員が支援するというQさんの語りにみられるように，Yにおいても，子どもの社会化機能を有する入れ替わりや役割取得をサポートすることが，支援の重要な位相とされていた．子どもの集団性を支えるこうした職員の工夫は，第5章でみた「上下関係を作り出さないように」，あるいは「上の子に過度の負担をかけないように」するという，Zにおける職員のそれとも通底していよう．

　もちろん，子どもの集団性にはネガティブな側面もある．Rさんは，子どもにとって，Yでの生活は人間関係が難しい側面もあると語る．というのも，幼い時からともに暮らしている家族におけるきょうだい関係と異なり，施設入所児童は「喧嘩になっちゃうと，なかなか自分らでは調整できない」部分があり，自然に仲を取り戻すことが難しかったり，子どもが互いに気を遣い合ったりしなければならないためであるという．そうしたなかで，「一緒に悪いことをする」というような「マイナスの要因」で関係性を保とうとする部分もしばしばあるそうだ．また，XのOさんが「それぞれの問題を抱えているのに，一緒くたにさせられて，とっても大変だなとは思うんですよ，ほんとに．個室もない，4人部屋だし．今，

人数少ないんで部屋は一杯にはなってないですけど，それでもほんとにプライベートがない」と語るように，集団性がプライバシーの面で個別性を侵害する部分はたしかにある．さらに，指導─被指導関係が，ともすれば暴力や権威性を伴う関係性にもつながりうることは，先行研究での指摘や第5章のZの事例でもみられた通りである．

　その反面，ある程度人数がいることが，かえって生活を安定させる部分もあるようだ．Rさんによれば，8人ぐらいの人数が，「一番目が行き届きやすくて過ごしやすい」という．もちろんこれは，単に人数が多い方がいいということではない．むしろ10人を超えると，今度は目立たない子どもに目が届きにくくなるということもあるという．しかしながら，逆に人数が少ないことで互いの悪い面がみえやすくなり，トラブルが多くなる側面も存在するとRさんはいう．たとえば，何かの話し合いの必要が生じたときに常に2対1の関係ができてしまうことや，障害などで日課をうまくこなせない子どもを周りがサポートする際の，1人あたりの負担が大きくなりすぎることなどが，その理由である【Rさん】．以上を踏まえると，子どもの集団性には順機能／逆機能があり，それが安定して作用するためには，施設職員たちの細やかな気遣いや工夫が重要であることがみえてくるだろう．

3.4　「夫婦であること」と「住み込む」こと

　以上，夫婦制施設の特徴やそれ固有の困難，さらに，夫婦制施設における集団性について分析してきた．夫婦制施設は，法律上の夫婦が実子とともに施設入所児童を育てる点で，運営形態面ではZよりも家庭性が強いとみることができる．このことは，児童自立支援施設をめぐる政策的・学術的議論において，小舎夫婦制の維持が課題とされていることからも読み取れるだろう．実際，夫婦であることでいちいち話し合わずとも暗黙の合意ができる点や【Rさん】，夫婦制施設においてはより個々の状況に合わせて融通を利かせた寮運営ができることなど【Qさん】，夫婦制での運営が支援にもたらす効果が職員からは語られた．

　ところで，本書の関心から興味深いことがもう1つある．それは，現場の職員たちから「夫婦であること」のメリットのみならず，「住み込むこと」のそれも異口同音に語られていたことである．このことは，多くの職員が，住み込み型の大舎制，併立制の施設や，小規模グループケアとではなく，交替制の施設と比べて自分たちの支援を語っていた【Mさん；Pさん；Qさん；Rさん】ことに象徴されていよう．

　一例を挙げよう．Pさんは，「家庭的な処遇」がしたかったためYに来たと語る．しかしながら，そこでいわれる「家庭的な処遇」とは，第2章でみた，政策言説

や施設運営をめぐる論争のなかで強調されてきた家庭性とはやや異なる．Ｐさんは，被虐待経験などで他者に対する信頼を失った子どもたちへの支援は，固定した人間関係のなかで一貫した教育を行うこと，一緒に生活するなかで信頼関係を持つことで，有効性が担保されることを強調していた．具体的なエピソードとして，かつて先輩職員に，「極端に言えば，わが子の世話よりも生徒の世話をしなさい．そしたら生徒はわが子の世話もしてくれる．逆に自分の子どもの世話はして生徒をほっといたら，生徒は絶対に言うこときかない」と教えられた経験を語った．その上で，子どもたちに必要とされる「家庭的な処遇」とは，「とにかく一生懸命，土曜，日曜の休み全く関係なしに，子どものためにやる」ことであるという．こうした信念から，Ｐさんは土日の休みであっても外に遊びに行かず，常に子どもと一緒にいることを心がけていたという．

このように，Ｐさんのいう「家庭的な処遇」とは，「固定的な人間関係のなかで」，「とにかく一生懸命子どものためにやる」というものである．すなわち，支援のなかで築かれる関係性の質をもって，「家庭的」か否かが語られているのである．そして，Ｐさんが子どもと信頼関係を築くために最も重視しているのが，「一緒に生活するなかで人間関係を持つ」ことであるという．このことは，退所後の揺り戻しを防ぐため，ともに暮らすなかで「いろんな言葉のくさびを埋め込んでいくこと」が重要であるという認識【Ｎさん】，長く一緒に生活している子どもが職員に反抗する別の子どもをたしなめるのをみると，「『この子と関わってきたのがムダじゃなかったな』と思える」という語り【Ｑさん】，「いろいろ勉強して，施設とかも見て歩いて，『子どもの施設はやっぱり，一緒に住まにゃな』って．子ども育てるのに，親が入れ代わり立ち代わり通いで来たって子どもは育たないだろうから」という語りなど【Ｒさん】，さまざまな形で他の職員からも示された．本章で取り上げた２つの夫婦制施設の職員たちにとって，自分たちが夫婦であることの強みに加えて，子どもと一緒に住み込んでいることが，支援を行う上で非常に重要な意味を持っているようである．

4　夫婦制施設における家族再統合

4.1　Ｘのケース

では，夫婦制の施設で支援を受けた子どもたちの退所に関しては，どのような現実があるのだろうか．第６章で述べたように，退所をめぐる状況や家族再統合支援の実践は自治体によって異なる部分がある．そこで，さしあたりＸとＹのデータを別々にみていくことにしたい．まず，Ｘからみていこう．

　Ｘにおいては，近年退所する多くのケースが家庭復帰をしている．ただしこれ

は，Zでいわれていたような所在自治体の受け皿の問題に起因しているものではないようだ．Mさんによると，退所させられる段階にあるとXが判断した子どもが受け皿不足で出られないことは，「今のところは幸いない」という．家庭復帰をするケースとして，一般的には小学生，および中学生の低学年の段階では，家庭に戻って復学することが目標になる．人数が多い中3児については，近年は高校受験希望が9割以上おり，大半が家庭に戻って高校に進学する場合が多いという．なかには，中学3年の年度を過ぎてから受験をし，1年か2年遅れて進学をする者もいる．他方，家庭復帰に至らなかったケースでは，中学生までであれば児童養護施設に措置変更する場合が圧倒的に多く，中卒の子どもは就職して自立援助ホームに行くケースがあるという．Xが位置する地方には自立援助ホームが増えてきているといい【Mさん】，このことが，家庭に帰れない中卒児の円滑な退所を可能にしているとみることができるだろう．

　もちろん，家庭復帰も措置変更もせず，Xに残って進学をする中卒児童も存在している．Xの近隣には，定時制の高等学校と高等養護学校があり，そのどちらかに進学する子どもが多い．Xから通うという選択は，本人の希望，あるいは家庭復帰させるべきではないという児童相談所やXの判断によって，決定される．しかしながら，Mさんは子ども自身の意思決定を最も重視している．

　　Mさん：「Xから行こう」という意志が子ども自身にないと続かないですね．「何かあったら家帰るわ」っていう考えがある限りはやっぱり続かないです．今年から近隣の定時制高校は3年卒業制っていうのができたんですよ．今いる1年生の子は3年で多分卒業できると思います．あとの子どもは4年コースですね．ネグレクトとかいろんな理由があったとしても，夏，冬の一時帰省は帰っている子どもがほとんどなんです．まったく家には帰せない状況だとか帰れない状況っていう子はいないので．そうすると，何かあったとき「そんなんだったら，俺家帰る」って言う子は，続かないですね．そのへんの意志をはっきり確認して，「高校生寮でがんばる」っていう子がここから通う形になります．

　この語りのあとに，Mさんは，ある子どもの具体的な事例を出しながら，さらに説明を続けた．その子どもは，家庭内でトラブルを起こし，親によって警察に連れていかれ，関係を断つ形でXへと入所した．そのため，面会も一時帰省も受け入れてもらえない状況にあり，高等学校へ進学するとなるとXに残るよりない．そうした現実を，「自分でも受け入れて，『やっていくんだ』っていうところでないと，『行かせられた』とか『先生が行けって言ったから』とかいう気持ちだと続かない」とMさんはいう．この語りに示されるように，子どもが自身の

置かれている状況を理解し，Xに残って通学するという意志を自ら持たない限り，施設からの通学はなかなか安定しないようだ．Nさんも，「子ども本人が自発的にモチベーションを持ってXで生活できるようにすることが寮長の仕事」と語った．ここで語られていることは，本人の意志次第では就職して施設を出るという選択肢もある中卒児には，より重要な課題となるのかもしれない．

では，Xにおいて，どのようなリービングケアの実践が行われているのか．また，家庭復帰が実現しないケースというのは，どのようなものなのか．NさんOさん夫妻の寮の場合は，家族との面会は基本的に寮長であるNさんが寮内の面接室で行い，寮母であるOさんは「いらっしゃった時にちょっとあいさつする」ぐらいであるという【Oさん】．Xでは，子どもの生活や精神状態が十分安定していないことに配慮し，入所後1か月は家族との面会や手紙のやりとりなどを制限している．それ以降は，家庭裁判所や児童相談所で許可が下りないケースを除いて，家族は都合がつくときに自由に面会に来てよいことになっており，Xの行事に保護者が参加することもある．なお，家庭裁判所や児童相談所の許可が下りないケースとは，接近禁止令が出ている場合や，保護者自身の状況が安定しておらず，子どもに動揺を与えるおそれがある場合などである．そのようなケースでない場合は職員の側からも定期的に保護者に連絡を取るようにしているという【Nさん】．

とはいえ，子どもへの支援と家族に対する働きかけを施設のみでやることの負担が大きいことは想像に難くない．そのため，児童相談所との連携が非常に重要になる．児童自立支援計画を提出したり，経過補審を受けたりしながら，家族への調整は児童相談所，子どもへの支援はXという役割分担ができているという．子どもへの働きかけとしては，「ここのなかでできる家族の関係修復っていうのはどうしても限りがありますから．そうしたなかで，『自分達が家族との関係のなかでどう動いていけるかを考えるように』」と，子どもたちに言い聞かせることなどがあるという【Nさん】．

ところで，児童相談所やXの働きかけに対して家族が応じない場合がやはり存在する【Mさん；Nさん】．Zの職員たちが語っていたように，Mさんも「親はなかなか変わらないですよね」という．

　　Mさん：ネグレクトのケースでも，激しい親ほど手離さないですね．それはまあ，児童手当がなくなるとか，そういう経済的な理由もいろいろとあるんですけれども，なかなか子どもを手離すというところにいかない．それから，子どものほうも，「自分が悪いから」って言う．それで共依存になるっていうのはあるかもしれません．単純に見ると「面倒見ないんだったら施設

に預けたほうがいいでしょ，お母さんも楽になるし」って思いますけど．現況を見ていただくと分かりますけど，やっぱり生活保護世帯ですとか低所得世帯っていうのは圧倒的に多いですよ，うち．ひとり親世帯，母子世帯多いですから，経済的にはやっぱり低所得か生活保護世帯っていうのは多いですね．

　低所得世帯，特に就労が厳しいひとり親世帯の母親の場合，子どもは児童手当などの経済的助成を得るためのツールとしての性質を付与され，そのために親は子どもを手放したがらないという．なお，2012年より親権の一時停止制度が導入されたことは第1章，第2章でも述べたが，Xが位置する地方では，家庭裁判所が親権一時停止の判決を下すことはまだそう多くないという．そのため，「この家庭だったら，仮に1年間でも2年間でもXに預けたほうがいいのにな」というケースでも，保護者の同意が得られず，入所に至らないケースも多々あるという．退所にあたっても，「帰さない方が望ましい」保護者の場合は，先述のように，本人の意志を確認した上で，Xから高校に通学したり，20歳になるまで措置期間を延長し，アルバイトに通うといった選択をとるという【Mさん】。[6]

　さらに，当の子どもの側が，ネグレクトを受けても親を求める部分がある【Mさん；Nさん】．Mさんは，児童相談所に行った際に，「子どもにとっては，言葉はちょっと悪いですけど，どんなにはたから見るとひどい親でも，やっぱり親なんだなって思いました」という経験を語る．それに続けて，「子どもからしたら，自分が育ってきたネグレクト環境とどっちがいいっていうのは，まともな生活をしてみないと分からないですよね」と語り，Xでの生活を通してそうした判断をさせることも，支援の重要な目標であるという．この知見は，第6章でみたZにおける親子の距離化のための支援にも通ずるものといえるだろう．

4.2　Yのケース

　次に，Yについてみていこう．Yにおいても，基本的には家庭復帰を前提に，児童相談所との連携のもとで家族への働きかけも行いながら，支援を進めている．入所後1か月は，やはり面会などは制限している．その理由は，保護者と会うことで子どもがさみしくなったりするためであるという【Qさん】．その後，入所後1か月で最初の面接を行い，2か月目からは，子ども本人の状態が落ち着いている場合，面接だけでなく，保護者と子どもが一緒に外出をするようになるという．そのほか，ゴールデンウィーク，盆，正月に帰宅訓練が行われる．このように保護者と子どもとの関わり合いを重視するのは，まず親子関係を再構築し，「退所後の居場所の見通しができて，初めて将来のことなどを子どもが考えられるよ

うになる」との考えからである【Qさん】.

　しかしながら，Yに入っている子どもの保護者も，はじめから全面的に入所に同意する者ばかりではない．先のXのところで述べたように，児童手当など金銭的な理由から子どもの入所に反対したり，十分に養育できない状況にあっても，子どもがかわいくて手放すのを忌避する者もいるという【Qさん；Rさん】．そうしたなかで，保護者と子どもを一緒に外出させることには，当然リスクも付随する．Qさんによると，子どもを預けることに本心では同意していない親が，外出した際にそのまま連れて帰ってしまったこともあったそうだ【Qさん】．逆に「子どもが泣きついて『もう帰らせて，帰らせて』って言う」こともある【Rさん】．いずれにせよ，そのように支援が完了する前に無断で自宅に帰ってしまった場合，Yには子どもを強制的に連れ戻す権限がない．もちろん，保護者や子ども本人への説得は行うものの，それが叶わなかった場合，そこから先は児童相談所の管轄になる．そうした事態を防ぐため，子どもとの信頼関係構築はもちろんのこと，保護者への働きかけもY側から行われているが，後者にはやはり困難があるようだ．毎月必ず面会を行ったとしても，親と会うのは1年間に12回であり，機会が非常に限られている．また，「大きくなった大人が，今さら『ああせいこうせい』って言われたって変わるわけがないの」【Qさん】というように，限られた面会の機会のみで親が直面している困難を解決することは，大変難しいことが示唆された．すでに自己アイデンティティを確立した大人である保護者に変革を促すことは，子どもに対する支援よりもはるかにさまざまな配慮が必要であることが窺える．

　他方で，Yにおいては，保護者が変わらないすべてのケースで，子どもの家庭復帰を避けることはしていないようだ．Rさんは，親への働きかけの難しさを述べつつ，子ども自身の支援を重点的に行うことで，家庭復帰をしたあとで起こりうる問題を回避する可能性を語った．特にネグレクトの場合は，「子どもも大きくなって，自分でそれなりにできるような力がついてくるから帰せる」【Rさん】というように，子ども自身の生活能力を高めることで，ネグレクトによる被害をおさえる取り組みがなされているようだ．また，発達障害児が身体的虐待を受けていたケースでは，子どもが親を怒らせる行動をとるのは障害に起因していることを親に対して十分に説明し，親の側が子どもへの対応の仕方を理解することで，家庭復帰が実現したケースもあるという【Rさん】．

　もちろん，家庭復帰を重視しているとはいえ，それが支援の第一義的な目的となっているわけではない．深刻な虐待など，子どもの福祉が侵害されうる場合は，自立援助ホームや里親，児童養護施設などに措置，委託を行うという．Yが位置する地方においても，特にこれらの受け皿が不足しているということは，彼らの

口からは語られていない．一人暮らしをするケースは，本人の希望や進路状況によるということであろう．

5 X, Yからのインプリケーション
──〈生活圏〉を共有する重要性──

5.1 本章の知見のまとめ

以上，XとYでのインタビュー調査の結果を概観した．前章までみたZからの知見を踏まえつつまとめると，第1に，夫婦制の特徴としては，職員の確保という困難がありつつも，寮運営における職員間の「ツーカー」性が強かったり，生活スケジュールや規則についての各寮の裁量が大きかったりすることが挙げられた．これらの点で，XとYは，Zよりも家庭性が強いとみることは可能である．

第2に，集団性が支援上大きな意味を持っていることも，両施設の職員たちの語りから共通してみえてきた．彼らは職員の集団性と子どもの集団性の双方について語っており，その内実は第4章，第5章でみたZの職員たちの語りと非常に類似したものであった．また，子どもの集団性の逆機能を防いで支援に活かすことが，職員の工夫によって支えられていることも，Zと共通する知見である．ただし，そこにおける夫婦制の特徴も存在している．それは実子を預かったり預けられたりという共助が職員間で成立しており，そのことが入所してきた子どものケアと実子の養育とを両立させることを可能にしているということであった．

関連して第3に，職員たちは，「夫婦であること」と同様に，「住み込んでいること」，それにより，固定的な関係のなかで子どもとの間に信頼が生まれることの重要性も，異口同音に語っていた．ここからは，支援のあり方をめぐって，運営規模のみならず，子どもと職員の関係性を安定させる条件にも焦点化した議論をする必要があることが示唆される．やや極端な見方ではあるが，要保護児童数や虐待の認知件数が増加している以上，ケアの単位を小規模化することよりも，一貫して住み込んで子どもをケアする人手を育成し，増員していくことが急務なのではないか．

最後に，子どもの退所に際しては，親に対しても手厚い支援が必要であることが示唆された．しかしながら，XにおいてはZにおける距離化と類似する知見も見られたのに対し，Yにおいては比較的家族再統合が重視されていることがみえてきた．また，X，Yどちらの施設も，所在する都道府県内に他の受け皿が多く，家庭復帰が叶わない場合も選択肢が多様に存在することが明らかになった．さらに，Zの職員に比して，児童相談所の職員との連携が多く語られたことも，1つの違いとして挙げられるだろう[7]．

5.2 夫婦制におけるケアの個別性

　社会的養護の運営形態を一般家庭同様に小規模化すべきとの議論は，ケアの個別性の確保という目的と合流する形で強調されてきた（第2章参照）．では，運営形態や一部の機能面で，ZよりZ家庭性が強いとみられるX，Yにおいては，Zと違う形で個別性が確保されているのであろうか．もちろん，ケアラーが夫婦であることが強みを持っていることは先述の通りであり，その点でX，YはZとは異なる形での支援を提供している．他方，集団性を活かした上で個別性を担保することを試みている点で，Zの施設にはZとの共通点も認められる．たとえば，Nさんは，生活を共有した上での集団指導の有効性について，以下のように語る．

　　Nさん：あるべき姿っていうのは，その子それぞれあるとは思うんです．家庭環境が違う時点で，一律には出来ないかなと思いますし．限界値といいますか，どこまでを望むべきかっていうのは子ども個々で違う状況でやっていくんですけれど，この点で集団指導がたぶん非常に有効なのかなと．「いろんな抱えていることがあったとしても，やるべきこと自体は変わらないんだよ」というような，枠組みの指導がしやすいのかなということが一つですね．それ以外の部分は個別の指導で拾っていくと．「ここの部分はまだ出来てない部分があるかもしれないけども，いずれ追いつけるといいね」とか，いろんな出来なかった部分に対してのフォローは，なるべく私も時間があるときに対応するようにしています．けれど個別の対応だけだと，どうしても子どもが「じゃあ自分には出来ない」で終わってしまうケースが非常に多いんですね．でも，「ここでみんながやることとして決まっているものは，きちんとこなしていかなくてはいけないよ」っていう指導の仕方もあるので．

　ここで語られていることは，個別性のみを強調することにも問題がありうるということである．すなわち，「すべての子どものニーズを彼らそれぞれが望む形で満たす」ことが，場合によっては「では自分はやりたくない／できないからやらない」という子どもの主張を，その必要がある場合でも退けられなくなりうるためである．このことは，試し行動についての，「よく言われるのは『受け入れなさい』になってるけど，私はそうは思わない．『駄目なものは駄目』って，試されるたびに『それは駄目』ってきっちり教えてやればいい」というRさんの語りからもみえてくることである．つまり，「自立を支援する」という児童自立支援事業，ひいては社会的養護の大きな目標にとって，個別性を受容することを過度に強調することが，ときにその意義を大きく揺るがしうることが，これらの語りからは示されている．稲葉昭英（2013）がいうように，ケアという行為の特徴は「長期的な観点も含めた『その人のためになる』という論理」を内包している

点にある（稲葉 2013: 228，傍点筆者）．児童自立支援，ひいては社会的養護支援に，教育や子どもの社会化という側面が存在する以上，個別性とその受容を牧歌的に称揚することは，ミスリーディングな帰結を招きかねない．

　もちろん，これは職員たちが個別性を軽視していることを意味するものではない．上の語りに加え，Nさんは「いろんなタイプの子がいる．それが同じように生活できること自体が奇跡」という言葉で，そもそも支援には個別性が必要であり，一律には成しえないことを，ある種当然のこととして提示していた．実際，1人1人の振り返りの日記にコメントをつけること【Nさん】，前任の寮担当者が子どもに番号をつけて管理していたことに納得がいかず，すべて名前で記すようにルールを変更したこと【Oさん】，子どもそれぞれの能力を勘案して係の負担などを采配すること【Qさん】，子どもの状況をみながらその都度支援計画の進め方を柔軟に設定すること【Rさん】など，「個別」という言葉を使わずとも，職員たちは自身の支援の個別性をさまざまな言葉で語っていた．やや飛躍した見方ではあるが，支援に個別性が求められることは現場レベルでは自明のことであり，その上で集団性を活かした実践が模索されていると考えられる．これは，集団処遇と個別指導が必ずしも対立しないと語った，ZのJさんの語りにも通底するものであるかもしれない（第4章参照）．

　以上の職員たちの語りから明らかになることは，形態面からのみではなく，機能面からも個別性の確保を論じることの必要性である．すなわち，どのようなニーズを持つ子どもを，どのような環境で，どのようにケアするか，という視点の重要性が示唆されている．たとえばRさんは，愛着障害が非常に強く，「他者との関係ができかけては激しい試し行動でそれを壊していく」タイプの子どもは集団生活になじまないため，里親など小規模な単位でケアすることが必要だと述べていた．また，Mさんは，「教護院時代」の末期にあった，夫婦制か交替制かという議論を，「非常に不毛な議論」といい，以下のように語る．

　　M：子どもによっては交替制のほうがいい場合もありますしね．本人が書いた手記なんかでは，養護施設の大舎制のなかで生活して「それが自分にとってはとてもいい場所だった」というふうに書いている人もいます．だから，いろんな方法があるんだろうなっていう感じはします．それを夫婦制か交替制かっていうくくりで，「夫婦制でないところは教護院じゃない」みたいなのは，ある意味では思想の対立みたいなものですね．

　このような現場の職員たちの認識からは，「運営形態の大小どちらがいいか」を論点とすることを問い直す必要性が浮かび上がってこよう．換言すれば，さまざまな事情からさまざまな子どもが措置，委託されるなかで，長期的な観点も含

めてその子どもにとってどのようなニーズをどのように満たしていくことが最善なのかを問う必要がある．ニーズが多様である以上，多様な受け皿が必要であるという視点から議論を再構築する必要があるだろう[8]．たとえば，職員たちが異口同音に「住み込んでいること」の大切さを強調したことからは，〈生活圏〉を固定のメンバーで共有することが，支援のなかでかなり重要な機能を持っていることが示唆される．すなわち，〈生活圏〉を共有するなかで，情緒的な感情や互いへの配慮が生まれ，それが〈ケア圏〉としての施設の支援実践を担保すると考えられるのではないか．この考察は，第4章，第5章でのZのデータの分析で得た知見とも一致するものである．であるならば，住み込みで働く固定のメンバーをいかに確保し，またいかにそこから〈ケア圏〉を生起させるかが，重要な論点ということになる．すなわち，〈生活圏〉の共有を第一義的な課題に置き，そこから〈ケア圏〉を発展させるあり方を議論していくことが重要だと考えられるのだ．

注

1) 正規職員のほぼ全員にインタビューを行ったZについては，関係者間での特定を避けるため，各対象者の職位などは明記しなかったが，XとYでは代表の3名ずつのみであり，誰がインタビュイーかを，施設の職員たちも把握していた．このことに鑑み，理解を容易にする目的から，この2つの施設については対象者間の関係を記述している．
2) 副寮長とは，夫婦以外に寮に住み込む職員のことを指す．
3) OさんとQさんは，「このようにいろいろな子どもと集団で暮らす環境は，自身の実子の育ちにとってもいい」という旨のことも，共通して語っていた．
4) 第3章でもやや触れたが，1998年より学校教育の導入が児童自立支援施設に義務づけられ，近隣の公立学校による公教育が施設内で実施されるようになった．
5) ただし，Xがある地方において，自立援助ホームの認知があまり高まっていないことから，キャパシティに余裕があるとも考えられる．Mさんは「だんだん，援助ホームの認知度も高まってくると，足りないっていうのはあるかもしれないですね」と語っていた．
6) 残念ながら，20歳を超えて施設を出る際に家族の問題がどうなるのかについては，Xの職員たちからは聞かれなかった．先にもみたように，多くの子どもが家庭復帰を達成していることが，その背景にあるのかもしれない．
7) むろん，このことはZが児童相談所職員と連携していないことを意味するものではない．インタビューが相互行為である以上，筆者の質問の仕方や話の文脈によって，得られる語りは当然変わるためである．
8) 本章において，Yの職員たちの語りを長いセンテンスでそのまま引用することは非常に少なかった．これは彼／彼女たち自身の要望によるものであり，決して，その語りがXの職員たちに比べて重要性が低いことを示しているものではないことを付言しておく．

終章　結論と今後の課題

　終章では，ここまでの議論を総括するとともに，今後の社会のあり方について考察を展開する．まず，集団性，個別性，家庭性という概念間の布置関係を本書の知見から再構成し，集団性の再評価可能性を示す．次に，子育ての社会化をめぐる言説が，家族，家庭でのそれに偏って議論を展開してきたことを，〈家族主義〉の問題と捉え返していく．その上で，〈代替〉の位相を組み込んだことでみえてくる，家族の脱中心化の可能性を論じる．最後に，ケア機能と共同生活の機能とを１つの空間に一元化する「ケア空間一元化モデル」の問題を議論し，「ケア空間多元化モデル」を構想する．

1　本書の議論のまとめ

1.1　第Ⅰ部
────子育てをめぐる社会化言説と家庭化言説の併存

　終章では，ここまでの議論を振り返った上で（第1節），本書の枠組みから，福祉政策的貢献と家族社会学的貢献を導出しうる議論を展開する．具体的には，まず福祉政策的意義として，家族社会学的視角から，集団性を再評価して今後の社会的養護を構想していく可能性を示す（第2節）．次に従来の議論の射程が家族や家庭にとどまってきたことの背景にあると考えられる日本の〈家族主義〉の問題を提示する（第3節）．その上で，〈代替〉の位相を組み込んだことでみえてくる，家族の脱中心化の可能性を論じる（第4節）．最後に，現代日本社会における「ケア空間一元化モデル」を批判した上で，「ケア空間多元化モデル」を提案する（第5節）．まず，全体の議論を簡単に振り返っておこう．

　「子育てをめぐる社会化言説と家庭化言説の併存」と題した第Ⅰ部では，3つの章を通して，子育ての社会化論，社会的養護の歴史的展開を追うとともに，近年存在感を強めている社会的養護の家庭化という議論を，源流にさかのぼって批判的に検討した．具体的には，まず，これまでの子育ての社会化論をレビューし，その意義と限界を確認した（第1章）．続いて，社会的養護の運営形態に関する論争を分析することで，家庭化論がいかなる背景のもとに展開してきたのかを検討した（第2章）．その結果，以下のことが明らかになった．

第1に，これまでの子育ての社会化論は，〈支援〉の位相に焦点化して議論を蓄積し，家族と子育てを結びつける規範の相対化を推し進めた点に意義があった反面，家族に代わって子どもを育てる〈代替〉の位相についての議論をあまり蓄積してこなかった．そのため，家族が機能しえないケースをその範疇に含めない，限定的なものにとどまっていた．すなわち，(1) 社会からの支援が子どもにゆきわたるためには，子どもが家族に属していることが必要不可欠となり，(2) その結果，「本来は親に育てられるのが一番望ましい」という通念に対して十分に説得的な反論を展開できなかったばかりか，(3) さまざまな支援を使うか使わないかの判断や，どのような支援をどのように導入するかについてのコーディネート，またそれらに関わる意思決定の責任やコストは，全面的に家族に帰属されていることが所与になるという，3つの点で問題があった．換言すれば，本来「すべての子どもを社会全体で育てる」という広義な営みである子育ての社会化を，「家族の不足分を補う」という残余的な範囲に矮小化してきた点に限界があったといえる．

第2に，子育ての社会化論が隆盛する他方，同じ子育てをめぐって，社会的養護の家庭化という相反する言説が併存している．社会的養護は戦後大きな発展をみたが，今日残された課題として，施設養護への偏り，施設養護の社会化，職員の労働環境，労働条件，アフターケアの強化がいわれている．そして，これらの課題に対応するために主張されるのが，社会的養護の家庭化である．家庭における子育ての限界が明るみに出たことで子育ての社会化がいわれているのに対し，同じく子どもをケアする営みである社会的養護（≒社会の子育て）については，家庭に近づけることが主張されているのである．

関連して第3に，家庭化論が想定するのは近代以降に普及した小規模な家庭であり，そうした家庭を目指すべきとする根拠は，施設養護における集団性への批判である．戦後の日本社会において，施設養護の集団性は，「養育者が不確定なため個別的なケア関係の一貫性が担保されにくい」，「子どもが個々に尊重されない」といった批判を受けてきた．すなわち，「個別性を確保するためには集団性は適していないため，施設養護を家庭のように小規模化すべきだ」というのが，戦後に構成されてきたロジックであった．

以上のように第Ⅰ部では，(1) 従来の子育ての社会化論が〈支援〉の位相に偏って議論をしてきたことで，その射程を十分広げられていなかったこと，(2) 同じ子育てという営みをめぐって，家庭におけるそれは社会化というスローガンのもとでそこに関わるアクターを増員することが目指されているのに対し，社会的養護におけるそれは家庭化という理念のもとでその規模を縮小することが目指されるという，相反する動きが併存していること，(3) その社会的養護の家庭化

という理念は，施設養護の集団性を批判する形で歴史的に支配力を強めてきたことという，3つの点が指摘された．このことを踏まえ，社会的養護を子育ての社会化の〈代替〉の位相として組み込んだ上で，集団性を棄却して家庭性を称揚する議論の妥当性を問うとともに，施設養護の現場の分析を通じて，子どものケアと家族をめぐる日本社会の構造的問題を照射するという，本書全体の課題が設定された．

1.2　第Ⅱ部
——集団性の機能と退所後の困難

「施設養護の集団性は個別性を確保する上で適していないため，施設を家庭のように小規模化すべきだ」という主張は妥当なのだろうか．第Ⅱ部では，児童自立支援施設Zでの参与観察，職員へのインタビュー調査にもとづき，この問いについて検討した．まず，対象選定の理由を示し（第3章），ケアラーである職員の集団性と（第4章），子どもの集団性について検討した（第5章）．その上で，家族再統合をめぐる困難について分析を行った（第6章）．その結果，以下の3点が明らかになった．

第1に，職員の集団性の検討からは，子どもより職員の方が少ないことが帰結する「取り合い」や，支援プログラムの画一化など，従来からいわれてきた集団性の限界がZでの調査からも確認された他方で，集団性はさまざまな面で支援上の意味を持っていた．まず，先輩職員に日常的に相談できることで，若手の職員のバーンアウトが防がれる効果がある．次に，日常的に複数の職員がいることは，子どもと彼らとの距離感がそれぞれ分散することにつながる．それにより，重層的なケアを受けられたり，R. K. Merton（1949=1961）のいう「コンパートメント化」が可能になったりしていた．その結果，たとえ1人の職員とうまくいかなくても，他の職員との関係ややり取りのなかで，その葛藤が解消，緩和されるという，ショックアブゾーブ機能も果たされていた．この点で，子どもにとっても職員の集団性は重要な意味を持っていた．さらに，集団性のなかでこそ可能になるケアの個別性が存在し，それを担保しているのが，子どもも職員もZという空間に一緒に住んでいるという事実であった．

第2に，上下関係がときに権力関係の原因になることはあったものの，以下の4点で，子どもの集団性も一定の意味を持っていた．まず，年齢，入所時期に応じた序列関係があり，入退所による入れ替わりや「上の子」の役割を取得していくプロセスが，彼らの育ちや社会化にとって非常に重要であった．次に，そのようなプロセスを体系化したものとして，「係」や「指導生徒」，「全体日直」といった制度がZにはある．それらは，個々の子どもの処遇段階や支援目標，退所後の

生活の見通しなどを踏まえて活用されていた．また，ともに暮らすなかでは，合わない相手とのぶつかり合いもしばしば起きるが，そうした相手との距離の取り方など，人間関係の形成の仕方を生活のなかで学んでいくことが可能になっていた．さらに，集団で暮らす上でのルールや慣習が形成されていくとき，それが子どもそれぞれの意見をくみ取りながら決められることで，ある種の「民主主義の小学校」(Tocqueville 1835=2005) の側面を持つことが明らかになった．この知見は，積 (1969) が例示した施設内の会議とその民主性にも通底する．また，以上に示した子どもの集団性が持つ4つの効果は，山村賢明 (1961) のいう「ヨコの関係」や「ナナメの関係」が可能にする子どもの社会化の一例として位置づけられるだろう．

　第3に，このように，Zにおける集団性は，支援の上でさまざまな機能を果たしていたが，子どもが施設を退所する前後には多くの困難が顕在化していた．具体的には，「家庭復帰」については，「親は変わらない」という現実があり，その親元に帰ることで，子どもは常に「揺り戻し」のリスクと隣り合わせになるという問題が存在した．他方で，親元に帰さずに生活させるための「自立支援」(第6章でいう「分離型支援」)についても，退所後の受け皿や支援者が少なく，一人暮らしをしようにも，子どもの生活基盤があまりにも脆弱であるという問題があった．さらに，保護者と共依存関係にある子どもの場合は，独居をさせても「元鞘」に収まってしまうことも少なくなく，揺り戻しを起こすリスクが顕在化していた．これらの問題に対処すべく，Zは親を距離化するための支援を行うとともに，退所後に困難を抱えた子どもがいつでも帰ってこられる場所であるための関係づくりなども実践していた．しかしながら，「退所したこと」，「自立したこと」を理由に，当の子どもの側が退所後にZを頼ることを自制してしまうケースがあることも明らかにされた．

　以上の第Ⅱ部の議論からは，集団性が支援において積極的な意味を持っていることと，退所後の子どもの社会生活に困難があることとが確認された．以下では，これらの知見をもとに議論を展開していくことにしたい．

2　家庭化論の検討と集団性の再評価

2.1　家庭化論の問題点

　ここまでにまとめた本書の分析結果を通じると，集団性を批判し，家庭を目指して小規模化を進めようとしてきた家庭化論に対する疑義が生じる．たしかに，個別性を保証する上で，施設養護の集団性にいくつかの限界はある．しかしながら，家庭ではできない子どものケアが施設の集団性のもとで実現されていたこと

もまた事実である．「家庭こそケアの最善の場である」との想定のもとに，こうした集団性が持つメリットを忘却してしまうことは，以下の3つの点で問題がある．

　第1に，ケアラーが直面する困難が看過されてしまうことである．実際，社会的養護施設職員のバーンアウトが近年問題化されており（神田ほか 2009; 山地・宮本 2012），職員配置数の見直しも検討されている．家庭をモデルとすることで，ケアラーの負担の問題が看過されてしまえば，職員定着が阻害され，結果としてケアラーと子どもとの関係の継続性は担保されなくなる可能性がある．個別性保障のために主張された家庭化論が結果的に個別性を阻害するという，皮肉な事態を招きかねない．

　第2に，子どもの格差是正が妨げられる点である．近年子育ての社会化の必要性が認識されつつあることは繰り返し述べてきた通りであるが，それに伴い，家族での子育てへの支援は今後さらに拡充すると予想される．この流れのもと，将来的に家庭で育つ子どもが受けられるケアの質が向上するとすれば，現行の家庭をモデルとして改革を進めることは，施設ケアを「周回遅れ」で改善することにすぎず，結局のところ，家庭で育つ子どもと施設で育つ子どもとの格差は是正されえない．仮に家庭化論がいうように現状で施設が家庭よりも劣るならば，なおさら家庭を超える施設のあり方を構想していく必要があるのではないだろうか．

　第3に，多様なケアのあり方を検討する視野が制限される点である．Zの職員の語りに示されたように，施設における個別性保障の限界がケアラーと子どもの人数比の偏りによって帰結されているならば，論理的には家庭化論の主張とは逆の解決策も存在しうる．すなわち，職員を加配することで個別性を保障する方法である．たとえば，9人の子どもを1人の大人がケアすることで個別性が侵害されている状況が存在しているとしよう．家庭化論は子どもを3人に減らすことでこの状況を解決することを主張するであろう．これに対し，大人を3人に増やすことで人数比の偏りを是正し，手厚いケアを提供するという可能性も存在するということである．家庭をモデルにすることにより，少ないケアラーと少ない子どもという形のみが想起されてしまい，別の手立てがみえづらくなってしまう[1]．この点も家庭化論が内包する問題である．

　そもそも，今日における家族や家庭をめぐる現実を振り返れば，家庭性が個別性と結びつけられること自体が妥当ではない．子ども虐待や高齢者虐待，DVやモラルハラスメントなどについての研究が明らかにしてきたのは，家族だけでは個人のニーズを充足できないという事実であった．内閉化や私事化といった言葉で論じられてきたように，近代日本における家族の変化は，家族への阻害と，そのなかで家族から疎外された個人の困難とを帰結した（宮台 2000）．であるから

こそ，家族のみで満たせないニーズを充足すべく，家族の子育てに対する社会的支援の必要性が論じられてきたのではなかったか．

このように家庭に限界がある以上，施設養護，ひいては社会的養護全般のあり方については，ケア環境の形態のみに焦点化した家庭―非家庭の二項対置化を超える議論を蓄積することで，ケアを語る新たな語彙を獲得していく必要があると考えられる．つまり，社会的養護の形態が家庭に似ているか否かを問うのではなく，どのようなニーズに対しどのような支援が提供されるべきか，いかなる条件でその支援は可能になるのかといったことを問う，機能に着目する観点からの議論を蓄積することが不可欠であろう．

さらに，日本独自の文脈を考慮に入れて議論をすることも必要である．1990年代以降，子どもの権利への国際的な関心の高まりを受け，社会的養護の家庭化はますます強調されるようになった．このことには，児童の権利条約への批准に加え，アメリカやイギリスの社会的養護の「模倣，学習」がより強く志向されるようになったことが影響している（高橋 2007）．しかしながら，アメリカやイギリスの社会的養護は，日本におけるそれとは異なる展開のもとに成立している．たとえばイギリスでは，近年施設養護に措置される子どものほとんどが年長児であり，また以前より「暴れる」子どもが多いなど，複雑な問題を抱えている場合が増えているという．また，アメリカにおいても，施設養護は単に家庭でケアを受けられない子どものためではなく，情緒障害や行動問題を持つ少年や青年のための「専売的」なものとなっているという（Courtney and Iwaniec eds. 2009=2010; Rutter et al. 2009=2012）．たしかに，日本の社会的養護も，「かつては，親が無い，親に育てられない子どもへの施策であったが，虐待を受けて心に傷をもつ子ども，何らかの障害のある子ども，DV被害の母子などへの支援を行う」ものへと役割が変化した（厚生労働省 2014: 2）とは述べられているものの，現状において専門分化が進んでいるとはいえない．むしろ，湯澤直美（1999）がいうように，要保護児童全体に占める被虐待児が増加したことで，各種施設間で「かなり似通ったニーズをもつ子ども」を受け入れるようになってきているとみるべきである．これらの差異を考慮せず，先進国の単純な「模倣」から小規模化を進め，その根拠を家庭性に求めることは，児童養護問題の全体像を把握することを妨げるおそれがある．以上の点に鑑みても，社会的養護施策は日本社会の特性を考慮に入れて構想される必要がある．

このように，孤立した家庭が帰結するさまざまな困難が明らかになり，新しい連帯の形が模索される今日においては，個別性に目配りしながらも集団性の積極的意義も再評価しうるような新しい視点が求められている．つまり，家庭という理念にとらわれるのではなく，「社会はどのように子どもを育てるか」という視

点に立ち返って，社会的養護についての議論を再構成する必要があるのだ．施設職員の確保は今日ますます難しくなってきており，集団性を活かす体制の整備が決して容易でないことは筆者も認識している．しかしながら，何が問題であり，どのような方策が考えられるのかを緻密に議論する上でも，こうした方向性も検討するべきである．

2.2 集団性，個別性，家庭性の布置関係再考

以上の家庭化論の問題点を踏まえ，本節では，集団性，個別性，家庭性という3つの概念の布置関係を再考しよう．繰り返しになるが，これまでの施設養護をめぐる議論において，集団性は支援の個別性を捨象するものとして批判された．その結果，家庭性を支援に導入することが目指され，小規模化の推進がうたわれてきたのである．

たしかに，Zでみられた，職員の人数が子どもより少ないことで起きる「取り合い」や，人手不足でなかなかカリキュラムを多様化できないという問題は，個別性を制限するものといえるかもしれない．しかしながら，それが集団性によって帰結されているとはいないことは先述のとおりである．

ここで里親やグループホームについて考えてみよう．たしかに男女1組のケアラー2名が1人あるいは2人の子どもを受託すれば，委託期間内はかなり個別的な関わりができるかもしれない．他方で，ケアラーが2名ということは，長期的な観点からみれば限界を内包しているともいえる．特にアフターケアについて考えるとき，2名で果たせる「実家機能」には限りがあることは想像に難くない．たとえばJさんは，高齢児を半年や1年という短いサイクルで引き受ける自立援助ホームの場合，固定の職員2人で引き受けられるアフターケアは50人前後が限界であるという話を，運営当事者から聞いたという【Jさん 2013.3.16】．職員や里親の「後継者」が現れない場合，社会的養護の受け皿としての機能は一代限りのものとなってしまう．

このような2人のみでケアを担うこともたらす期限や継承性の問題からは，今後社会的養護の家庭化が進められた場合に顕在化しうるリスクが浮かび上がる．厚生労働省（2011）が提案するように，里親・ファミリーホームへの委託割合を社会的養護全体の3分の1までに高めるならば，里親のなり手が不断に出現する必要がある．もし里親のなり手が持続的に現れなければ，数を減らされた本体施設やキャパシティが大きくないグループホームにその負担が集中し，より要保護児童への支援の個別性が揺るがされる可能性があるためである．管見の限り，このような持続性の問題に関する議論が深められているとはいいがたい．里親に対する研修制度の拡充や制度の周知，里親への支援といった点については，時代

とともに議論が活発化しているものの（和泉 2016），持続性を考慮せずに数値目標のみを強調することのリスクは看過すべきではない．

であるならば，より集団性を活かした養護を拡充するという方向性も考えられてよいのではないか．というのも，社会的養護改革論において求められていた個別性の保障が，「特定の他者との安定した関係の下で，子どもそれぞれのニーズを個別的に満たすこと」であるならば，集団性がそれを可能にしている側面も存在することがZでの調査から明らかになったためである．Zでは，複数の職員が連携して子どもを見ることで，また複数の子どもが緩やかな序列を伴う関係性を形成することで，子どもそれぞれの状況に応じたケアが担保されていた．つまり，集団性こそが可能にする個別性の保障が明らかにされたのである．

以上のように，「個別性を保障するために施設の規模を家庭並に小さくするべきだ」という家庭化論の主張には，いくつかの陥穽がある．また，家庭性が称揚されていくなかで見失われていった集団性の機能は，家庭を超える社会的養護につながる可能性さえ内包している．振り返ると家庭という理念にとらわれずに社会的養護のあり方を構想する必要性は，ホスピタリズム論を批判した石井（1959）や積（1971）のみならず，家庭的養護推進派であった瓜巣（1950）ですら論じていたことである（第2章）．

にもかかわらず，なぜ家庭は個別性保障の最適のモデルとされ続けたのか．次節では，このことを〈家族主義〉の問題として定位していこう．

3　社会的養護にみる〈家族主義〉

3.1　規範レベルでの〈家族主義〉

社会的養護にみる〈家族主義〉といったとき，本書の知見からは2つの位相がみえてくる．第1に，家庭こそケアの「望ましい」場であると措定する，規範的なレベルでの〈家族主義〉であり，積（1971）のいう「家庭至上主義」に通じるものである．

第2章で確認したように，「家庭至上主義」の問題が社会的養護をめぐる議論のなかでまったく看過されてきたわけではない．ホスピタリズム論に反論した石井（1959, 1961, 1963）や積（1971）は，小さな家庭でのケアの構造的問題を指摘していた．たとえば積（1971）においては，「施設をいくら『家庭化』してみても所詮は『疑似家庭』であり，『代替家庭』でしかない……そうした『家庭』至上主義に立つならば，施設はいつまでたっても……極めて防備的，消極的存在とならざるを得ない」（積 1971: 4-6）という視角から，集団性や「連帯性」といった集団生活のメリットを生かし，「『家庭』に優るとも劣らない」施設養護を展開してい

くことが主張された.このように,ホスピタリズム論争時には,家庭を理想的な ケア環境として安易にモデル化することに対する批判が展開されており,それは 家族社会学での議論と共通する部分も少なくなかったのである.

しかしながら,家庭の問題性を指摘する立場は,その後の社会的養護をめぐる 議論のなかで後景化していく.1990年代の津崎論争では,施設養護支持派の間で も家庭への批判的視点は後退しており,家庭をモデルとする見方が,議論のなか で支配力を増していった.また,近年の政策文書においても,家庭をケア環境の モデルとみなし,施設でのケアをそれに近づけるべきだとする見方が明確に示さ れていた.小規模化が帰結しうる限界や課題が議論されることはあれど(厚生労 働省 2012b;小木曽・梅山 2012),家庭をモデルとする見方の支配力は近年でも変わっ ておらず,むしろますますその存在感を高めているといえる.このように,規範 レベルの〈家族主義〉は,歴史のなかで維持,強化されてきたのである.

3.2 実態レベルの〈家族主義〉が帰結する孤立

２つ目の〈家族主義〉は実態レベルのそれであり,これはEsping-Andersenの いうところの「市民の福祉はそのほとんどが家族のつながりのなかから生み出さ れるべきだと考えられている」ことから帰結されている状態と考えられる.(Esping-Andersen 1999=2000: 6)この位相の〈家族主義〉は,Fineman（2004=2009）や久保 田（2010）が指摘する,依存を引き受ける社会的システムの脆弱さとも関係して いよう.

こうした実態レベルでの〈家族主義〉の問題が最も顕在化するのが,第６章で みた退所をめぐる困難である.いま一度確認すると,第６章で明らかにされたの は,（１）家庭復帰にはさまざまな不安要素がある反面,（２）退所後の生活基盤 が脆弱であり,また支援の与え手も少ないため,子どもが家族と離れて一人暮ら しすることにも不安要素があるという,ジレンマ状況であった.そのため,退所 後の子どもたちの生活は必ずしも安定しない.売春や性非行で措置されてきた女 子児童が,退所後に再び売春をしたり,セックスワーカーとなったりすることに 触れた職員は,「ここにいた間（性非行を）やらなかったってだけになっちゃうじゃ ないか」【Gさん】と語っていた.この言葉にも示されるように,今日の日本社 会では,子どもたちは施設に措置されている間だけ保護を与えられ,退所する際 に再び「家族に依存するか,でなければ完全に依存しない個人として生きるか」 という問いに直面させられているといえる.言い換えれば,日本における社会的 養護は,「最大20歳まで,家族に問題がある限りにおいて面倒をみる」という非 常に残余的なものにとどまっているがゆえに,保護される年齢が過ぎた瞬間から, 完全に自力で生きていくことを個人に要求する設計になってしまっていると考え

られる.

　もちろん，児童福祉法の対象が最大でも20歳であることを考えると，それ以上の支援を社会的養護制度のみで担うこと自体に無理があることはいうまでもない．とはいえ，生活基盤が脆弱な個人に対し，20歳になったからといって直ちに完全な「自己責任」を求めることが問題であることは変わるまい．そして，おそらくこれは施設養護出身者に限ったことではない．就労支援，資格取得支援，再就学支援，さらには生活保護をはじめとする福祉サービスの申請方法や手続きについてのアドバイスといった支援は，貧困や病気など，あらゆる理由による依存者に必要とされるものであるはずだ．このように考えると，Zでの調査からみえてきた施設養護退所者が直面する困難は，依存を抱えた個人の包摂という課題にも関わってくるものであり，日本社会において〈家族主義〉を超える新たな連帯を築いていく上で，避けては通れないものである．

3.3　2つの〈家族主義〉の成立背景

　それでは，施設養護をめぐる2つの〈家族主義〉はどのように生成してきたのだろうか．おそらく，規範レベルでの〈家族主義〉が浸透した結果，実態レベルのそれが成立したとみるべきだろう．すなわち，（1）社会化された養育について語る際に，規範レベルの〈家族主義〉が動員されることで，家庭での子育てを絶対視する見方が再生産され，（2）その結果として依存の受け皿の拡充が阻まれ，実態レベルでの〈家族主義〉も維持・強化されていると考えられる．「本来依存を引き受けるべきは家族であり，またそれこそが最も望ましいあり方である」という見方が普及し，社会的養護をあくまでも残余的なものにとどめることで，措置が解除されたあとの支援や援助のニーズの受け皿の拡充も阻まれる．その結果，子どもは退所後に「家族か自立か」という二項選択に直面することになると考えられる．

　では，なぜ，規範レベルの〈家族主義〉が近代日本において一定の支持を得て，集団性が果たしうる機能は忘却されていったのであろうか．やや仮説的であるが，以下の2点が考えられる．第1に，後期近代社会の心理主義化の問題である．後期近代社会における「セラピー」と純粋な関係性についてA. Giddens（1991=2005）が述べたように，今日，個人の対人関係における行動選択の場面で強く参照されるのが「心理学」である．Giddens（1991=2005）によると，個人の選択に不利をもたらすさまざまな制約からの「解放のポリティクス」が達成された後期近代においては，人々は多様な選択肢のなかから自分自身でライフスタイルを決定する「生のポリティクス」を行うことを求められ，それが彼／彼女らに存在論的不安をもたらす．こうしたなかで，人々は「心理学」の専門家が提供する知識や言説

に沿って自身と他者との親密な関係のあり方を点検し，継続したり，再構築したり，場合によっては解消したりしていくのだ．

このような心理主義化の問題点は，人々の「心理」さえ解明できればその苦悩や苦しみのすべてが解放されるとやや牧歌的に想定されてしまう点である（Frankl 1951=1998; 森真一 2011）．社会学においても，A. R. Hochschild（1983=2000）やR. N. Bellahら（1985=1991）を嚆矢として心理主義は問題化されてきた．そこでは，社会的な要因を説明図式に組み入れることを放棄した「心理還元主義」に議論が陥ることや，EQ（Emotional Intelligence）に代表される「よき心のあり方」などが提示されることで，逆説的に人々が統制，管理下に置かれることが批判されてきた（崎山 2011）．

心理学的側面に重きを置いて人間や関係性のありようを見る向きは，社会的養護をめぐる議論にも大きな影響を与えた．そのことは，ホスピタリズム論が海外の精神医学の知見から多大な影響を受けたこと，そしてそれ以降，「愛着関係」や「安心感」，「自己肯定感」といった心理学的概念が社会的養護の議論の中心に置かれてきたことにもみてとれる．このように，心理学的に「のぞましい」あり方が追求されるなかで，発達心理学的研究の影響を受けながら，家庭がモデル化，理想化されていったと考えられる．

第2に，集団主義による個人の抑圧を忌避してきた，日本社会の歴史的背景が挙げられる[2]．特に，そこからの脱却を求め，個人主義の確立が目指された戦後日本社会において，集団性が個人に与えうる保護は社会のなかでリアリティを失っていった．同時に，個人の権利を保障できる唯一の「集団」として，家族が社会のなかで「制度化」（Cherlin 1978, 2004）されたと考えられる．

このような集団主義への忌避感が社会的養護をめぐる議論のなかにも存在したことは，積（1969, 1971）や施設養護支持派（長谷川 1994; 竹中 1995）がその関連を明確に否定しているにもかかわらず，「集団主義養護理論」が，「集団主義イデオロギー」と結びつけられて津崎（1993, 1994, 1995）から批判されたことにもあらわれている．折しも子どもの権利条約に批准し，子どもそれぞれを個別の権利主体とみなすべきという機運が高まったこの時期，議論の土台として「個人か集団か」という二項対置が持ち込まれ，前者を抑圧するものとされる後者の排斥が主張されたのではないか．そして，唯一個人のニーズを満たすものとして制度化された，家族という「小集団」が対抗策として呼び込まれたのではないか．その結果として，「家庭では子どもの権利の個別性が確保されているはずである」⇒「「家庭」は小規模である」⇒「そのため，施設養護も家庭的に小規模化すべきであり，そうすれば個別性も確保されるはずである」という論理展開のもとに，規範レベルの〈家族主義〉が社会的養護をめぐる議論のなかにも浸透し，実態レベルでの〈家

族主義〉も生成されていったと考えられる.

　しかしながら, 先述の通り家庭を「のぞましい」モデルとして措定することが問題含みである以上, 今後の社会的養護のあり方は, 〈家族主義〉を超える新しい観点から構想される必要がある. たしかに, 発達心理学的な面での子どもへの配慮も重要であろうし, 乳幼児が応答的な他者の存在を必要としていることは事実かもしれない. しかしながら, そうした配慮を行う応答的な他者は, 必ずしも家族である必要はないし, そもそも子育ては心理学的なもののみに回収される営みではない. 「子どもをどう育てるか」という問いを立てるとき, そこには将来世代の再生産や世代間の連帯といった社会的観点が含まれる. それゆえに, 子育てを家族のみに集約せず, すべての子どもの育ちに社会が責任を持つ必要があるのだ.

4　〈代替養育〉からみた家族の脱中心化可能性

　それでは, 具体的にどのような社会的支援が必要とされるのだろうか. 本節では, これまでの家族社会学の知見に依拠しながら, この点を議論する. 第1章で述べたように, これまでの子育ての社会化論は, 〈支援〉の位相のみに着目することで, 子どもに支援が与えられるために家族が必要であることを暗黙の前提とした点に限界があった. より踏み込んでいえば, それらは〈ケア圏〉・〈生活圏〉・〈親密圏〉が重なった家族のみを前提として子育て支援を論ずることで, 「一体子育てを担っている『家族』とはいかなる特性を有する集団なのか」といった問いを封印するとともに, 「本当にすべての家族に子育て支援が必要なのか」といった懐疑論にも十分な回答を出せていなかった. すなわち, 「子育て」のいかなる性質が社会的に認められるニーズたりうるのかを同定しないまま, 「家族の子育て」を一元的に捉えて〈支援〉の拡充を語ってきた点に限界があったのだ. こうした限界を乗り越えるため, 〈代替〉の位相を議論に組み込んだ本書の枠組みから, 家族と施設とがそれぞれどのような特徴を有したケア環境であり, どのような社会的支援を必要とするのかについて考察することが, 以下での作業である.

　まず, 家族における子育ての特徴について考えよう. 家族による子育ては, 「2人性 (twoness)」(久保田 2010) にもとづく点, すなわち同居する2人の親によって支配的に遂行される点に最大の特徴がある. こうした「2人性」にもとづく家族においては, 親の希望に関係なく, 子育てを完全に2人ないし1人で担うことを強いられる場合がある. たとえば, 保育所に入れない場合がそれにあたるだろう. また, 仮に何らかの支援を導入するにしても, 誰に何をどの程度頼むのか, どのように経済的コストをクリアし, 導入したあとで生じうるリスクをどのよう

に回避するのかといったことを決定する責任やコストも，2人の間のみで分配しなければならない．そのため，2人の価値観や方針が大きく食い違った場合や，決定にかかる責任やコストを負うことを両者ともに嫌った場合などは，大きな困難や葛藤が生じると考えられる．また，子どもの側からしても，親以外の他者の価値観を内面化し，自身と親との関係を相対化する機会が非常に希薄である．

　以上のような「2人性」がもたらす家族の子育てを超克するための方策は，これまでの家族社会学でも多く議論されてきた．たとえば，渡辺秀樹（1999）は，ソーシャライザーが母親だけである状況を問題化し，両親が連携，共同して子育てにあたる「コ・ペアレンティング（co-parenting）[3]」と，そこに自発的に選択可能なネットワークが加わることで実現する「マルティプル・ペアレンティング」の必要性を論じている．同様に，阪井（2012）は，「従来『家族機能』として異性愛主義に基づく家族という『構造』の枠内で充足されるべきとされてきた諸機能を，家族以外の社会関係に分散」させる，「家族の脱中心化」が必要であると主張している．

　これらの家族機能の社会的分散に関する理論的検討は，施設の〈代替〉養育における集団性に着目した本書の実証分析によっても支持されたといえる．たとえば，Zにおいては，寮担当職員，ケース担当職員，心理担当職員，管理職職員などが，連携しつつも多元化した支援体制を展開していた．そうした体制のもと，複数の大人との多元的な関係性が，1人の養育者と子どもの間に生じる葛藤を緩和していたことが明らかになったが，まさにこれは渡辺秀樹（1999）のいう「社会的オジ」による緩衝機能である．また，Zにおける24時間365日の職員同士のサポート関係は，彼らのバーンアウトを防止していたが，この知見は育児不安に対するネットワークの効果を論じた研究群にも通底する（牧野 1988；落合 1989；前田尚子 2004）．

　以上にように，施設養護を子育ての社会化の〈代替〉の位相として組み込み，そこにおける実践を分析した結果，複数の大人が連携して子どものケアにあたることで，「社会的オジ」による緩衝機能や，ケアラーの負担や，不安を軽減する機能を持つという，従来の家族社会学の議論が実証された．この知見に鑑みると，「家族」，そしてそれに限らず子どものケアを担うあらゆる集団に対して，複数のアクターが関与できる社会をつくる必要がある．くわえて，子ども同士の関係も重要な機能を果たしていたことに鑑みると，少子化によるきょうだいの減少や地域の同輩集団の衰退がいわれる今日においては，子どもがピア・グループにおける「ナナメの関係」（山村1961, 1982）を経験できる機会を公的に保障することも考える必要があるかもしれない[4]．そもそも，子どものケアが必ずしも1つの場所でのみ担われなければならない明確な理由はない．Zでみられた，複数の大人の連携による多元化した支援体制を社会に拡張すれば，家族，支援員，カウンセラー，

学校教師，行政職員などが，連携して子育てのさまざまな機能を分担するあり方も構想できよう．

5　ケア空間多元化モデルを目指して

しかしながら，現実の社会に目を転じると，そのような連携にもとづく多元的なケア環境が実現しているとはいえない．このことは，施設措置から退所に至るまで，子どものケアがどのように担われているのかを考えることでより明確になる．家族に何らかの問題があるとき，子どもは要保護とされ，施設に措置される．そこで身体的，心理的ケアや教育，しつけなど，子育てに含まれるあらゆる機能が全面的に〈代替〉される．さらに，退所後家庭復帰をすれば，そうした機能は再び全面的に家族に所在することとなり，施設と子どもとの関わりは限定的なものとならざるを得ない．このような状況を図示したものが図終-1である[5]．

このように子どものケアに関わるすべての機能が1つの空間に集約される状況を「ケア空間一元化モデル」と呼ぼう．「ケア空間一元化モデル」の背景には，ケアや依存に対する規範的な想定があると考えられる．すなわち，「子どものケアはただ1つの私的空間のなかで，特定の個人（親）との愛情あふれる関係のもとで引き受けられるべき」という，ケア，私的空間，親子関係という，子育てに関する3つの概念を一元的に括る規範が存在していると考えられるのである．退所後に子どもが施設を頼ることを自制するという事実にも，「頼っていい場所は1つだけ」という規範意識があらわれていたとみることもできるかもしれない．くわえて，家族に何らかの困難がある場合，〈代替〉的に「あたりまえの生活」を体験させるべく社会的養護が要請される他方で，最終的には「家庭復帰」が強く目指されることからは，「どれか1つ選ばねばならない」とされる私的空間のなかでも，「親」と暮らす家庭が非常に支配的に位置づけられていることが読み取れる．

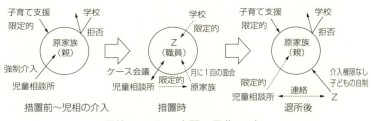

図終-1　ケア空間一元化モデル

以上に論じた「ケア空間一元化モデル」からは、〈家族主義〉と「自立」をめぐる規範の共犯関係が浮かび上がってこよう。第6章で論じたように、日本社会において、「自立」は「他者を一切頼らない」というかなり強い意味合いをイデオロギー的に付与されており、それは孤立のリスクと表裏にある。しかしながら、頼ることができる家族がいる個人の場合、「家族は助け合うべき」という別の規範によって、「自立」をめぐる規範の駆動は抑えられているのではないか。反面、そうした家族がいない個人は、自力で生活することを強く求められていると考えられる。家族から疎外されることが、退所後の子どもを「自立」の名のもとに孤立させることにつながっているということである。

こうした事態に対処する上ではケアの機能が多元的に配置された社会を築く必要がある。たしかに、家庭復帰を推進し、子どもが家族から疎外されることを防ぐというのも1つの方法ではあるが、それだけでは不十分である。そもそも家族がさまざまな困難を抱えているケースが少なくなく、そこに帰ることは子どもにさまざまなリスクをもたらす。そのリスクを避けて一人暮らしをするにしても、多くの子どもたちは安定した生活を送るための基盤を有していない。さらに、仮に退所後に家族と一緒に暮らすにしても、やはり生活を安定させるための支援がなければ、再び問題が生起してしまう。つまり、家庭復帰をするにしてもしないにしても、家族で担われるとされるケアの機能を社会に多元的に配置しない限り、退所後の子どもの生活は安定しえない。このようなジレンマ状況は、「ケア空間一元化モデル」のもと、施設養護が家族の機能を一元的に〈代替〉するものであったからこそ生起したものと考えられる。この問題の超克には、子どものニーズやそれに対応する支援機能を分節化し、その担い手の多元化を推し進めていくことが必要である。

そこで、本節の最後に、常態的に複数のアクターが子育てに関わっているモデルである「ケア空間多元化モデル」を試論的に提示しよう（図終-2）。このモデルでは、介入前からさまざまなアクターが関わることに加え、施設措置後にも、家族も含めた密接なネットワークが形成される。さらに、退所後には施設も「実家的機能」を果たすことで、子どもが依存する先がより多元化することが可能になると期待される。家族や施設という「核となる私的空間」の境界性が弱まることで、複数のアクター間を子どもが自由に行き来することも可能になる。そのなかで、Zでみられたようなケアラー同士の連携や、そのなかでのケア関係の多元化も実現されることが期待されるだろう。

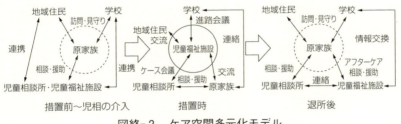

図終-2 ケア空間多元化モデル

　以上のようにケア空間の多元化を構想することは，家族を脱中心化し，社会におけるマルティプル・ペアレンティングを実現していく上で欠かせない．にもかかわらず，実はこれまでの家族社会学において，ケア機能の多元化は論じられてきたものの，そうした機能を担う空間そのものを多元化することは，あまり論じられてこなかった．先の渡辺秀樹（1999）や阪井（2012）の議論は，どちらかというと，本書でいう〈支援〉のあり方についての理論的考察を展開したものであり，機能を〈代替〉するケースについては議論されていない．また，家族のものとされる機能を分節化し，〈ケア圏〉と〈生活圏〉とに社会的支援を与えることを主張した久保田（2010）も，機能を担う圏域が複数かつ多元的に配置されているあり方については論じていない．もちろん，これらの先行研究の意義は否定されるべきものではなく，本書の枠組みも大部分これらに依拠している．しかしながら，社会的養護を〈代替〉として組み込むことで，子どものケアという機能を担う点において家族と施設は等価となり，同時に親と施設職員も同等の存在とみなすことが可能となる．換言すれば，〈代替〉の位相を組み込むことで，より家族の脱中心化や，共同生活の一形態としての家族の「格下げ」（久保田 2010）を推し進めることが可能になるのである．家族の脆弱性が明らかとなり，「社会がすべての子どもを社会が育てること」が標榜される今日だからこそ，本書が構想した「ケア空間多元化モデル」の実現が重要になると考えられる．

6　おわりに
—— 社会化から〈脱家族化〉へ ——

　本書では，社会的養護，なかでも施設養護という，これまでの家族社会学であまり着目されてこなかった領域を，子育ての社会化の〈代替〉の位相として組み込むことで，「子育て」，そして家族をめぐってみえてくる現代日本社会の問題を議論することを試みてきた．本章では，まず全体の知見を振り返った（第1節）．次に，Zで得た知見から，集団性，個別性，家庭性の論理的布置関係を再構成した（第2節）．次に，本書の知見からみえてくる，社会的養護をめぐる〈家族主義〉

の問題を論じた（第3節）．その上で，〈代替〉を通じてみえてくる家族の脱中心化の可能性を論じ（第4節），最後に，「ケア空間一元化モデル」が内包する問題を論じ，「ケア空間多元化モデル」の構想を示した（第5節）．

　以上の本書に議論の意義は，第1に，家族社会学的視角から従来の家庭化論の背後仮説を相対化し，今後の施策展開へのインプリケーションを導出したことにある．具体的には，家庭を理想的な子育ての環境と前提視することに潜む問題を指摘し，児童自立支援施設Zにおける質的調査データにもとづき，個別性，家庭性，集団性の論理的布置関係を再考するとともに，集団性でこそ可能になる個別性の保障があることを示した．この知見は，家庭をモデルとしてきた従来の社会的養護論のあり方に疑義を呈し，形態面ではなく機能面に着目することの必要を示した点で，政策的な含意を持つ．

　第2に，社会的養護を子育ての社会化の〈代替〉の位相として組み込むことにより，家族社会学的なインプリケーションを導出したことである．具体的には，社会的オジやマルティプル・ペアレンティングの必要性をいう従来の議論が実証的知見からも支持されるものであることとともに，家族の脱中心化の可能性を示したこと，さらに，家族を中心に複数のアクターが子どものケアに関わるあり方のみならず，ケアの機能を遂行する空間も多元化する，「ケア空間多元化モデル」を示したことである．〈代替〉の位相を組み込むことで，家族をあくまでもケア空間の1つに「格下げ」し，家族の相対化をさらに推し進めた点に，この知見の意義がある．

　こうした議論を展開してきた背景には，第I部で示した子育てをめぐる社会化言説と家庭化言説との併存状況に，子育ての社会化を語る構制そのものが暗に加担しているのではないかという問題関心があった．繰り返しになるが，子育ての社会化論は〈ケア圏〉・〈生活圏〉・〈親密圏〉が重なる家族を前提とし，そのなかで行われる子育てへの支援に焦点化してきた．それにより，現実に存在する家族の外で育てられる子どもの存在を後景化させ，「社会で子どもをどう育てるか」という大きな問題を，「家族の子育てをどう支援するか」というものに矮小化してきたといえる．その結果，「『家族』の子育ては社会的に『支援』する価値があるが，家族でないところでの子育てはそれに準ずるものに過ぎない」とする価値観の維持・再生産に，無自覚ながら寄与してしまったのではないだろうか．

　子育てが社会の再生産，発展にとって不可欠である以上，あらゆる子育ては支援に値しうる．しかしながら，一口に「子育て」といっても，その内部におけるニーズは一様ではない．近代家族で育つ子ども，経済的に豊かではあるが両親が激務であまり家にいられない子ども，逆に多くの時間を家族と過ごせるものの貧困である子ども，きょうだいが多い子ども，一人っ子，そして要保護児童など，

育てる対象である子どもの状況はさまざまであり，必然的にそのニーズも多様化しうる．であるならば，どのような環境で育つのであれ，その子どもが生き続けるためのニーズに対して支援を与えられる社会的条件を作り出すことが求められる．つまり，家族の存在を前提とした子育ての社会化を超えて，〈子育ての脱家族化〉を推進する条件を考察し，整備していくことが，社会が将来世代に責任を負う上で不可欠である[7]．

注

1) ある当事者の手記では，「大舎制での生活が自分にとってとても心地よかった」との記述さえある（来家 2002）．
2) 日本型集団主義や共同体による個人の抑圧などについては，井上忠司（1977），濱口恵俊・公文俊平編（1982），間庭充幸（1990）などで議論されている．
3) これに対し，養育者間の連携が十分に行われず，ばらばらに子どもに接するため，子どもの側が混乱に陥る状態を「パラレル・ペアレンティング（pararell-parenting）」という（渡辺 1999: 188-9）．
4) 第Ⅱ部での議論と直接関係しなかったため，ここまで記述してこなかったが，Zは所在地域とのつながりを非常に大切にしている．たとえば，Zの子どもたちによるコーラス隊が地域の文化祭で成果を発表したり，年長児が地域の清掃活動に参加することもある．子どもにとってそのような活動は，「そういうところ行くと結構ちゃんと挨拶したり，一生懸命働いたりするから，すごくほめてもらって，それが嬉しいみたい．『笑顔が素敵だね』って言われたとか（笑）．あとね，月に一回あそこの公園のお掃除のボランティアを老人会の人たちとやってるんだけど，そこで掃除はすっごいほめられる．『掃くの早い』とか（笑）」【Bさん】というように，自身のZ内での努力が外部の社会から承認を得る機会でもある【Cさん；Fさん】．また，子どもに限らず，男性職員が地域の消防団に参加したり，逆に地域住民をZ内のイベントに招くことで，Zを知ってもらう取り組みも行われている．このように，Zはその敷地内で職員と子どもがともに暮らしているというだけでなく，近隣地域との関わりも日常的に有している点からも，〈生活圏〉を内包する空間であるとみることができる．
5) 円の実線／点線は境界性の強さ／弱さを，矢印の実線／点線はかかわりの強さ／弱さを表している．矢印が双方向のものは，双方が開かれた連携関係にあることを示す．矢印が内部に入っていないものは，関与が届いていないことを表す．理論的には，子どもはこの矢印がつながっている範囲で保護を受けることが可能になると考えられるだろう．なお，図終-1および，あとの図終-4に示したモデルは，渡辺秀樹（1989）による家族変動と子どもの社会化環境についてのモデルに着想を得て作成した．
6) 図終-4において，措置時の施設を囲む円のみ実線化してあるのは，施設養護には子どもの保護，また特に児童自立支援施設の場合は子どもの「問題」の克服という目的があるため，措置中の施設には一定程度の境界性が必要とされる現実に鑑みてのことである．また，図終-1および図終-4では，1つの空間に集約された機能を多元化するモデルであることを明示するために，空間単位で図を作成したが，もちろんこれを子ども個人のパーソナル・ネットワークの図に書き換えることも可能であるし，重要であろう．くわえて，ここで示した密度の高いネットワークが，必ずしも順機能するとは限らないことも付言

しておく(Burt 2001=2006; 松田 2008; 藤間 2011a).このモデルの精緻化は，今後の課題としたい.

7) 本書の議論を社会福祉学的な議論と接合することも重要だろう．社会福祉学の領域では，非常に豊富な事例研究の蓄積がある．それらの導入によって，本書で展開した試論が批判，検討されることになるだろう．また，このような学術的交流を通して，「呉越同舟」（池岡 2009）的に家族について考える契機も開かれると考えられる．他方で，こうした接合は，ミクロな事例研究に対しマクロな社会的背景の考察から得られた知見を付加する点で，社会福祉学的な意義も期待されるものであろう．管見の限り，得られたミクロデータをより大きな社会的背景や社会規範と結びつける機運は，社会福祉学においてそう高くない．第2章で批判的に検討したように，「家庭」という語が「近代家族」を意味する形でほぼ無自覚に使われてきたことにも，そのことはあらわれているだろう．ディシプリンの違いといえばそれまでであるが，包括的に議論を展開するためには，ミクロ—マクロリンクは不可欠である．子育てだけでなく，老人や障害者などへのケアを対象に議論を蓄積してきた家族社会学は，まさにこの点で，従来の社会福祉学に多くの貢献を果たすことができるだろう．この点は，今後の課題である．

あ と が き

　本書は，2015年3月に慶應義塾大学大学院社会学研究科より博士（社会学）の学位を受けた博士論文を加筆，修正したものである．いろいろと心残りもあるが，このテーマで1つの成果をまとめられたことに，ひとまず今はほっとしている．後期博士課程に進学して最初の2年，修士まで続けていた研究が全く成果にならず，かといって新しい研究テーマも思いつかず，焦燥感に駆られる日々を送っていた．周囲の方々からアドバイスを頂き，とりあえず調査に出ようと決めてはみたものの，何を問うための調査をどこですればいいのかもさっぱり思いつかない状態だった．そんなとき，ふとしたことから社会的養護を子育ての社会化の〈代替〉に位置づけるということを思いついたのだが，「これでうまくいかなかったらもうあきらめて田舎に帰ろう」と半ば本気で思っていたのを昨日のことのように思い出す．そんな状態から本書の完成に至るまでには，実に多くの方々からの助けや支えがあった．以下，感謝を申し上げたい．

　まずは調査に協力してくださったみなさまに御礼申しあげたい．特に，本書の主要な協力者であるZの職員さん方と子どもたちには，言葉では表せないくらい大きな謝意を感じている．「児童自立施設でどんなことをやっているのか知りたいので，お手伝いという形でお邪魔させてください」という，なんのひねりもない調査依頼をお出ししたにもかかわらず，皆さんは温かく迎えてくださった．運動も家事もへたくそな私の存在は邪魔でしかなかったのではないかと今でも不安に駆られるが，こうして皆さんの実践の意義をまとめられたことで，わずかばかりでも恩返しができていたら幸いである．また，補章で取り上げたX，Yの職員さんたちにも，お忙しいなか大変貴重な語りを頂いた．深く感謝する次第である．

　次に，博士論文の審査をお引き受けくださった慶應義塾大学の渡辺秀樹先生，有末賢先生，稲葉昭英先生，明治学院大学の野沢慎司先生に御礼申し上げたい．特に指導教授であった渡辺先生には，修士課程に進学して以来，本当に多くのご助言やご教示を賜った．何の知識も持たず，「家族と子どものことを勉強したい」という漠然とした気持ちのみで大学院にやってきた私に，先生はいつも親切かつ丁寧にご指導してくださった．言葉の通り，渡辺先生なくして本書は完成しなかったし，私が研究を続けることもなかったであろう．有末先生，稲葉先生，野沢先生にも，折に触れて大変貴重なアドバイスを頂いた．審査会で先生方から非常に重要なコメントを頂いたにもかかわらず，筆者の力量不足で本書に十分反映できたかどうかは非常に心もとない．今後の宿題ということで，どうかご寛恕ください．

慶應義塾大学大学院社会学研究科やGCOE-CGCS関係者の先生方，早稲田大学の池岡義孝先生，立命館大学の野田正人先生，東京家政大学の平戸ルリ子先生，千葉大学の米村千代先生，神戸大学の平井晶子先生，上智大学の竹ノ下弘久先生，山口大学の岡邊健先生，帝京大学の山口毅先生，四天王寺大学の平井秀幸先生，明治学院大学の元森絵里子先生，日本大学の久保田裕之先生，甲南大学の阿部真大先生，DFS研究会，家族社会学研究会，東京大学非行研究会，子ども社会学若手研究会，価値研究会などでご一緒させていただいている方々，日本社会学会，日本家族社会学会，家族問題研究学会，日本教育社会学会にご所属の先生方には，本書のベースとなったいくつかの研究報告や論文について，大変貴重なアドバイスを賜った．記して御礼申し上げたい．

　慶應義塾大学の院生同士のつながりも非常に大きかった．渡辺ゼミの先輩である阪井裕一郎さん，後輩の本多真隆氏，学部時代からの友人でもある鳥越信吾氏からは，いつもさまざまな刺激を与えていただいている．今後とも，こうした関係を続けていただければ幸いである．また，Zの存在を教えてくれた川内聡氏にも感謝したい．

　勤め先である国立社会保障・人口問題研究所の皆様，特に社会保障応用分析研究部の泉田信行部長，西村幸満第2室長，黒田有志弥第3室長，暮石渉第4室長，大津唯研究員には，いつも本当にお世話になっている．この場を借りて御礼申し上げたい．各領域のプロフェッショナルである皆様と仕事をさせていただくことができ，刺激に満ちた研究生活を送らせていただいている．個人研究に時間を割くことを許していただいていること，本当に有難く思っております．

　なお，本書にまとめられた筆者の研究は，いくつかの文部科学省科学研究費補助金の助成を受けている（課題番号：13J01994, 16K21684）．また本書の出版に際しても日本学術振興会より助成を受けた（課題番号：16HP5183）．若手研究者にとって経済的な問題が厳しくなっているなか，このようなご支援を頂いたことに感謝したい．

　本書を出版する計画は，晃洋書房の井上芳郎氏に声をかけていただいたことで始まった．昨今の出版事情のなかで，私のような無名の若手研究者に声をかけていただいたことは感謝してもしきれない．にもかかわらず脱稿が当初の締め切りから大幅に遅れてしまい，多大なるご迷惑をおかけしたこと，深くお詫び申し上げます．

　最後に，いつも楽しい時間を過ごさせてくれる友人たち，教育を与えてくれた両親，そして私のような人間を支えてくれている妻の亜由美にも感謝したい．

　以上のように，実に多くの方々のご支援を受けて本書は完成に至った．ただし，本書の議論はすべて筆者個人の見解であり，いかなる問題点もすべて筆者の責任

である．残された課題は，今後の研究で1つずつ乗り越えていきたいと思う．

  2016年10月31日

藤 間 公 太

文　　献

阿部仁, 1999,「児童養護の理論とその展開」鈴木政次郎編著『現代児童養護の理論と実践——新しい福祉ニーズに対応する児童養護の展開』川島書店, 41-93.
阿部耕也, 2011,「幼児教育における相互行為の分析視点——社会化の再検討に向けて」『教育社会学研究』88: 103-18.
相澤仁・西嶋嘉彦・西田達朗・下川隆士, 2014,「夫婦制における自立支援のあり方」相澤仁編集代表・野田正人編『施設における子どもの非行臨床——児童自立支援事業概論』明石書店, 141-50.
網野武博・澁谷昌志, 2012,「子どもとは／子ども家庭問題と権利擁護」相澤仁編集代表, 柏女霊峰・澁谷昌史編『子どもの養育・支援の原理——社会的養護総論』明石書店, 47-70.
安藤藍, 2010,「里親経験の意味づけ——子どもの問題行動・子育ての悩みへの対処を通して」『家族研究年報』35: 43-60.
――――, 2011,「里親にとっての実親——子どもと実親の交流有無に着目して」『家族関係学』30: 139-52.
青井和夫, 1955,「集団教育の諸問題」『教育社会学研究』8: 1-12.
――――, 1958,「集団教育論」『教育社会学研究』13: 134-51.
青木秀男, 1989,『寄せ場労働者の生と死』青木書店.
青柳まちこ, 1987,『子育ての人類学』河出書房新社.
Ariès, Phillippe, 1960, *L'Enfant et la vie familial sous l'Ancien Regime*, Paris: Plon（=1980, 杉山光信・杉山恵美子訳『〈子供〉の誕生——アンシャン・レジーム期の子供と家族生活』みすず書房）.
Bauman, Zygmunt, 2000, *Liquid Modernity*, Cambridge: Polity Press（=2001, 森田典正訳『リキッド・モダニティ——液状化する社会』大月書店）.
――――, 2001, *The Individualized Society*, Cambridge: Polity Press（=2008, 澤井敦・菅野博史・鈴木智之訳『個人化社会』青弓社）.
――――, 2005, *Liquid Life*, Cambridge: Polity Press（=2008, 長谷川啓介訳『リキッド・ライフ——現代における生の諸相』大月書店）.
Beck, Urlich and E. Beck-Gernsheim, 1990, *Das ganz normale Chaos der Liebe*, Frankfurt am Main: Shurkamp（= 1995, tr. by Ritter, Mark, and Jane Wiebel, *The Normal Chaos of Love*, Cambridge: Polity Press）.
――――, 2001, *Individualization: Institutionalized individualism and its social and political consequence*, London: Sage Publications.
――――, 2009, *Fernliebe: Lebensformen im globalen Zeitalter*, Frankfurt: Suhrkamp Verlag（= 2014, 伊藤美登里訳『愛は遠く離れて——グローバル時代の家族のかたち』岩波書店）.
Bellah, Robert N., Richard Madsen, William M. Sullivan, Ann Swidler, and Steven M. Tipton, 1985, *Habits of the Heart: Individual and Commitment in American Life*, California: University of California Press（=1991, 島薗進・中村圭志訳『心の習慣——アメリカ個人主義のゆくえ』みすず書房）.
Bossard, James H. S., 1948, *The Sociology of Child Development*, New York: Harper Brothers.
Bowlby, John, 1951, *Maternal Care and Mental Health: a report prepared on behalf of the World*

Health Organization as a contribution to the United Nations programme for welfare of homeless children*, World Health Organization Monograph (Serial No.2) (=1962, 黒田実郎訳『乳幼児の精神衛生』岩波書店).
Brook, Jody, Thoma P. McDonald, and Yueqi Yan, 2012, "An Analysis of the Impact of the Strengthening Families Program on Family Reunification in Child Welfare," *Children and Youth Services Review*, 34: 691-5.
Brown, Francis J., 1947, *Educational Sociology*, New York: Prentice-Hall.
Burt, Ronald S., 2001, "Structual Holes versus Network Closure as Social Capital," Nan Lin, Karen Cook, and Ronald S. Burt eds., *Social Capital: Theory and Research*, New York: Aldine de Gruyter, 31-56 (=2006, 野沢慎司・監訳『リーディングスネットワーク論――家族・コミュニティ・社会関係資本』勁草書房, 243-77).
Bussemaker, Jet and Kees van Kersbergen, 1994, "Gender and Welfare States: Some Theoretical Reflections", Diane Sainsbury ed., *Gendering Welfare States*, London: Sage Publications, 8-25.
Butler, Judith P., 1990, *Gender Trouble: Feminism and the Subversion of Identity*, New York/London: Routledge (=1999, 竹村和子訳『ジェンダー・トラブル――フェミニズムとアイデンティティの攪乱』青土社).
Cerlin, Andrew J., 1978, "Remarriage as an Incomplete Institution", *American Jouranal of Sociology*, 84(3): 634-50.
―――, 2004, "The Deinstitutionalization of American Marriage", *Journal of Marriage and Family*, 66: 848-61.
Chang, Kyung-Sup, 2010a, "Individualization without Individualism", *Journal of Intimate and Public Spheres*, 0: 23-39.
―――, 2010b, *South Korea under Compressed Modernity: Familial Political Economy in Transition*, New York/London: Routledge.
Corsaro, William A., 2014, *The Sociology of Childhood* (4th Edition), London: Sage Publications.
Courtney, Mark and Dorota Iwaniec eds., 2009, *Residential Care of Children: Comparative Perspective*, Oxford: Oxford University Press (=2010, 岩崎浩三・三上邦彦監訳『施設で育つ世界の子どもたち』筒井書房).
Edwards, Rosalind, Lucy Hadfield and Melanie Mauthner, 2005, *Children's Understanding of their Sibling Relationships*, London: National Children's Bureau for the Joseph Rowntree Foundation.
Edwards, Rosalind, Lucy Hadfield, Helen Lucey, and Melanie Mauthner, 2006, *Sibling Identity and Relationships: Sisters and brothers*, New York/London: Routledge.
Elias, Norbert, 1983, *Engagement und Distanzierung: Arbeiten zur Wissenssoziologie I*, Frankfurt: Suhrkamp Verlag (=1991, 波田節夫・道籏泰三訳『参加と距離化』法政大学出版会).
江馬成也, 1960, 「村の子どもの集団生活」『教育社会学研究』15: 210-20.
Esping-Andersen, G., 1990, *The Three Worlds of Welfare Capitalism*, Cambridge: Polity Press (=2001, 岡沢憲芙・宮本太郎監訳『福祉資本主義の三つの世界――比較福祉国家の理論と動態』ミネルヴァ書房).
―――, 1999, *Social Foundations of Postindustrial Economics*, Oxford: Oxford University Press (=2000, 渡辺雅男・渡辺景子訳『ポスト工業経済の社会的基礎――市場・福祉国家・家族の政治経済学』桜井書店).

―――, 2008, *Trois leçons sur l'Etat-Providence*, Paris: Felix Alcan（＝2008, 林昌宏訳『アンデルセン, 福祉を語る――女性・子ども・高齢者』NTT出版）.
Fineman, Martha A., 2004, *The Autonomy Myth: A Theory of Dependency*, New York: The New Press（＝2009, 穐田信子・速水葉子訳『ケアの絆――自律神話を超えて』）.
Frankl, Viktor E., 1951, *Homo Patiens*, Wien: Franz Deuticke（＝1998, 真行寺功訳『新版　苦悩の存在論』新泉社）.
Frazer, Nancy, 1994, "After the Family Wage: Gender Equality and the Welfare State", *Political Theory*, 22(4): 591-618.
藤井俊彦, 1997, 『マカレンコ教育学の研究』大空出版.
藤村正之, 2005, 「分野別研究動向（福祉）――親密圏と公共圏の交錯する場の解読」『社会学評論』56(2): 518-34.
藤崎宏子, 2000, 「家族と福祉政策」三重野卓・平岡公一編『福祉政策の理論と実際――福祉社会学研究入門』東信堂, 111-37.
―――, 2009, 「介護保険制度と介護の『社会化』『再家族化』」『福祉社会学研究』6: 41-57.
藤原翔, 2012, 「きょうだい構成と地位達成――きょうだいデータに対するマルチレベル分析による検討」『ソシオロジ』57(1): 41-57.
深澤和子, 2003, 『福祉国家とジェンダー・ポリティクス』東信堂.
Giddens, Anthony, 1991, *Modernity and Self-Identity*, Cambridge: Polity Press（＝2005, 秋吉美都・安藤太郎・筒井淳也訳『モダニティと自己アイデンティティ』ハーベスト）.
―――, 1992, *The Transformation of Intimacy*, Cambridge: Polity Press（＝1995, 松尾精文・松川昭子訳『親密性の変容――近代社会におけるセクシュアリティ, 愛情, エロティシズム』形而書房）.
Goodman, Roger, 2000, *Children of the Japanese State: The Changing Role of Child Protection Institutions in Contemporary Japan*, Oxford: Oxford University Press（＝2006, 津崎哲雄訳『日本の児童養護――児童養護学への招待』明石書店）.
Gough, Ian, 1979, *The Political Economy of the Welfare State*, London: Palgrave Macmillan（＝1991, 小谷義次・荒岡作之・向井喜典・福島利夫訳, 『福祉国家の経済学』大月書店）.
Gubrium, Jaber F. and James A. Holstein, 1990, *What is Family?*, Houston: Mayfield Publishing Company（＝1997, 中河伸俊・湯川純幸・鮎川潤訳『家族とは何か――その言説と現実』新曜社）.
Guo, Jing and Neil Gilbert, 2007, "Welfare State Regimes and Family Policy: A Longitudinal Analysis", *International Journal of Social Welfare*, 16: 307-13.
濱口恵俊・公文俊平編, 1982, 『日本の集団主義――その真価を問う』有斐閣.
原田正文, 1993, 『育児不安を超えて』筑摩書房.
長谷川眞人, 1994, 「『子どもの意見表明権と施設養護改革』論に対する意見3――第57号『津崎論文』を読んで」『社会福祉研究』5: 90-5.
林浩康, 2004, 『児童養護施策の動向と自立支援・家族支援』中央法規.
―――, 2012, 「子ども虐待の援助過程におけるインフォーマル資源の活用――ファミリー・グループ・カンファレンスと親族里親の可能性」『家族研究年報』37: 5-26.
Hayes, Peter and Toshie Habu, 2006, *Adoption in Japan: Comparing Policies for Children in Need*, New York/London: Routledge（＝2011, 津崎哲雄監訳, 土生としえ訳『日本の養子縁組――社会的養護策の位置づけと展望』明石書店）.
平塚眞樹, 1992,「日本における子ども『保護』制度化と『子どもの権利』（上）」『社会労働研究』

39（2・3）: 395-420.
―――, 1994,「日本における子ども『保護』制度化と『子どもの権利』（下）」『社会労働研究』
　　　39（3・4）: 395-417.
広井多鶴子, 2010,「核家族化と親子関係――核家族化批判を問い直す」広井多鶴子・小玉亮子,
　　　2010,『現代の親子問題――なぜ親と子が「問題」なのか』日本図書センター, 3-46.
広田照幸, 1999,『日本人のしつけは衰退したか』, 講談社.
Hochschild, Arlie R., 1983, *The Managed Heart: Commercialization of Human Feeling*,
　　　California: University of California Press（＝2000, 石川准・室伏亜希訳『管理される心
　　　――感情が商品になるとき』世界思想社）.
堀文次, 1950a,「養護理論確立への試み（その1）」『社会事業』33（4）: 10-7.
―――, 1950b,「養護理論確立への試み（その2）」『社会事業』33（6）: 12-9.
―――, 1953,「施設児童の人格形成について」『社会事業』36(10): 53-60.
―――, 1955,「施設児童の養護理論」『社会事業』38（3）: 13-20.
伊部恭子, 2013,「施設退所後に家庭復帰をした当事者の生活と支援――社会的養護を受けた人々
　　　の生活史聞き取りを通して」『佛教大学社会福祉学部論集』9: 1-26.
井口高志, 2010,「支援・ケアの社会学と家族研究――ケアの『社会化』をめぐる研究を中心に」
　　　『家族社会学研究』22（2）: 165-76.
池岡義孝, 2009,「第Ⅰ期解説」『戦後家族社会学文献選集　解説・解題』日本図書センター,
　　　15-30.
稲葉昭英, 2013,「インフォーマルなケアの構造」庄司洋子編『親密性の福祉社会学――ケアが
　　　織りなす関係』東京大学出版会, 227-44.
井上忠司, 1977,『世間体の構造――社会心理史への試み』NHKブックス.
犬塚峰子, 2004,「家族再統合――児童相談所の取り組み」『発達』100: 24-30.
石原剛志・藤原正範・相澤仁, 2014,「児童自立支援事業（児童自立支援施設）のあゆみ（理念
　　　的変遷）」相澤仁編集代表, 野田正人編『施設における子どもの非行臨床――児童自立支援
　　　事業概論』明石書店, 33-46.
石井哲夫, 1959,「積極的養護技術論」『社会事業』42（7）: 31-7.
―――, 1961,「積極的養護理論Ⅱ――母性行為の観察」『社會事業の諸問題――日本社會事
　　　業短期大学研究紀要』9: 98-113.
―――, 1963,「養護機能の基本課題――積極的養護理論Ⅲ」『社會事業の諸問題――日本社
　　　會事業短期大学研究紀要』11: 201-25.
―――, 1987,「積極的養護理論（そのⅣ）――保育・養護機能の現代的課題」『社會事業の
　　　諸問題――日本社會事業短期大学研究紀要』33: 1-22.
―――, 1990,「年長自閉症者の施設療育と社会化――積極的養護理論 No.6」『日本社会事業
　　　大学研究紀要』36: 61-84.
―――, 1991,「強度行動障害の情緒とその援助――積極的養護理論 No.7」『日本社会事業大
　　　学研究紀要』37: 5-40.
伊藤嘉余子, 2010,「児童養護施設入所児童が語る施設生活――インタビュー調査からの分析」『社
　　　会福祉学』50（4）: 82-94.
岩崎美智子, 1999,「児童養護の考え方とその進展」鈴木政次郎編著『現代児童養護の理論と実
　　　践――新しい福祉ニーズに対応する児童養護の展開』川島書店, 15-39.
岩下誠, 2009,「現代の子ども期と福祉国家――子ども史に関する近年の新たな展開とその教育
　　　学的意義」『教育研究』53: 43-55.

和泉広恵, 2006, 『里親とは何か——家族する時代の社会学』勁草書房.
――――, 2013, 「児童養護はどのように変化したか?」福祉社会学会編『福祉社会学ハンドブック——現代を読み解く98の論点』中央法規, 132-3.
――――, 2016, 「『家族』のリスクと里親養育——『普通の家庭』というフィクション」野辺陽子・松木洋人・日比野由利・和泉広恵・土屋敦『〈ハイブリッドな親子〉の社会学——血縁・家族へのこだわりを解きほぐす』青弓社, 106-41.
戒能民江, 1995, 「家族と法を考える」『季刊教育法』101: 112-20.
金井剛, 2013, 「家族再統合を考えた支援」相澤仁編集代表・宮島清編『家族支援と子育て支援——ファミリーソーシャルワークの方法と実践』明石書店, 195-208.
金築忠雄, 1964, 「家庭をモデルとした社会的養護施設の教育的精神について」『島根農科大研究報告』11: 32-39.
神田有希恵・森本寛訓・稲田正文, 2009, 「児童養護施設職員の施設内体験と感情状態——勤続年数の違いから」『川崎医療福祉学会誌』19(1): 35-45.
菅野恵・元永卓郎・春日喬, 2009, 「児童虐待と児童養護施設における家族再統合の諸問題」『帝京大学　心理学紀要』13: 57-72.
柏女霊峰, 2012, 「社会的養護とは」相澤仁編集代表, 柏女霊峰・澁谷昌史編『子どもの養育・支援の原理——社会的養護総論』明石書店, 15-44.
河合慎吾, 1967, 「『社会化』と『逸脱』,『青年』集団と『学生』集団の問題をめぐって」『教育社会学研究』22: 97-102.
河尻恵, 2014, 「年長の子どもの自立支援」相澤仁編集代表・野田正人編『施設における子どもの非行臨床——児童自立支援事業概論』明石書店, 233-9.
川名紀美, 2000, 「子ども虐待の今日的背景」藤崎宏子編『親と子——交錯するライフコース』ミネルヴァ書房, 135-58.
Khoo, Evelyn, Viktoria Skoog, and Rolf Dalin, 2012, "In and Out of Care: A Profile and Analysis of Children in the Out-of-Home Care System in Sweden", *Children and Youth Services Review*, 34: 900-7.
木戸功, 2005, 「家族であることを支援する——『家族支援』の技法をめぐって」『社会政策研究』5: 147-66.
――――, 2010, 『概念としての家族——家族社会学のニッチと構築主義』新泉社.
北川清一, 1981, 「養護施設における施設職員論序説(その2)——ホスピタリズム論争再考『道都大学紀要　社会福祉学部』4: 21-39.
北本正章, 2009, 「子ども観の社会史研究における非連続と連続の問題——欧米におけるアリエス・パラダイム以降の諸学説に見る新しい子ども学の展開と構成」『教育研究』53: 1-41.
北澤毅, 2010a, 「『学校的社会化』研究方法論ノート——『社会化』概念の考察」『立教大学教育学科研究年報』54: 5-17.
――――, 2010b, 「学校的社会化の研究方法」『立教大学教育学研究集録』7: 15-21.
Kittay, Eva F., 1999, *Love's Labor: Essays on Women, Equality, and Dependency*, New York/London: Routledge(=2010, 岡野八代・牟田和恵監訳『愛の労働あるいは依存とケアの正義論』白澤社).
厚生労働省, 2006, 『「児童自立支援施設のあり方に関する研究会」報告書』.
――――, 2007, 『子ども虐待対応の手引きの改正について』.
――――, 2008, 『平成20年度社会的養護における施設ケアに関する実態調査(タイムスタディ調査)』.

──────，2011，『社会的養護の課題と将来像』．
──────，2012a，『児童自立支援施設の運営指針』．
──────，2012b，『児童養護施設等の小規模化及び家庭的養護の推進のために』．
──────，2014，『社会的養護の現状について（平成26年3月版）』．
久保田裕之，2009，「若者の自立／自律と共同性の創造──シェアハウジング」牟田和恵編『家族を超える社会学──新たな生の基盤を求めて』新曜社，104-136．
──────，2010，「非家族と家族の社会学」大阪大学大学院人間科学研究科博士論文．
──────，2011a，「家族社会学における家族機能論の再定位──〈親密圏〉・〈ケア圏〉・〈生活圏〉の構想」『大阪大学大学院人間科学研究科紀要』37: 77-96．
──────，2011b，「家族福祉論の解体──家族／個人の政策単位論争を超えて」『社会政策』3（1）: 113-23．
熊谷忠泰，1971，「マカレンコ教育学の構造──『指導論』における集団主義教育の意義について」『長崎大学教育学部教育科学研究報告』18: 25-45．
久徳重盛，1991，『母原病──母親が原因で増える子どもの異常』サンマーク出版．
Ladd, Gary W., 1992, "Themes and Theories: Perspectives on Processes in Family-Peer Relationships", Ross D. Park and Gary W. Radd eds., *Family-Peer Relationships: Modes of Linkage*, New Jersey: Lawrence Erlbaum Associates, 3 -34．
Leitner, Sigrid, 2003, "Variety of Familialism: The Caring Function of the Family in Comparative Perspective," *European Societies*, 5（4）: 353-75．
Land, Hilary, 1978, "Who Cares for the Family?", *Journal of Social Policy*, 7（3）: 257-84．
──────, 1983, "Who Still Cares for the Family?", Jane Lewis ed., *Women's Welfare-Women's Rights*, London: Croom Helm, 64-85．
Lewis, Jane, 1992, "Gender and Development of Welfare Regimes", *Journal of European Social Policy*, 2（3）: 159-73．
前田正子，2003，『子育ては，いま──変わる保育園，これからの子育て支援』岩波書店．
前田尚子，2004，「パーソナル・ネットワークの構造がサポートとストレーンに及ぼす効果──育児期女性の場合」『家族社会学研究』16（1）: 21-31．
牧野カツコ，1982，「乳幼児をもつ母親の生活と〈育児不安〉」『家庭教育研究所紀要』3: 34-56．
──────，1985，「乳幼児をもつ母親の育児不安──父親の生活および意識との関連」『家庭教育研究所紀要』6: 11-24．
──────，1987，「乳幼児を持つ母親の学習活動への参加と育児不安」『家庭教育研究所紀要』9: 1-13．
──────，1988，「〈育児不安〉の概念とその影響要因についての再検討」『家庭教育研究所紀要』10: 23-31．
間庭充幸，1990，『日本的集団の社会学──包摂と排斥の構造』河出書房新社．
丸山里美，2013，『女性ホームレスとして生きる──貧困と排除の社会学』世界思想社．
松原治郎，1969，『核家族時代』NHKブックス．
松田茂樹，2008，『何が育児を支えるのか──中庸なネットワークの強さ』勁草書房．
──────，2013，『少子化論──なぜまだ結婚，出産しやすい国にならないのか』勁草書房．
松木洋人，2009，「『保育ママ』であるとはいかなることか──家庭性と専門性の間で」『年報社会学論集』22: 162-73．
──────，2012，「ひろば型子育て支援における『当事者性』と『専門性』──対称性を確保す

るための非対称な工夫」『福祉社会学研究』9: 142-62.
―――― , 2013,『子育て支援の社会学――社会化のジレンマと家族の変容』新泉社.
松本訓江, 2004,「母親たちの家族再構築の試み――『不登校』児の親の会を手がかりにして」『家族社会学研究』16(1): 32-40.
McHale, Susan M., Kimberly A. Updergraff, and Shawn D. Whiteman, 2012, "Sibling Relationships and Influences in Childhood and Adolescence", *Journal of Marriage and Family*, 74: 913-30.
Merton, Robert K., 1949, *Social Theory and Social Structure: Toward the Codification of Theory and Research*, New York: Free Press(=1961, 森東吾・森好夫・金沢実・中島竜太郎訳『社会理論と社会構造』みすず書房).
三谷はるよ, 2013,「里親の危機対処過程――社会関係の影響に着目して」『家族社会学研究』25(2): 109-20.
三成美保, 2006,「親密圏と公共圏――公私を生きる個人のジェンダー・バイアス(コロキウム=親密圏と公共圏――ジェンダー視点から見た民主主義法学の課題)」『法の科学』37: 100-8.
宮台真司, 2000,『まぼろしの疎外――成熟社会を生きる若者たちの行方』朝日文庫.
宮本太郎, 2001,「訳者解説」Esping-Andersen, Gøsta., 1990=2001, 岡沢憲芙・宮本太郎監訳『福祉資本主義の3つの世界――比較福祉国家の理論と動態』ミネルヴァ書房, 257-67.
森一平, 2009,「日常実践としての『学校的社会化』――幼稚園教室における知識産出作業への社会化過程について」『教育社会学研究』85: 71-91.
森真一, 2011,「心理主義化社会のニヒリズム」『社会学評論』61(4): 404-21.
元森絵里子, 2014,『語られない「子ども」の近代――年少者保護制度の歴史社会学』勁草書房.
本村汎・磯田朋子・内田昌江, 1985,「育児不安の社会学的考察――援助システムの確立に向けて」『大阪市立大学生活科学部紀要』33: 231-43.
村田泰子, 2006,「ネグレクトとジェンダー――女親のシティズンシップという観点からの批判的考察」上野加代子編著『児童虐待のポリティクス――「こころ」の問題から「社会」の問題へ』明石書店, 167-206.
村山祐一, 2004,「育児の社会化と子育て支援の課題について」『教育学研究』71(4): 435-47.
牟田和恵, 1996,『戦略としての家族――近代日本の国民国家形成と女性』新曜社.
―――― , 2009,「ジェンダー家族のポリティクス――家族と性愛の『男女平等主義』を疑う」牟田和恵編『家族を超える社会学――新たな生の基盤を求めて』新曜社, 67-89.
長瀬正子, 2011,「児童養護施設での生活」西田芳正編著『児童養護施設と社会的排除――家族依存社会の限界』解放出版社, 40-71.
永田睦郎, 1963,「現代教育における集団づくり概念の展開」『教育社会学研究』18: 226-38.
直井道子, 2007,「家庭の教育力言説について思うこと」『家族社会学研究』19(2): 5-6.
Nicolson, Paula, Rowan Bayne, and Jenny Owen, 2006, *Applied Psychology for Social Workers*, Bansingstoke: Palgrave Macmillan.
二宮祐子, 2010,「保育者――保護者間のコミュニケーションと信頼――保育園における連絡帳のナラティヴ分析」『福祉社会学研究』7: 140-61.
西田芳正編著, 2011,『児童養護施設と社会的排除――家族依存社会の限界』解放出版社.
西川祐子, 1996,「近代国家と家族」井上俊・上野千鶴子・大澤真幸・見田宗介・吉見俊哉編『岩波講座現代社会学19――〈家族〉の社会学』岩波書店, 75-100.
西澤哲, 2007,「家族の再統合――子ども虐待への対応における福祉と心理の協働」『社会福祉

研究』98: 19-25.
野辺陽子, 2010, 「養子という経験を理解する新たな枠組みの構築へ向けて」『新しい家族』53: 34-9.
————, 2011, 「実親の存在をめぐる養子のアイデンティティ管理」『年報社会学論集』24: 168-79.
————, 2012, 「家族社会学における里親研究の射程と課題」『家族研究年報』37: 57-71.
————, 2013, 「不妊治療の代替策としての養子縁組――養親と養子双方の観点から」日比野由利編著『グローバル化時代における生殖技術と家族形成』日本評論社, 113-30.
————, 2014, 「養子縁組と生殖補助医療」甲斐克則編『医事法講座第5巻 生殖医療と医事法』信山社, 325-43.
野田正人・梅山佐和, 2014, 「児童自立支援事業とは」相澤仁編集代表, 野田正人編『施設における子どもの非行臨床――児童自立支援事業概論』明石書店, 19-27.
野口啓示, 2008, 『被虐待児の家族支援――家族再統合実践モデルと実践マニュアルの開発』福村出版.
————, 2011, 「親とのかかわりにおける養育と家族再統合」庄司順一・鈴木力・宮島清編『施設養護実践とその内容』福村出版, 137-49.
野澤正子, 1996, 「〈論説〉1950年代のホスピタリズム論争の意味するもの――母子関係論の受容の方法をめぐる一考察」『社會問題研究』45(2): 35-58.
落合恵美子, [1985] 1989, 「近代家族の誕生と終焉」『近代家族とフェミニズム』勁草書房, 2-24.
————, 1989, 『近代家族とフェミニズム』勁草書房.
————, 2004, 『21世紀家族へ――家族の戦後体制の見かた・超えかた（第3版）』有斐閣.
————, 2013, 「東アジアの低出生率と家族主義――半圧縮近代としての日本」落合恵美子編『親密圏と公共圏の再編成――アジア近代からの問い』京都大学学術出版会, 67-97.
小木曽宏, 2014, 「児童自立支援施設の現状と課題」相澤仁編集代表, 野田正人編『施設における子どもの非行臨床――児童自立支援事業概論』明石書店, 243-52.
小木曽宏・梅山佐和, 2012, 「児童養護施設の『小規模化』『家庭的養護』に関する一考察」『司法福祉学研究』12: 101-18.
小此木啓吾, 1971, 『現代精神分析学2』誠信書房.
大場信一, 2013, 「児童相談所と施設の連携」相澤仁編集代表, 川崎二三彦編『児童相談所・関係機関や地域との連携・協働』明石書店, 52-61.
大日向雅美, 1999, 「母親たちの現在――子育て困難とその背景」渡辺秀樹編『変容する家族と子ども――家族は子どもにとっての資源か』教育出版, 67-83.
————, 2000, 『母性神話の罠』日本評論社.
大岡頼光, 2014, 『教育を家族だけに任せない――大学進学保障を保育の無償化から』勁草書房.
Orloff, Ann S., 1993,"Gender and Social Rights of Citizenship: State Politics and Gender Relations in Comparative Research", *American Sociological Review*, 49: 303-28.
————, 2009, "Gendering Comparative Analysis of Welfare States: An Unfinished Agenda", *Sociological Theory*, 27(3): 317-43.
大澤朋子, 2012, 「家庭支援相談員の機能と家族の再統合」『社会福祉』53: 57-73.
大嶋恭二, 2012, 「社会的養護の歴史的展開」相澤仁編集代表, 柏女霊峰・澁谷昌史編『子どもの養育・支援の原理――社会的養護総論』明石書店, 73-88.
太田一平, 2011, 「小規模ケアの場合」庄司順一・鈴木力・宮島清編『施設養護実践とその内容』

福村出版, 122-36.
大滝世津子, 2006, 「集団における幼児の性自認メカニズムに関する実証的研究」『教育社会学研究』79: 105-25.
大塚類, 2009, 『施設で暮らす子どもたちの成長——他者とともに生きることへの現象学的まなざし』東京大学出版会.
大浦猛, 1951, 「東京における青少年集団の一つの問題」『教育社会学研究』1: 45-52.
来家恵美子, 2002, 『私は「居場所」を見つけたい——ファイティング・ウーマン ライカの挑戦』新潮社.
Rutter, Michael, Celia Beckett, Jennifer Castle, Jana Kreppner, Suzzane Stevens and Edmund Sonuga-Barke, 2009, *Policy and Practice Implications from the English and Romanian Adoptees (ERA) Study: Forty Five Key Questions*, British Association for Adoption and Fostering（＝2012, 上鹿渡和宏訳『イギリス・ルーマニア養子研究から社会的養護への示唆——施設から養子縁組された子どもに関する質問』福村出版）.
定藤丈弘, 1993, 「障害者福祉の基本的思想としての自立生活理念」定藤丈弘・岡本栄一・北野誠一『自立生活の思想と展望——福祉のまちづくりと新しい地域福祉の創造をめざして』ミネルヴァ書房, 2-21.
Sainsbury, Diane, 1996, *Gender, Equality and Welfare States*, Cambridge: Cambridge University Press.
——— ed., 1994, *Gendering Welfare States*, London: Sage Publications.
——— ed., 1999, *Gender and Welfare State Regimes*, Oxford: Oxford University Press.
斎藤純一, 2000, 『公共性』岩波書店.
斎藤純一・竹村和子, 2001, 「対談 親密圏と公共圏の〈あいだ〉——孤独と正義をめぐって」『思想』925: 7-26.
阪井裕一郎, 2012, 「家族の民主化——戦後家族社会学の〈未完のプロジェクト〉」『社会学評論』63(1): 36-52.
———, 2014, 「家族主義と個人主義の歴史社会学——近代日本における結婚観の変遷と民主化のゆくえ」慶応義塾大学大学院社会学研究科博士論文.
阪井裕一郎・藤間公太・本多真隆, 2012, 「戦後日本における〈家族主義〉批判の系譜——家族国家・マイホーム主義・近代家族」『哲学』128: 145-77.
崎山治男, 2011, 「『心』を求める社会——心理主義化と感情労働」『社会学評論』61(4): 440-54.
桜井厚, 2002, 『インタビューの社会学——ライフストーリーの聞き方』せりか書房.
———, 2004, 「『インタビューの社会学』書評論文リプライ」『社会学評論』55(3): 374-7.
Saraceno, Chiara, 1996, "Family Change, Family Policies and the Restruction of Welfare", (Paper presented at the OECD Conference *Beyond 2000: The New Social Policy Agenda*, Paris: OECD, 12-13 November).
佐々木光郎, 2012a, 『昭和戦前期の少年教護実践史 上』春風社.
———, 2012b, 『昭和戦前期の少年教護実践史 下』春風社.
佐々木光郎・藤原正範, 2000, 『戦前 感化・教護実践史』春風社.
佐々木保行・佐々木宏子, 1980, 「乳幼児を持つ専業主婦の育児疲労（第2報）——生活心理学的アプローチ」『宇都宮大学教育学部紀要』30(1): 11-25.
佐藤郁哉, 2006, 『フィールドワーク（増訂版）——書を持って街へ出よう』新曜社.
Saxonberg, Steven, 2013, "From Defamilialization to Degenderization: Toward a New Welfare

Theory", *Social Policy and Administration*, 47(1): 26-49.
清矢良崇, 1994, 『人間形成のエスノメソドロジー——社会化過程の理論と実証』東洋館出版社.
積惟勝, 1969, 「養護施設における集団主義教育について——具体的実践を通して」『社会福祉学』(8・9): 49-62.
————, 1971, 『集団養護と子どもたち——福祉と教育の統一のために』ミネルヴァ書房.
柴野昌山, 1989, 「幼児教育のイデオロギーと相互作用」柴野昌山編『しつけの社会学』世界思想社, 33-66.
柴田善守, 1978, 『石井十次の生涯と思想』春秋社.
澁谷昌志・佐藤まゆみ, 2012, 「社会的養護に関する法制度と自立支援施策」相澤仁編集代表, 柏女霊峰・澁谷昌史編『子どもの養育・支援の原理——社会的養護総論』明石書店, 94-132.
澁谷昌志・伊藤嘉余子, 2012, 「養育・自立支援のための方法」相澤仁編集代表, 柏女霊峰・澁谷昌史編『子どもの養育・支援の原理——社会的養護総論』明石書店, 166-98.
下夷美幸, 2000, 「『子育て支援』の現状と論理」藤崎宏子編『親と子——交錯するライフコース』ミネルヴァ書房, 271-95.
潮谷総一郎, 1955, 「養護施設の過程的生活指導について」『社会事業』38(2): 64-9, 36.
白井千晶, 2013, 「不妊女性が持つ非血縁的親子に対する選好について——親族選択原理を手掛かりに」『社会学年誌』54: 69-84.
Skocpol, Theda and Gretchen Ritter, 1991, "Gender and the Origins of Modern Social Policies in Britain and the United States", *Studies in American Political Development*, 5: 36-93.
園井ゆり, 2013, 『里親制度の家族社会学——養育家族の可能性』ミネルヴァ書房.
相馬直子, 2004, 「『子育ての社会化』のゆくえ——『保育ママ制度』をめぐる政策・保育者の認識に着目して」『社会福祉学』45(2): 35-45.
————, 2011, 「家族政策の日韓比較」後藤澄江・小松理佐子・野口定久編『家族/コミュニティの変貌と福祉社会の開発』中央法規, 73-93.
菅原久子, 2002, 「今こそ"手塩"にかけた子育てを!——育児の社会化が揺るがす家族の絆」『正論』353: 284-92.
菅原哲男, 2004, 『家族の再生——ファミリーソーシャルワーカーの仕事』言叢社.
住田正樹, 1995, 『子どもの仲間集団の研究』九州大学出版会.
鈴木浩之, 2007, 「『子ども虐待』への保護者参加型支援モデルの構築を目指して——児童相談所における家族再統合についての取り組み」『社会福祉学』48(3): 79-93.
鈴木崇之, 2004, 「中卒児処遇と自立支援」小林英義・小木曽宏編『児童自立支援施設の可能性——教護院からのバトンタッチ』ミネルヴァ書房, 155-200.
鈴木力, 2003, 「今日の児童養護ニーズの現状とその動向」鈴木力編著『児童養護実践の新たな地平——子どもの自立支援と権利擁護を実現するために』川島書店, 2-14.
鈴木力・斎藤美江子・内海新祐・天羽浩一, 2003, 「子どもの養護におけるケアワーク実践の現状と課題」鈴木力編著『児童養護実践の新たな地平——子どもの自立支援と権利擁護を実現するために』明石書店, 88-152.
鈴木智道, 1996, 「表象としての『家庭』と家族の歴史政治学——『近代日本と家族』研究の一視角」『東京大学大学院教育学科研究科紀要』36: 175-83.
庄司洋子, 1988, 「現代家族の福祉ニーズ」『ジュリスト』923: 12-20.
田渕六郎, 2012, 「里親制度と家族のゆくえ」『家族研究年報』37: 1-3.
高橋五江, 2007, 「社会福祉の国際類型」田澤あけみ・高橋五枝・高橋流里子『社会福祉学の理

論と実践』法律文化社, 51-87.
高野栄次郎, 1954,「これからの施設と里親の在り方」『社会事業』37(4): 13-6.
武川正吾, 1999,『社会政策のなかの現代』東京大学出版会.
————, 2005,「福祉オリエンタリズムの終焉」武川正吾・金淵明編『韓国の福祉国家・日本の福祉国家』東信堂, 54-76.
————, 2012,『政策志向の社会学——福祉国家と市民社会』有斐閣.
竹中哲夫, 1995,「児童養護論の視点——津崎論文『大人の既得権益と子どもの最善の利益』を読む」『社会福祉研究』63: 72-8.
竹之下休藏, 1953,「青少年の集団」『教育社会学研究』4: 1-17.
田間泰子, 1985,「作られた母性愛神話——近代西洋医学と精神分析」『女性学年報』6: 16-25.
————, 2001,『母性愛という制度——子殺しと中絶のポリティクス』勁草書房.
田中理絵, 2009,『家庭崩壊と子どものスティグマ——家庭崩壊後の子どもの社会化研究(新装版)』九州大学出版会.
谷川貞夫, 1953,「ホスピタリスムスの研究——その究明過程における諸契機について」『社会事業』36(10): 5-52.
————, 1954,「ホスピタリスムスの研究(二)——その予防及び治療対策への考察」『社会事業』37(9): 1-64.
谷口純世・斎藤美江子・近江宣彦, 2003,「児童養護の基本的な枠組み」鈴木力編著『児童養護実践の新たな地平——子どもの自立支援と権利擁護を実現するために』川島書店, 15-71.
谷口由希子, 2011,『児童養護施設の子どもたちの生活過程——子どもたちはなぜ排除状態から脱け出せないのか』明石書店.
Tocqueville, Alexis-Charles-Henri Clérel de, 1835, *De la Démocratie en Amérique, t.1*, Paris: C. Gosselin (= 2005, 松本礼二訳『アメリカのデモクラシー』第1巻〔上・下〕岩波文庫).
戸江哲理, 2008,「乳幼児をもつ母親の悩みの分かち合いと『先輩ママ』のアドヴァイス——ある『つどいの広場』の会話分析」『子ども社会研究』14: 59-74.
————, 2009,「乳幼児をもつ母親どうしの関係性のやりくり——子育て支援サークルにおける会話の分析から」『フォーラム現代社会学』8: 120-34.
————, 2013,「晩ごはんのひとり言——相互行為における公私区分とその交渉」『家族研究年報』38: 109-28.
十枝修・白鳥仁志, 1984,「マカレンコの要求と集団の発展理論に関する研究——『教育詩』の分析を通して」『徳島大學學藝紀要 教育科學』33: 47-56.
藤間公太, 2011a,「社会における二重の抑圧と少年犯罪——言説分析にみる家族規範と社会のまなざし」2010年度慶應義塾大学大学院社会学研究科修士論文.
————, 2011b,「子育てにおける『家族主義』とその陥穽——佐世保市小六女児同級生殺傷事件の事例から」『Disco』1: 69-79.
————, 2013,「子育ての脱家族化をめぐる『家庭』ロジックの検討——社会的養護に関する議論を手がかりに」『家族研究年報』38: 91-108.
————, 2014,「子育ての脱家族化論の問題構制——『支援』と『代替』をめぐって」『人間と社会の探求 慶應義塾大学大学院社会学研究科紀要』77: 1-17.
苫米地なつ帆, 2012,「教育達成の規定要因としての家族・きょうだい構成——ジェンダー・出生順位・出生間隔の影響を中心に」『社会学年報』41: 103-14.
苫米地なつ帆・三輪哲・石田賢示, 2012,「家族内不平等の再検討——きょうだい構成に着目して」『社会学研究』90: 97-118.

土屋敦, 2014, 『はじき出された子どもたち——社会的養護児童と家庭概念の歴史社会学』勁草書房.
土屋葉, 2009, 「『脱家族』に関する一考察」『愛知大学文学論叢』140: 173-94.
爪巣憲三, 1950, 「養護の指導性と技術の問題」『社会事業』33(12): 6-18.
鶴田真紀, 2010a, 「学校的ルーティンの産出にみる社会化機能——小学校1年生の帰りの会に着目して」『立教大学教育学科研究年報』54: 51-62.
————, 2010b, 「初期授業場面における学校的社会化——児童の挙手と教師の指名の観点から」『立教大学教育学研究集録』7: 23-33.
津崎哲雄, 1993, 「子どもの意見表明権と施設養護改革」『社会福祉研究』57: 42-7.
————, 1994, 「大人の既得権益と子どもの最善の利益——長谷川氏らの職員努力＝施設養護改革論に応える」『社会福祉研究』61: 93-9.
————, 1995, 「こんな施設は日本に存在すべきではない！——竹中氏の批判に応える」『社会福祉研究』63: 79-84.
上野千鶴子, 1994, 『近代家族の成立と終焉』岩波書店.
————, 2008, 「家族の臨界——ケアの公正配分をめぐって」『家族社会学研究』20（1）: 28-37.
————, 2011, 『ケアの社会学——当事者主権の福祉社会へ』太田出版.
上野加代子, 1996, 『児童虐待の社会学』世界思想社.
————, 2000, 「児童虐待問題から『現代家族の危機』を考える」清水新二編『家族問題——危機と存続』ミネルヴァ書房, 218-34.
若井和子, 2005, 「乳児虐待の早期発見と社会資源活用——再統合に向けた支援体制の組織化」『川崎医療福祉学会誌』14(2): 287-96.
Warsh, Robin, Anthony. N. Maluccio, and Barbara. A. Pine, 1994, *Teaching Family Reunification: A Source Book*, Washington, D.C.: Child Welfare Reague of America.
渡辺芳, 2010, 『自立の呪縛——ホームレス支援の社会学』新泉社.
渡辺秀樹, 1989, 「家族の変容と社会化論再考」『教育社会学研究』44: 28-49.
————, 1995, 「地球市民の教育機関としての家族——ユネスコ・シンポジウムに参加して」『家族研究年報』20: 93-7.
————, 1996, 「父親の育児不安——シングルファザーの問題に焦点をあてて」『現代のエスプリ』342: 165-71.
————, 1999, 「変容する社会における家族の課題」同編『変容する家族と子ども——家族は子どもにとっての資源か』教育出版, 174-91.
————, 2000, 「発達社会学から見た親子関係」藤崎宏子編『親と子——交錯するライフコース』ミネルヴァ書房, 42-58.
Wilson, Elizabeth, 1977, *Women & Welfare State*, London: Tavistock.
山田昌弘, 1994, 『近代家族のゆくえ——家族と愛情のパラドックス』新曜社.
————, 2004, 「家族の個人化」『社会学評論』54(4): 341-54.
————, 2006, 『新平等社会——希望格差を超えて』文藝春秋.
山田鋭生, 2010, 「＜答え方＞に関する知識への学校的社会化——私的経験の説明過程における教師・児童間の質問・応答に着目して」『立教大学教育学研究集録』7: 35-43.
やまだようこ, 2004, 「質的研究の核心とは」無藤隆・やまだようこ・南博文・麻生武・サトウタツヤ編, 『質的心理学——創造的に活用するコツ』新曜社, 8-13.
山縣文治, 2007, 「児童養護の展開」山縣文治・林浩康編著『社会的養護の現状と近未来』明石

書店，16-40．
山縣文治編，2010，『リーディングス日本の社会福祉第 8 巻　子ども家庭福祉』日本図書センター．
山口季音，2013，「児童養護施設の児童集団における暴力と仲間——施設でのフィールドワークから」『子ども社会研究』19: 77-89．
山地明恵・宮本邦雄，2013，「児童養護施設職員のバーンアウトとその関連要因」『東海学院大学紀要』6: 305-13．
山根真理，1994，「現代の家族——育児期の変化と育児ネットワーキング」北原敦・大野道邦編『社会学——理論・文化・比較』晃洋書房，91-112．
————，2000，「育児不安と家族の危機」清水新二編『家族問題——危機と存続』ミネルヴァ書房，21-40．
山根真理・松田朋子・斧出節子・関井友子，1990，「保育園児をもつ母親の育児問題——育児不安を中心として」『総合社会福祉研究』2: 110-21．
山根常男，1963，「家族の本質——キブツに家族は存在するか？」『社会学評論』13(4): 37-55．
————，1966，「家庭育児か集団育児か——キブツの育児を中心に」『教育と医学』14(12): 13-9．
————，1974，「日本における核家族化の現在と未来に関する一考察——核家族率との関連において」『社会学評論』18(1): 68-84．
山村賢明，1961，「近代日本の家族と子どもの社会化——川島理論を手がかりとした序説」『教育学研究』28(4): 57-65．
————，1982，「学校文化と子どもの地位分化——ガキ大将の行方をめぐって」濱田陽太郎編『子どもの社会心理 2　学校』金子書房，103-143．
山室周平，1987，『家族学説史の研究——山室周平著作集』垣内出版．
吉原千賀，2010，「きょうだいがいること・一人っ子であること——出産・子育て意識からの分析」『奈良女子大学社会学論集』17: 83-96．
結城恵，1994，「社会化とラベリングの原初形態——幼稚園における集団カテゴリーの機能」『教育社会学研究』55: 91-106．
————，1998，『幼稚園で子どもはどう育つか——集団教育のエスノグラフィー』有信堂高文社．
湯澤直美，1999，「児童福祉に見る家族と教育の現在——児童養護施設・児童自立支援施設の進路問題」渡辺秀樹編『変容する家族と子ども』教育出版，126-51．
湯沢雍彦編，2004，『里親制度の国際比較』ミネルヴァ書房．
————，2005，『里親入門——支援・制度の正しい理解と発展のために』ミネルヴァ書房．
全国児童自立支援施設協議会，2008，『社会的養護施設における非行など児童への支援に関する調査研究事業報告書』．

初 出 一 覧

序章　　書き下ろし.

第1章
藤間公太, 2014a,「子育ての脱家族化論の問題構制――『支援』と『代替』をめぐって」『人間と社会の探求　慶應義塾大学大学院社会学研究科紀要』77: 1-17を改稿.

第2章
藤間公太, 2013,「子育ての脱家族化をめぐる『家庭』ロジックの検討――社会的養護に関する議論を手がかりに」『家族研究年報』38: 91-108を改稿.

第3章　　書き下ろし.

第4章
藤間公太, 2016,「施設養護家庭論の検討――児童自立支援施設での質的調査から」『社会学評論』67(2): 148-65を改稿.

第5章　　書き下ろし.

第6章
藤間公太, 2014b,「家族再統合の諸相――ある児童自立支援施設の実践から」『家族社会学研究』26(2): 127-38を改稿.

補章　　書き下ろし.

終章　　書き下ろし.

人名索引

P. Aries　20

〈ア　行〉

井口貴志　20, 27
石井哲夫　46-47, 49-50
伊藤嘉余子　83
稲葉昭英　136
伊部恭子　99
上野加代子　22
上野千鶴子　19, 50
R. Warsh　99
梅山佐和　51
G. Esping-Andersen　24-26, 147
R. Edwards　94
N. Elias　106
大塚類　84
小木曽宏　51, 117
落合恵美子　20, 26

〈カ　行〉

河尻恵　103
川名紀美　22
A. Giddens　148
木戸功　24
久保田裕之　1, 78, 91, 111, 147

〈サ　行〉

阪井裕一郎　151, 154
桜井厚　62
佐藤郁哉　19
C. Saraceno　26
下夷美幸　31
積惟勝　44, 47-50
相馬直子　27, 28

〈タ　行〉

武川正吾　24
竹中哲夫　45, 49
田中理絵　83
谷川貞夫　41-42
谷口由希子　83, 88
津崎哲雄　35, 43-45
爪巣憲三　43, 46
K. Chang　26

〈ナ　行〉

長瀬正子　84
西澤哲　98

〈ハ　行〉

長谷川眞人　44-45, 49
広井多鶴子　23
M. A. Fineman　113, 147
藤崎宏子　24
A. R. Hochschild　149
堀文次　42-43, 46

〈マ　行〉

R. K. Merton　141
松木洋人　28
松原治郎　49
宮本太郎　25
牟田和恵　39
村田泰子　23
村山祐一　27

〈ヤ　行〉

山口季音　83, 84
山田昌弘　20
山根常男　9, 10, 49
山根真理　21
山村賢明　142
山室周平　49
湯澤直美　144

〈ワ　行〉

若井和子　99
渡辺芳　113
渡辺秀樹　22, 75, 77, 107, 151, 154
R. N. Bellah　149

事項索引

〈ア 行〉

育児不安　21-22

〈カ 行〉

階層化　24
家族概念の文節化・形式化アプローチ　10
家族再統合　97-100, 106-107, 110-112, 135
家族主義　1, 27 29, 139, 146-149, 153-154
　　——的福祉レジーム　28, 30
家族の個人化　29
家族の脱中心化　151, 154-155
家族の多様化　29
家庭化
　施設養護の——　7, 11, 57, 65
　社会的養護の——　6, 7, 11, 139-140, 144
　——論　36, 39-41, 48-50, 53, 57, 143, 146
家庭性　8, 11, 52, 65-66, 78-81, 84, 139, 141, 145-146, 154-155
擬制的きょうだい　94-95
距離化　106-108, 110-111, 113
ケア空間一元化モデル　12, 139, 152-153, 155
ケア空間多元化モデル　12, 139, 153, 155
ケア圏　10, 78, 87, 96, 108, 111, 150, 154-155
ケアの社会学　19, 27, 29-30
個人化　8, 113
子育ての社会化　1-2, 12, 29-33, 95, 108, 139-141
子ども虐待　21
子どもの社会化　81-82
個別性　8, 52, 65-66, 75-81, 84, 90, 129, 136-137, 139-141, 143-146, 154-155

〈サ 行〉

支援　4-5, 19, 31, 33, 140, 150, 154
児童自立支援施設　11, 58
社会的養護　2-8, 12, 95-96, 111, 139, 144, 149
社会民主主義レジーム　24
自由主義レジーム　24
集団主義養護理論　47-49, 149
集団性　8, 11-12, 48, 52-53, 65-66, 75-80, 83-84, 91, 94-96, 123-129, 135-136, 139-142, 144-146, 149, 151, 154-155
自立　110, 112, 153

親密圏　10, 150, 155
生活圏　10, 78-79, 87, 108, 111, 117, 135, 138, 150, 154-155
積極的養護理論　40, 46-47

〈タ 行〉

代替　4-5, 7, 11, 32-33, 139-141, 150-155
代替養育の社会学　11
脱家族化　19
　〈子育ての——〉　8
　「子育て——」　19-20
　——のレジーム　26
脱商品化　19, 24-25

〈ハ 行〉

半圧縮近代　28, 30
福祉レジーム論　19, 27
保守主義レジーム　24
ホスピタリズム　40-43

〈マ 行〉

3つの世界論　24-25

《著者紹介》
藤　間　公　太（とうま　こうた）
　　1986年　福岡市生まれ
　　2015年　慶應義塾大学大学院社会学研究科後期博士課程社会学専攻修了
　現　在　国立社会保障・人口問題研究所　社会保障応用分析研究部第2室 室長
　学　位　博士（社会学）
　専　門　家族社会学

主要業績
「施設養護家庭論の検討――児童自立支援施設での質的調査から」『社会学評論』
　　67(2): 148-165（単著，2016年）
「教育政策，福祉政策における家族主義」『教育社会学研究』106: 35-54（単著，
　　2020年）
『児童相談所の役割と課題――ケース記録から読み解く支援・連携・協働』東
　　京大学出版会（監修・分担執筆，2020年）
『どうする日本の家族政策』ミネルヴァ書房（分担執筆，2021年）

代替養育の社会学
――施設養護から〈脱家族化〉を問う――

2017年2月20日　初版第1刷発行	＊定価はカバーに
2022年3月25日　初版第2刷発行	表示してあります

　　　　著　者　　藤　間　公　太ⓒ
　　　　発行者　　萩　原　淳　平
　　　　印刷者　　河　野　俊一郎

　　発行所　株式会社　晃　洋　書　房
　　〒615-0026　京都市右京区西院北矢掛町7番地
　　　　　電　話　075(312)0788番(代)
　　　　　振替口座　01040-6-32280

ISBN 978-4-7710-2843-2　　印刷・製本　西濃印刷㈱

JCOPY　〈(社)出版者著作権管理機構　委託出版物〉
本書の無断複写は著作権法上での例外を除き禁じられています。
複写される場合は，そのつど事前に，(社)出版者著作権管理機構
（電話 03-5244-5088, FAX 03-5244-5089, e-mail:info@jcopy.or.jp）
の許諾を得てください。